本书为 2010 年度教育部人文社会科学研究基金项目
"马尔库塞技术美学思想及其当代价值研究"
（10YJA720045） 的最终研究成果

中国技术哲学与STS论丛（第四辑）

Chinese Philosophy of Technology and STS Research Series

丛书主编：陈凡　朱春艳

马尔库塞技术美学思想及其当代价值研究

朱春艳◎著

中国社会科学出版社

图书在版编目（CIP）数据

马尔库塞技术美学思想及其当代价值研究／朱春艳著．—北京：中国社会
科学出版社，2021.11

（中国技术哲学与STS论丛／陈凡，朱春艳主编）

ISBN 978 – 7 – 5203 – 9017 – 0

Ⅰ．①马…　Ⅱ．①朱…　Ⅲ．①马尔库塞（Marcuse，Herbert 1898 –
1979）—技术美学—美学思想—研究　Ⅳ．①B516.59

中国版本图书馆 CIP 数据核字（2021）第 179895 号

出 版 人	赵剑英
责任编辑	冯春凤
责任校对	张爱华
责任印制	张雪娇

出　　版	中国社会科学出版社
社　　址	北京鼓楼西大街甲 158 号
邮　　编	100720
网　　址	http://www.csspw.cn
发 行 部	010 – 84083685
门 市 部	010 – 84029450
经　　销	新华书店及其他书店

印　　刷	北京君升印刷有限公司
装　　订	廊坊市广阳区广增装订厂
版　　次	2021 年 11 月第 1 版
印　　次	2021 年 11 月第 1 次印刷

开　　本	710 × 1000　1/16
印　　张	13.5
插　　页	2
字　　数	206 千字
定　　价	88.00 元

凡购买中国社会科学出版社图书，如有质量问题请与本社营销中心联系调换
电话：010 – 84083683

总　序

　　哲学是人类的最高智慧，它历经沧桑岁月却依然万古常新，永葆其生命与价值。在当下，哲学更具有无可取代的地位。

　　技术是人利用自然最古老的方式，技术改变了自然的存在状态。当技术这种作用方式引起人与自然关系的嬗变程度，达到人们不能立即做出全面、正确的反应时，对技术的哲学思考就纳入了学术研究的领域。特别是一些新兴的技术新领域，如生态技术、信息技术、人工智能、多媒体、医疗技术、基因工程等出现，技术的本质、技术作用自然的深刻性，都是传统技术所没有揭示的，技术带来的社会问题和伦理冲突，只有通过哲学的思考，才能让人类明白至善、至真、至美的理想如何统一。

　　现代西方技术哲学的历史可以追溯到 100 多年以前的欧洲大陆（主要是德国和法国）。德国人 E. 卡普（Ernst Kapp）的《技术哲学纲要》（1877）和法国人 A. 埃斯比纳斯（Alfred Espinas）的《技术起源》（1897）是现代西方技术哲学生成的标志。国外的技术哲学研究经过 100 多年的发展，如今正在由单一性向多元性方法论逐渐转变；正在寻求与传统哲学的结合，重新建构技术哲学动力的根基；正在进行工程主义与人文主义的整合，将工程传统中的专业性与技术的文化形式或文化惯例的考察相结合；正在着重于技术伦理、技术价值的研究，出现了一种应用于实践的倾向——即技术哲学的经验转向。

　　与技术哲学相关的另一个较为实证的研究领域就是科学技术与社会（Science Technology and Society）。随着技术科学化之后，技术给人类社会带来了根本性变化，以信息技术和生命科学等为先导的

20世纪科技革命的迅猛发展，深刻地改变了人类的生产方式、管理方式、生活方式和思维方式。科学技术对社会的积极作用迅速显现。与此同时，科学技术对社会的负面影响也空前突出。鉴于科学对社会的影响价值也需要正确地加以评估，社会对科学技术的影响也成为认识科学技术的重要方面，促使STS这门研究科学、技术与社会相互关系的规律及其应用，并涉及多学科、多领域的综合性新兴学科逐渐蓬勃发展起来。

早在20世纪60年代，美国就兴起了以科学技术与社会（STS）之间的关系为对象的交叉学科研究运动。这一运动包括各种各样的研究方案和研究计划。20世纪80年代末，在其他国家，特别是加拿大、英国、荷兰、德国和日本，这项研究运动也都以各种形式积极地开展着，获得了广泛的社会认可。90年代以后，它又获得了蓬勃发展。目前STS研究的全球化，出现了多元化与整合化并存的特征。欧洲学者强调STS理论研究和欧洲特色（爱丁堡学派的技术的社会形成理论，欧洲科学技术研究协会）；美国STS的理论导向（学科派，高教会派）和实践导向（交叉学科派，低教会派）各自发展，侧重点不断变化；日本强调吸收世界各国的STS成果以及STS研究浓厚的技术色彩（日本STS网络，日本STS学会）；STS研究的全球化和多元化，必然伴随着对STS的系统整合，在关注对科学技术与生态环境和人类可持续发展的关系的研究；关注技术，特别是高技术与经济社会的关系；关注对科学技术与人文（如价值观念、伦理道德、审美情感、心理活动、语言符号等）之间关系的研究都与技术哲学的研究热点不谋而合。

中国的技术哲学和STS研究虽然起步都较晚，但随着中国科学技术的快速发展，在经济上迅速崛起，学术氛围的宽容，不仅大量的实践问题涌现，促进了技术哲学和STS研究，也由于国力的增强，技术哲学和STS研究也得到了国家和社会各界的越来越多的支持。

东北大学科学技术哲学研究中心的前身是技术与社会研究所。早在20世纪80年代初，在陈昌曙教授和远德玉教授的倡导下，东北大学就将技术哲学和STS研究作为重要的研究方向。经过二十多年的积累，形成了东北学派的研究特色。2004年成为教育部"985工程"科技与社会（STS）哲学社会科学创新基地，2007 年被批准为国家重点学科。东北大学的技术哲学和 STS 研究主要是以理论研究的突破创新体现水平，以应用研究的扎实有效体现特色。

《中国技术哲学与 STS 研究论丛》（以下简称《论丛》）是东北大学科学技术哲学研究中心和"科技与社会（STS）"哲学社会科学创新基地以及国内一些专家学者的最新研究专著的汇集，涉及科技哲学和 STS 等多学科领域，其宗旨和目的在于探求科学技术与社会之间的相互影响和相互作用的机制和规律，进一步繁荣中国的哲学社会科学。《论丛》由国内和校内资深的教授、学者共同参与，奉献长期研究所得，计划每期出版五本，以书会友，分享思想。

《论丛》的出版必将促进我国技术哲学和 STS 学术研究的繁荣。出版技术哲学和 STS 研究论丛，就是要汇聚国内外的有关思想理论观点，造成百花齐放、百家争鸣的学术氛围，扩大社会影响，提高国内的技术哲学和 STS 研究水平。总之，《论丛》将有力地促进中国技术哲学与 STS 研究的进一步深入发展。

《论丛》的出版必将为国内外技术哲学和 STS 学者提供一个交流平台。《论丛》在国内广泛地征集技术哲学和 STS 研究的最新成果，为感兴趣的国内外各界人士提供一个广泛的论坛平台，加强相互间的交流与合作，共同推进技术哲学和 STS 的理论研究与实践。

《论丛》的出版还必将对我国科教兴国战略、可持续发展战略和创新型国家建设战略的实施起着强有力的推动作用。能否正确地认识和处理科学、技术与社会及其之间的关系，是科教兴国战略、可持续发展战略和创新型国家建设战略能否顺利实施的关键所在。技术哲学和 STS 研究涉及科学、技术与公共政策，环境、生态、能源、人口等全球问题和 STS 教育等各方面问题的哲学思考与实践反思。《论丛》的出版，使学术成果能迅速扩散，必然会推动科教兴国战略、可持续发展战略和创新型国家建设战略的实施。

中国是历史悠久的文明古国，无论是人类科技发展史还是哲学史，都有中国人写上的浓重一笔。现在有人称，"如果目前中国还不能输出她的价值观，中国还不是一个大国。"学术研究，特别是哲学研究，是形成价值观的重要部分，愿当代的中国学术才俊能在此起步，通过点点滴滴的扎实努力，为中国能在世界思想史上再书写辉煌篇章而作出贡献。

最后，感谢《论丛》作者的辛勤工作和编委会的积极支持，感谢中国社会科学出版社为《论丛》的出版所作的努力和奉献。

陈　凡　罗玲玲
2008 年 5 月于沈阳南湖

General Preface

Philosophy is the greatest wisdom of human beings, which always keeps its spirit young and keeps green forever although it has experienced great changes that time has brought to it. At present, philosophy is still taking the indispensable position.

Technology represents the oldest way of humans making use of the nature and has changed the existing status of the nature. When the functioning method of technology has induced transmutation of the relationship between humans and the nature to the extent that humans can not make overall and correct response, philosophical reflection on technology will then fall into academic research field. Like the appearance of new technological fields, especially that of ecotechnology, information technology, artificial intelligence, multimedia, medical technology and genetic engineering and so on, the nature of technology and the profoundness of technology acting on the nature are what have not been revealed by traditional technology. The social problems and ethical conflicts that technology has brought about have not been able to make human beings understand how the ideals of becoming the true, the good and the beautiful are united without depending on philosophical pondering.

Modern western technological philosophy history can date back to over 100 years ago European continent (mainly Germany and France). German Ernst Kapp's Essentials of Technological Philosophy (1877) and French Alfred Espinas' The Origin of Technology (1897) represent the emergence of modern western technological philosophy. After one hundred year's development, overseas research on technological philosophy is now transforming from uni – methodology to multi – methodology; is now seeking for merger with traditional philosophy to reconstruct the foundation of technological philosophy impetus; is now conducting the integration of engineering into humanity to join traditional specialty of engineering with cultural forms or routines of technology; is now focusing on research on technological ethnics and technological values, resulting in an application trend——that is, empiric – direction change of technological philosophy.

Another authentic proof – based research field that is relevant to technological philosophy is science technology and society. With technology becoming scientific, it has brought about fundamental changes to human society, and the rapid development of science technology in the 20th century has deeply changed the modes of production, measures of administration, lifestyles and thinking patterns, with information technology and life technology and so on in the lead. The positive impacts of science technology on the society reveal themselves rapidly. Meanwhile, the negative impacts of it are unprecedented pushy. As the effects of science on the society need evaluating in the correct way, and the effects of the society on science technology has also become an important aspect in understanding science technology, the research science of STS, the laws and application of the relationship between technology and the society, some newly developed disciplines concerning multi – disciplines and multi – fields are flourishing.

As early as 1960s, a cross – disciplinary research campaign targeting at the relationship between science technology and the society (STS) was launched in the United States. This campaign involved a variety of research schemes and research plans. In the late 1980s, in other countries especially such as Canada, the UK, the Netherlands, Germany and Japan, this research campaign was actively on in one form or another, and approved across the society. After 1990s, it further flourished. At present, the globalization of STS research has becoming typical of the co – existence of multiplicity and integration. The European scholars stress theoretical STS research with European characteristics (i. e. Edingburg version of thought, namely technology – being – formed – by – the – society theory, Science Technology Research Association of Europe) ; STS research guidelines of the United States (version of disciplines and version of Higher Education Association) and practice guidelines (cross – discipline version and version of Lower Education Association.) have developed respectively and their focuses are continuously variable. Japan focuses on taking in STS achievements of countries world – wide as well as clear technological characteristic of STS research (Japanese STS network and Japanese STS Association) ; the globalization and the multiplicity of STS research are bound to be accompanied by the integration of STS system and by the concern of research on the relationship between science technology, ecological environment and human sustainable development; attention is paid to the relationship between the highly – developed technology and the economic society; the concern of research on the relationship between science technology and humanity (such as the values, ethnic virtues, aesthetic feelings, psychological behaviors and language signs, etc.) happens to coincide with the research focus of technological philosophy.

Chinese technological philosophy research and STS research have risen rapidly to economic prominence with the fast development of Chinese science technology; the tolerance of academic atmosphere has prompted the high emergence of practical issues and meanwhile the development of technological philosophy research and STS research; more and more support of technological philosophy research and STS research is coming from the nation as well as all walks of life in the society with the national power strengthened.

The predecessor of Science Technological Philosophy Study Center of Northeastern University is Technological and Social Study Institute of the university. Northeastern University taking technological philosophy research and STS research as an important research direction dates back to the advocacy of Professor Chen Chang – shu and Professor Yuan De – yu in 1980s. The research characteristics of Northeastern version has been formed after over 20 years' research work. The center has become an innovation base for social science in STS Field of "985 Engineering" sponsored by the Ministry of Education in 2004 and approved as a key discipline of our country in 2007. Technological philosophy research and STS research of Northeastern University show their high levels mainly through the breakthrough in theoretical research and show their specialty chiefly through the down – to – earth work and high efficiency in application.

Chinese Technological Philosophy Research and STS Research Series (abbreviated to the Series) collects recent research works by some experts across the country as well as from our innovation base and the Research Center concerning multi – disciplines in science technology and STS fields, on purpose to explore the mechanism and laws of the inter – influence and inter – action of science technology on the society, to further flourish Chinese philosophical social science. The Series is the co – work of some expert professors and scholars domestic and abroad whose long – termed devotion promotes the completeness of the manuscript. It has been planned that five volumes are published for each edition, in order to make friends and share ideas with the readers.

The publication of the Series is certain to flourish researches on technological philosophy and STS in our country. It is just to collect relevant theoretical opinions at home and abroad, to develop an academic atmosphere to? let a hundred flowers bloom and new things emerge from the old, to expand its influence in the society, and to increase technological philosophy research and STS levels. In all, the collections will strongly push Chinese technological philosophy research and STS research to develop further.

The publication of the Series is certain to provide technological philosophy and STS researchers at home and abroad with a communicating platform. It widely collects the recent domestic and foreign achievements of technological philosophy research and STS research, serving as a wide forum platform for the people in all walks of life nationwide and worldwide who are interested in the topics, strengthening mutual exchanges and cooperation, pushing forward the theoretical research on technological philosophy and STS together with their application.

The publication of the Series is certain to play a strong pushing role in implementing science – and – education – rejuvenating – China strategies, sustainable – development strategies and building – innovative – country strategies. Whether the relationships between Science, technology and the society can be correctly understood and dealt with is the key as to whether those strategies can be smoothly carried out. Technological philosophy and STS concern philosophical considerations and practical reflections of various issues such as science, technology and public policies, some global issues such as environment, ecology, energy and population, and STS education. The publication of the Series can spread academic accomplishments very quickly so as to push forward the implementation of the strategies mentioned above.

China is an ancient country with a long history, and Chinese people have written a heavy stroke on both human science technology development history and on philosophy history. "If China hasn' t put out its values so far, it cannot be referred to as a huge power", somebody comments now. Academic research, in particular philosophical research, is an important part of something that forms values. It is hoped that Chinese academic genius starts off with this to contribute to another brilliant page in the world' s ideology history.

Finally, our heart – felt thanks are given to authors of the Series for their handwork, to the editing committee for their active support, and to Chinese Social Science Publishing House for their efforts and devotion to the publication of the Series.

Chen Fan and Luo Ling – ling
on the South Lake of Shenyang City in May, 2008

目　录

第一章 绪论

一 问题的提出

美籍德裔哲学家赫伯特·马尔库塞（Herbert Marcuse, 1898—1979）是社会批判理论的重要构建者和早期法兰克福学派代表人物之一，他开启了"西方马克思主义的人本主义倾向中的'个人激进主义'思潮"①。马尔库塞在 20 世纪 60 年代的西方学生运动中被奉为"学运先知""青年造反者之父""新左派的精神领袖"，乃至作为"发达工业社会最重要的马克思主义理论家"与马克思（Marx）、毛泽东（Mao）并称"三 M"。1998 年是马尔库塞诞辰百年纪念，随着其生前未发表著作集的陆续整理出版，国内外的马尔库塞研究在"现代性"的语境中再度升温，并逐渐走向深入。正如著作集的编者道格拉斯·凯尔纳（Douglas Kellner）所指出的那样："当我们接近新的世纪时，马尔库塞的著作仍然具有针对性，因为他所考虑的主题对当代的理论和政治学仍然具有重要性。"②

马尔库塞著作的针对性，从国际上讲，是人类进入 20 世纪以来科技高速发展所带来的整个世界的巨大变化。20 世纪以来，科学技术对人类社会能够步入信息化、工业化高速运转的现代社会居功至伟，现代人衣食住行的需求对高科技的发展依赖不断上升，日新月异的高科技越来越多的决定人们的生活方式，干预人类的思维方式，造成了人、自

---

① 陈学明：《二十世纪的思想库——马尔库塞的六本书》，云南人民出版社 1989 年版，第 184 页。

② ［美］道格拉斯·凯尔纳：《马尔库塞的遗产》，陆俊译，《北京科技大学学报》（社会科学版）1999 年第 1 期。

然、社会之间众多的全球性问题。随着第二次世界大战中高科技武器对于人类的摧残，人们开始反思技术的发展对社会和人类自身的作用。越来越多的社会学家发现了当代工业社会的单向度性：经济成为建立单向度社会的控制基础；政治领域内消除了对立的政治面，统治成为资产阶级内部轮流坐庄的游戏；文化领域内，大众文化的产业化低俗化发展，成为意识形态的工具；生活于单向度社会中的人，依赖于高科技生活方式，被单向度社会同化了，成为与资本主义社会的各种社会程序一体化的人；单向度思维方式在思想领域成为普遍的思维模式，形成了压抑性的社会心理机制，人从此被"一体化"进了单向度的社会，成为维护单向度统治的机器，丧失了自我认识的能力，失去了否定的本质力量，社会的发展陷入了循环过程，人类社会和人类自身都失去了发展的力量，其中单向度思维方式成为阻碍社会发展和人类解放最重要的因素。

从国内来看，是新时期全面建设"美丽中国"、实现中华民族伟大复兴进程中出现了许多新的问题。改革开放以来，我国的社会主义工业化进程突飞猛进，经济取得了高速发展，但一方面人的思想观念相比较生产力发展具有滞后性；另一方面改革开放也使得我国社会处于转型期，市场经济条件下文化、道德、信仰跟不上经济的发展，呈现出缺失的状态，西方工业化弯路在我国重现，也把社会主义社会道德体系的建设提到议事日程。面对这些新的情况，党的十八大报告高瞻远瞩地指出，"必须更加自觉地把全面协调可持续作为深入贯彻落实科学发展观的基本要求，全面落实经济建设、政治建设、文化建设、社会建设、生态文明建设五位一体总体布局，促进现代化建设各方面相协调，促进生产关系与生产力、上层建筑与经济基础相协调，不断开拓生产发展、生活富裕、生态良好的文明发展道路"①。同时也清醒地认识到现代化进程中的很多困难，例如，发展中不平衡、不协调、不可持续问题依然突出，资源环境约束加剧，教育、生态环境等群众切身利益的问题较多，一些领域存在道德失范、诚信缺失现象。当前的中国正处于从传统农业文明向现代

---

① 胡锦涛：《坚定不移沿着中国特色社会主义道路前进　为全面建成小康社会而奋斗——在中国共产党第十八次全国代表大会上的报告》，人民出版社 2012 年版，第 9 页。

工业文明过渡的艰难转型期。一方面，市场经济和工业文明是我们的必然抉择，必须大力发展现代技术，以尽快赶上西方发达国家所达到的现代化程度；另一方面，市场经济和工业文明又不可避免地把一个异化的世界横亘在我们前进的路上，技术问题不仅表现在导致生态环境的破坏，而且也使现代性陷入困境。伴随现代化进程的各种深刻矛盾和危机，一再让当今的思想家们想到马尔库塞，想到他对现代社会的病理诊断、灾难后果预言和技术的美学救赎。马丁·杰伊说："即使在西方马克思主义的主要范式已失去活力之后，批判理论也仍然保持着重要性：它意外地适应了在其初创时期只是朦胧觉察到的一个时代的关切和焦虑。"① 这个评价用到马尔库塞身上是很贴切的，研究其技术的美学救赎思想不仅是马尔库塞在"反思性"的现代性话语中理应占有一席之地的理论呼声，也是作为后发现代性国家的中国在进入工业化中期后，正确处理科学文化与人文文化、工具理性与价值理性张力关系的现实需要。

国际国内的理论和实际环境都迫切要求我国马克思主义中国化理论作出相应的回答。马尔库塞作为西方马克思主义研究领域的重要代表，致力于应用美学改造工具理性的技术的美学救赎理论研究，丰富了现代马克思主义美学理论和革命理论。对我国实现文化产业改革发展繁荣，建设与市场经济相适应的社会主义道德体系，建设科学发展的社会主义和谐社会都具有丰富的借鉴意义和实践价值。

第一，在理论上，对马尔库塞技术美学思想的研究有助于拓展马尔库塞思想研究的视阈，丰富国内美学尤其马克思主义美学研究的内容。自20世纪80年代至今，国内对马尔库塞的研究大多关注他的社会批判理论，美学思想在他整个理论体系中的地位一直未得到应有的承认，尤其是他的审美救赎路径中技术改造的思想长期没有得到应有的重视。将美学作为贯穿马尔库塞批判理论以及革命理论的线索，突出审美救赎中技术路径研究，可以完整理解马尔库塞美学的内涵及现实意义，拓展对马尔库塞思想研究的视阈。同时，党的十七届六中全会的召开，使文化

---

① [美] 马丁·杰伊：《法兰克福学派史》，单世联译，广东人民出版社1996年版，"第二版序" 第9页。

改革及文化产业发展成为我国现代化建设的中心议题，马克思主义中国化的文化理论建设迫在眉睫。马尔库塞作为法兰克福学派重要代表人物，对其美学进行的研究丰富了马克思主义美学，有利于发展马克思主义中国化美学理论实践，更加透彻深入理解美学在马克思主义理论中的重要地位。

第二，在实践上，对马尔库塞技术美学思想的研究也具有多重意义。

首先，这一研究有助于促进人们对审美教育（美育）价值的认识。马尔库塞通过审美教育的实践改造人的工具理性思维的思想，实现人的全面解放和发展的思想对于我国的素质教育改革具有借鉴意义。我国自20世纪90年代中期以后相继在高校展开义务教育改革，培养德、智、体、美、劳全面发展的人才，开展包括审美教育在内的人文素质课程，意在从青少年的教育入手促进人的全面发展，改变以智力为主的教育造成的青少年问题。

其次，这一研究对我们深刻理解构建和谐社会和践行科学发展观具有实践借鉴意义。马尔库塞对于技术审美化实践道路的探索，对技术体系改造以及感性人的培养道路的探索，对传统发展模式的批判，对于改变工业化社会人类社会的发展模式以及生存状态，有助于更好地理解践行科学发展观，构建社会主义和谐社会，加快"美丽中国"的现实建构进程。

最后，这一研究对于探索我国文化体制改革，促进文化产业大发展大繁荣具有借鉴意义。党的十七届六中全会审议并通过了《中共中央关于深化文化体制改革推动社会主义文化大发展大繁荣若干重大问题的决定》，对建设有中国特色的社会主义文化强国战略作出了全面部署。马尔库塞审美救赎思想中对文化产业的改造所做的探索，对我国文化体制改革、促进文化产业发展繁荣的具体实践具有丰富的现实意义。

二 马尔库塞的学术历程

1898年7月19日，赫伯特·马尔库塞生于德国柏林的一个犹太富商家庭。他在"一战"中服役于德国军队，并于1917年加入了德国社会民主党，1918年成为"十一月革命"后柏林革命士兵委员会的一员，但因不满于社会民主党内部的派系斗争，他最终于1919年失望地退出该党，结束了早年的"最后的有组织的政治生活"，转而进入弗莱堡大学攻读博士。晚年的马尔库塞多次谈到将德国革命的失败看作对自己具有决定性意义的事件，也正是从那时开始，他坚定信奉了作为革命社会变革学说的马克思主义。① 但是，马尔库塞此时接触到的马克思主义，还是1923年乔治·卢卡奇（Georg Lukacs）在《历史与阶级意识：关于马克思主义辩证法的研究》中阐发的、以"物化"为核心的早期西方马克思主义。结合人物生平与思想历程，本书将马尔库塞的思想定位为"海德格尔式的马克思主义""黑格尔式的马克思主义"和"弗洛伊德式的马克思主义"。

（一）海德格尔式的马克思主义

1928—1932年是马尔库塞思想历程的"海德格尔时期"，理查德·沃林称之为"海德格尔式的马克思主义"（Heideggerian Marxism）。② 1927年海德格尔《存在与时间》的发表，唤起了混迹于图书出版销售业的马尔库塞的深刻共鸣，使他相信海德格尔的存在主义可以补充马克思主义理论的不足。于是他在1929年重返弗莱堡大学，在胡塞尔的指导下继续深造，同时充任声名鹊起的海德格尔的研究助手。他先后发表的论文《历史唯物主义对现象学的贡献》（1928）、《论具体的哲学》（1929）、《论辩证法的问题》（1930）、《经济学劳动概念的哲学基础》（1933）等，均显示了意欲综合马克思主义和现象学、存在主义的尝试。马尔库塞最初是带着柏林马克思主义理论与实践的失望经历来到弗莱堡的，对"具体的哲学"（关注具体的人的存在）的寻求使他看到了海德格尔存在主义的魅力，因此他一开始就未区分马克思主义和存在主义，尽管他完全采用了存在主义的术语。青年马尔库塞投奔海德格尔，

① ［美］理查德·沃林：《海德格尔的弟子：阿伦特、勒维特、约纳斯和马尔库塞》，张国清译，江苏教育出版社2005年版，第145页。

② Richard Wolin and John Abromeit eds., *Herbert Marcuse*: *Heideggerian Marxism*, Lincoln and London: University of Nebraska Press, 2005.

使他开辟了融合马克思主义与存在主义两个哲学流派的先河，因而被哈贝马斯称作"第一位海德格尔式的马克思主义者"①。这极大地启发了20世纪40年代兴起的存在主义的马克思主义流派，萨特、梅洛—庞蒂、加缪等法国哲学家赫然在列。

1932年，马尔库塞为了获得大学任教资格撰写了论文《黑格尔的存在论与历史性理论》。论文虽然只字未提马克思之名，但其显露无遗的马克思立场倾向还是难逃哲学大师的法眼，海德格尔认为这部著作背离了存在主义立场，其"沉默式否决"的态度阻断了马尔库塞的大学教授生涯。尽管海氏对马尔库塞日后的思想发展仍然潜移默化地起作用，但随着海德格尔对希特勒上台的公然支持，马尔库塞与恩师关系的决裂公开化了。晚年的马尔库塞也坦陈早年"把海德格尔看作马克思主义的推广者"的尝试最后以失败而告终，"我们逐渐地观察到海德格尔哲学在一定程度上的欺骗性——我们再次面临着先验哲学（在一个更高水平上）的一个变体，在那里存在主义的范畴已失去了其犀利性，并被中立化了，最终消散在更大的抽象性中。此后的例证莫过于'技术的追问'取代了'存在的追问'：这只是明显的具体性化归为抽象性——坏的抽象性的另一个例子罢了，这其中的具体不是真正地被取代，相反，它仅仅是被舍弃了"②。

（二）黑格尔式的马克思主义

1932—1950年是马尔库塞思想历程的"法兰克福学派时期"，与早期西方马克思主义者及法兰克福学派其他作家殊途同归，共同发展了黑格尔式的马克思主义（Hegelian Marxism，卢卡奇用语），以重建马克思哲学的方式实现"从马克思向黑格尔的回归"。1932年，马尔库塞在胡塞尔、阿多诺和洛文塔尔等人的推荐下加入了相对激进的法兰克福社会研究所，并成为社会批判理论的主要构建者，是早期法兰克福学派代表人物之一。同年，马克思《1844年经济学哲学手稿》德文版全文发表，

---

① 陈学明：《二十世纪的思想库——马尔库塞的六本书》，云南人民出版社1989年版，第3页。

② Richard Wolin and John Abromeit eds. , *Herbert Marcuse*：*Heideggerian Marxism*, Lincoln and London：University of Nebraska Press, 2005, p. 176.

他很快便撰写了评论文章《历史唯物主义基础的新文献》① 来肯定手稿的价值，认为"这部手稿也可能使我们对马克思和黑格尔之间的实际关系得出更富有成果、更富有希望的提法"②。"人道主义的青年马克思"成为他学术生涯的重要转折点和三四十年代大多数研究的出发点。纳粹在 1933 年的上台执政，迫使作为马克思主义研究机构和以犹太人成员为主的社会研究所离开德国，开始流亡。马尔库塞最初流亡到瑞士，负责研究所日内瓦分部的工作，次年流亡到美国纽约，与陆续抵达的研究所成员会合。他们重建了附属于哥伦比亚大学的社会研究所，开启了研究所理论上最富成果、最具特色的"旅美的法兰克福学派"时期。从旧世界到新大陆，综合了黑格尔主义、马克思主义及浪漫主义的德国人文主义传统的法兰克福学派，与英美式的经验主义、实证主义及实用主义传统直面遭遇，鲜明的落差更强化了批判理论从 20 年代开始的回归黑格尔辩证法源头倾向。

马尔库塞这一时期的作品有：《历史唯物主义的基础》（1932）、《权威研究》（1936）、《理性和革命：黑格尔和社会理论的兴起》（1941）、《现代技术的一些社会意义》（1941）及《萨特的存在主义》（1948）等，而其哲学基础则来源于从 1932 年来形成的黑格尔主义的马克思主义，即对总体性以及历史运动的强调，黑格尔从历史运动观念中抽离出来的"否定性"概念也成为这一时期代表作《理性和革命》的核心概念。从总体性及其否定性对应物集体主体这一哲学层面展开论述，便成为其黑格尔式的马克思主义的"写作范式"。他这一时期主要研究是德国思想场域中的法西斯主义问题，不仅从学术层面在各个角度的著作中涉及了这一点，还从政治层面间接介入了反法西斯斗争，于

---

① 本文最早以德文写作完成（ *Neue Quellen zur Grundlegung des Historischen Materialismus* ），发表于法兰克福研究所的机关刊物《社会研究杂志》（ *Die Gesellschaft* ）1932 年第 9 期，后来由 Brian Reid 译成英文《历史唯物主义基础》（ *The Foundation of Historical Materialism* ），收录于《批判理论研究》（ *Studies in Critical Philosophy* , Beacon Press, Boston, 1972）一书。国内的汉译本多从英译本翻译而来。

② 中共中央马克思恩格斯列宁斯大林著作编译局马恩室编译：《〈1844 年经济学哲学手稿〉研究》（文集），湖南人民出版社 1983 年版，第 298 页。本书也收录了薛民译、黄颂杰校的汉译本《论历史唯物主义的基础》。

1942—1951 年期间任职于美国战略情报部门，从事战时情报分析工作。

（三）弗洛伊德式的马克思主义

1951 年，霍克海默、阿多诺率领社会研究所重返法兰克福大学，马尔库塞则最终选择留在了美国，转而瞩目于美国的社会现实和思想场景，很快转向了"弗洛伊德式的马克思主义"（Freudian Marxism，赖希用语）。这一转向表明马尔库塞开始形成他的思想特色，也是 20 世纪 60 年代与学派发生理论分歧的前兆。同年，他离开了政府部门，先后受聘于哥伦比亚大学俄国研究所（1952—1953 年）、哈佛大学俄国研究中心（1954—1955 年）、布兰迪斯大学（又译为勒兰兑斯大学，1954—1965 年）、加利福尼亚大学圣迭戈分校（1965—1976 年）。1979 年，马尔库塞应马克斯·普朗克学会科学技术世界生存条件研究所之邀赴西德讲学，7 月 29 日不幸逝世于慕尼黑市郊的施塔恩贝格。这一时期的代表作有：《爱欲与文明：对弗洛伊德思想的哲学探讨》（1955）、《苏联的马克思主义：一种批判的分析》（1958）、《马克斯·韦伯著作中的工业化和资本主义》（1964）、《单向度的人：发达工业社会意识形态研究》（1964）、《压抑的容忍》（1965）、《论解放》（1969）、《反革命与造反》（1972）等。

法兰克福学派把弗洛伊德主义引入马克思主义的早期代表作有威尔海姆·赖希（Wilhelm Reich）的《法西斯主义的大众心理学》（1933）和埃里希·弗洛姆（Erich Fromm）的《逃避自由》（1941）。这种心理学研究方法直接影响到了社会研究所关于纳粹主义和反犹主义的"权威与家庭研究"课题，只不过霍克海默、阿多诺采用了基于经验的人格心理学进路，马尔库塞同研究所很多成员一样也仅从家庭和权威的角度承认其合理性。20 世纪 50 年代，马尔库塞之所以援引弗洛伊德解读马克思主义，在于他认为马克思主义理论不仅忽视个人的解放，而且忽视心理学的维度，这就需要提出一种新的理论，以解释革命意识未能产生的原因，以及"确认那些引导个体遵从法西斯主义、斯大林主义和消费资本主义的主观条件。"① 《爱欲与文明》一书原是马尔库塞在1950—1951 年间在华盛顿精神病学学院的一系列讲稿，把弗洛伊德深层心理学中的"爱欲"本质说引入马克思的人类解放理论中，从而提出了"爱欲解放论"，开启了他综合弗洛伊德主义与马克思主义的尝试。从这时起，弗洛伊德的深层心理学不仅成为他观察发达工业社会的不可或缺的一个视角，而且是从发达工业社会的压抑性统治中解放出来的唯一途径。《单向度的人》及 20 世纪 60 年代末的一些论文中，马尔库塞对当代发达工业社会的分析与批判，不仅建立在弗洛伊德主义对现代个体的微观剖析上，而且建立在社会批判理论对社会一体化倾向的宏观洞见上，可以说是对发达工业社会各个层面的总体性批判。

英国学者麦克莱伦指出，"马尔库塞是法兰克福学派中最著名的、唯一没有放弃自己早年革命观点的早期成员"②，并认为尽管他的同僚们抛弃了激进主义，他仍然奉若圭臬。③ 海德格尔、黑格尔以及弗洛伊德都被视为保守主义者，马尔库塞则试图揭示他们各自理论中隐含的激进成分，而他采用的办法都是将人道主义的马克思主义充实到他们的激进成分中。作为海德格尔式的马克思主义者，他首开先河地融合了马克思主义与存在主义两个哲学流派；作为黑格尔式的马克思主义者，他最早通过对《巴黎手稿》的解读提出了"两个马克思"的观点，并以《理性和革命》为社会批判理论奠定了哲学基础；作为弗洛伊德式的马克思主义者，《爱欲与文明》《单向度的人》等著作是 20 世纪 60 年代青年造反运动的"圣经"，使他成为法兰克福学派的重要代表人物和 20世纪最有影响的思想家之一。

三　国内外对马尔库塞美学思想研究的述评

马尔库塞的美学思想不仅是其社会批判理论的重要组成部分，在马

---

① Douglas Kellner, *Herbert Marcuse and the Crisis of Marxism*, Berkeley and Los Angeles：University of California Press，1984，p. 154.

② ［英］戴维·麦克莱伦：《马克思以后的马克思主义》，林春等译，东方出版社 1986年版，第280—281 页。

③ ［英］戴维·麦克莱伦：《马克思以后的马克思主义》，林春等译，东方出版社 1986年版，第287 页。

克思主义美学发展史上也具有特殊的地位。迄今为止，国内外关于马尔库塞的研究文献可谓卷帙浩繁，尤其是他的美学思想始终是国内外学者的兴趣所在。

（一）国内对马尔库塞美学思想研究的阶段性考量

国内对马尔库塞美学思想的研究，始自20世纪80年代初期，至今经历了从最初否定马尔库塞美学理论的政治意含，将之等同于席勒的或阿多诺的美学理论到21世纪伊始开始的关注马尔库塞美学思想的政治效应的变化，其中对其称谓也呈现出多样性，如"解放美学""政治诗学""审美政治学"等。自改革开放以来，国内对马尔库塞美学思想关注较多，在对这一思想的理论渊源、相关范畴、社会影响等方面取得丰硕成果。本书通过对这些成果的分析，将国内改革开放以来国内马尔库塞美学思想研究分为三个阶段，借此把握这一领域的研究状况，并对其发展趋势作出预测。

1. 20世纪80年代：美学热中的"去政治化"情绪

国内对马尔库塞美学思想的关注始于20世纪80年代初期。时值"文革"结束、改革开放伊始，思想长期受到压抑的国人，在美学那里寻找思想解放的突破口，更要极力摆脱文革过激的"左"倾影响，从而最初的美学研究多是突出审美的无利害和"为艺术而艺术"的思想，马尔库塞美学也正是以这种方式参与到中国新时期美学热的进程。① 由此，否定马尔库塞美学理论的政治意涵，封存其政治维度，将之等同于席勒的或阿多诺的美学理论，是当时美学热中马尔库塞美学研究出现的现象之一。

这一时期，尽管马尔库塞论述感性革命和新感性的著作如《反革命与造反》一书中的大部分内容和他就马克思《1844年经济学哲学手稿》的发表而写的论文《历史唯物主义的基础》已先后于1982年、1983年译成中文（这两篇译文分别见任立译《工业社会和新左派》《西方学者论〈1844年经济学—哲学手稿〉》），对法兰克福学派开始有了整体性引介，如徐崇温的《法兰克福学派述评》（上海三联书店，

① 赵勇：《去政治化：马尔库塞美学理论的一种接受》，《社会科学辑刊》2007年第3期。

1980）和江天骥的《法兰克福学派——批判的社会理论》（上海人民出版社，1981），这些著作也都提及了马尔库塞思想中的美学内容，但对马尔库塞著述的翻译工作尚待展开，鲜见对马尔库塞理论的全面把握，且尚未对马尔库塞美学进行专门的分析，基本上是在阐述美学理论是涉及这一内容。李泽厚、王元化、刘小枫等在研究德国浪漫美学时均涉及马尔库美学的部分内容，他们基本上是忽视马尔库塞美学思想中的政治倾向，表现出一种马尔库塞美学研究中的"去政治化"① 情绪。其中李泽厚在他的《美学四讲》中论述"美感"问题时提到马尔库塞的"新感性"概念，认为它是指一种"由人类自己历史地建构起来的心理本体。它仍然是动物生理的感性，但已区别于动物心理，它是人类将自己的血肉自然即生理的感性存在加以'人化'的结果。这也就是我所谓的'内在的自然的人化'。"在他看来，马尔库塞的"新感性"似乎是对马克思《手稿》的一种误解，因为马尔库塞"把'新感性'作为一种纯自然性的东西，所以他讲的性爱、性解放，实际是主张性即爱，性的快乐本身就是爱……从整个文化历史看，人类在社会生活中总是陶冶性情——使'性'变成'爱'，这才是真正的'新感性'，这里边充满了丰富的、社会的、历史的内容"②。刘小枫在《诗化哲学》中将马尔库塞视为德国浪漫美学传统的当代表达之一（其他有阿多诺、本雅明、布洛赫等）。他在该书的最后一章"人和现实社会的审美解放"中认为马尔库塞一方面确立了感性及现实社会的本体论地位；另一方面又以"本体论的诗"作为其美学的基本出发点，并以此为核心论述了马尔库塞的美学策略。③

　　值得提及的是，与《诗化哲学》在一批出版的"文化哲学丛书"之一、欧阳谦的《人的主体性和人的解放》（1986）较全面地介绍了马尔库塞的社会批判理论，指出资本主义大众文化是导致人的主体性缺失的重要因素，进而将文化革命作为实现人类解放主体性的路径之一。本

---

① 赵勇：《去政治化：马尔库塞美学理论的一种接受》，《社会科学辑刊》2007 年第 3 期。

② 赵勇：《去政治化：马尔库塞美学理论的一种接受》，《社会科学辑刊》2007 年第 3 期。

③ 赵勇：《去政治化：马尔库塞美学理论的一种接受》，《社会科学辑刊》2007 年第 3 期。

书的副标题是"西方马克思主义文化哲学初探",它既没有专门从美学的角度展开阐发,也没有提及马尔库塞使用较多的"政治"概念,但揭示出马尔库塞的"社会批判"实质上是一种"文化批判",突出美学在新文化建构中的作用,是国内较早从文化哲学的视角对马尔库塞美学的研究。

2. 20 世纪 90 年代以后:文化热中对"政治诗学"的关注

20 世纪 80 年代后期,马尔库塞的多部著作如《现代美学析疑》(绿原译,文化艺术出版社,1987)、《爱欲与文明》(黄勇、薛民译,上海译文出版社,1987)、《单向度的人》(刘继译,上海译文出版社,1989)、《审美之维》(李小兵译,上海三联书店,1989)和《现代文明与人的困境》(李小兵译,上海三联书店,1989)译成中文。这些译著为国内了解和把握马尔库塞思想提供了难得的材料,也推动了国内马尔库塞美学研究的进展。同时,90 年代中期以后国内文化热逐渐取代了美学热,西方马克思主义文化研究和文艺批评成为热点,对马尔库塞相关理论的研究从评介阶段进入反思借鉴阶段,研究视角开始多元化,研究内容更加具体化、系统化,马尔库塞美学开始逐渐形成了一个独立的研究领域,其所内含的政治性及革命实践意义也逐渐得以凸显。

这一时期基本上是在法兰克福学派美学思想的框架内研究马尔库塞美学,成果主要有王才勇的《现代审美哲学新探索——法兰克福学派美学评述》(1990)、朱立元的《法兰克福学派美学思想论稿》(1997)、杨小滨的《否定的美学——法兰克福学派的文艺理论和文化批评》(1999)等。王才勇提出,马尔库塞由于受德国文化传统的影响以及同一时期阿多诺的审美哲学的影响,他的美学思考具有思辨性色彩,又因其长期生活于美国,其思维风格更具美国特点,这就是"注重现实以及理论的实际意义"[①]。他以马尔库塞的几部讨论美学问题较多的著作《文化的肯定性质》(1937)、《爱欲与文明》(1954)、《论解

---

① 王才勇:《现代审美哲学新探索——法兰克福学派美学评述》,中国人民大学出版社1990 年版,第 4 页。

放》（1969）、《反革命与造反》（1973）、《作为现实形式的艺术》（1972）、《审美之维》①（1977）为文本，以评述的形式阐述了马尔库塞不同时期的美学思想。在他看来，《文化的肯定性质》《爱欲与文明》《论解放》中的审美哲学思想是从社会哲学或文化哲学的问题出发的，书中"对审美哲学问题的探讨都只是从某个问题或问题的某个侧面进行的"②，从而这些著作都是马尔库塞社会哲学和文化哲学的组成部分，都不具有独立意义，在《反革命与造反》一书中，马尔库塞的审美哲学才初步成形。本书的第三章"艺术与革命"全面探讨了前此探讨所涉及的所有问题，更显全面、完整，即使从马尔库塞五年后所写到的《审美之维》来看，本书所关心并涉及的问题在"艺术与革命"中也"已得到一定程度的触及和展开"③。作者提出，从总体上看，马尔库塞审美与艺术思想体现出超越性、异在性和革命性三大原则，此即艺术对现实的超越性、艺术展现异于现实的另一个世界、艺术的功能在于使人从既存现实中获得解放的思想。

　　朱立元对以法兰克福学派成员为主体的当代德国美学家包括卢卡奇、布洛赫、布莱希特、本雅明、阿多诺、马尔库塞、弗洛姆、哈贝马斯等人的思想作了全方位的评述。在马尔库塞部分，他提出马尔库塞的美学思想是社会批判的美学，从 20 世纪 30 年代的《历史唯物主义的基础》、50 年代的《爱欲与文明》、60 年代的《单向度的人》和70 年代的《审美之维》为切入点，将马尔库塞的美学思想分为四个时段，阐述了马尔库塞不同时期的美学思想和主要特征。他认为，"美学形式"是马尔库塞美学的逻辑起点，由此出发，马尔库塞探讨了艺术和革命的对立统一关系，对 1968 年爆发的文化革命进行了全

---

　　①　这篇长文最早于 1977 年用德文在慕尼黑卡尔·汉泽尔出版社出版，正标题是"论艺术的永恒性"，副标题为"对一种特定马克思主义美学的批判"。1978 年用英文在美国波士顿灯塔出版社出版，易名为《审美之维》，现行的汉译本是从英译本翻译而来。

　　②　王才勇：《现代审美哲学新探索——法兰克福学派美学评述》，中国人民大学出版社1990 年版，第 166 页。

　　③　王才勇：《现代审美哲学新探索——法兰克福学派美学评述》，中国人民大学出版社1990 年版，第 166 页。

面的分析，反驳了"新左派"的反艺术论，批判了所谓"正统的马克思主义"的反艺术论，强调了在艺术自主性的前提下发挥艺术的独特功能。

杨小滨的《否定的美学——法兰克福学派的文艺理论和文化批评》提出，法兰克福学派同其他西方马克思主义的流派一样，其美学思想强调艺术的社会潜能和政治作用，体现了艺术之自律性和社会性的辩证法。本书在详细占有文本资料的基础上，主要对本雅明、阿多诺、马尔库塞的美学思想做了阐发。该书的特点是在阐明法兰克福学派各美学理论家各基本观点的同时，重点阐述其"现代主义理论与传统马克思主义的现实主义理论的差异之处及其与现代欧洲潮流文化的关系"①，该书第五章以"艺术的爱欲向度：马尔库塞与审美革命"为题阐述了马尔库塞的美学思想。作者认为，与阿多诺相比，马尔库塞对人类解放的信念要乐观得多，从而能够积极参与激进的社会实践并以自己的美学作为这种实践的武器。因此，不能从思维哲学的角度，而应从社会哲学的角度来阐述马尔库塞的美学思想。

这三本书的共同点是在法兰克福学派或者西方马克思主义的理论框架内，通过人头式的梳理来把握各主要代表人物的主要著作中所包含的美学思想，尚未出现对马尔库塞本人的美学思想的专题研究，没有达到对马尔库塞美学思想的研究缘起和理论体系等的系统研究。

在对马尔库塞美学理论的专题研究中，研究者充分肯定马尔库塞美学的政治意义以及变革的实践作用。比如，王雨辰强调了马尔库塞美学作为政治学的作用，提出"审美政治学"这一范畴，指出了艺术对反抗当前社会，解放社会内在压抑机制，变革革命意识等方面的作用②；朱士群肯定了艺术所具有的革命作用，提出"艺术天然是批判，批判天然是艺术"③，明确地将马尔库塞走向美学道路归因于为艺术作品本身所具有的批判力量，并对马尔库塞早期作品中追寻马尔库塞美学的发

---

① 杨小滨：《否定的美学——法兰克福学派的文艺理论和文化批评》，生活·读书·新知三联书店 1999 年版，"引言"第 3 页。
② 王雨辰：《马尔库塞的单向度理论及其美学救世主义》，《社会科学家》1993 年第 3 期。
③ 朱士群、程中业：《马尔库塞的解放美学》，《社会科学辑刊》1995 年第 4 期。

展轨迹，企图在马尔库塞整个理论体系中建立美学系统，并从一定意义上肯定了马尔库塞美学对于人类解放的意义；傅永军突出了马尔库塞美学的政治性，将其称为"政治诗学"①，指出了艺术对于技术的变革作用，美学成为实现新感性、新理性统一，实现人类自由解放的途径；张之沧则明确将马尔库塞的美学称为"解放美学"，认为马尔库塞的美学思想使"审美艺术成为了解放人的爱欲、恢复人的感性、促使人走向自由王国的重要途径；并将美学变成拯救世界、推动历史前进的决定力量；通过艺术革命和重建新感性建立一个'审美王国'，使人们在其中能够按照美的规律生存"②。黄文杰总结马尔库塞艺术哲学思想时提出"艺术自律的内在生命，担当着对既存现实特别是当下人性进行全面修正的历史责任。艺术正是凭借着对既在的绝对张力颠覆和解构既存的社会形态和异化的人性结构，从而以对人性的改造为中介实现生存方式向更高层次的无穷跃迁"③。

　　这些研究成果在一定程度上肯定了马尔库塞美学思想的历史地位，确证了审美变革社会的实践价值，但毋庸置疑，马尔库塞的美学思想是对高度发达的工业社会技术异化现象的反思和批判，只有将美学研究与技术批判结合起来，才能达到对这一理论的深层把握。

　　3. 2000 年后：哲学的"技术转向"与美学和政治学的再融合

　　虽然国内历经 20 年对马尔库塞美学思想的研究，在这一理论的政治意含上已达成共识，但就相关成果看，无论承认马尔库塞美学思想的政治意义与否，基本上认为其将社会革命寄托于审美是典型的乌托邦。尽管关于"乌托邦"的三层含义④均可适用于马尔库塞对这一概念的解释，但毕竟多数人对这一概念的理解还是停留在"空想"的层面而领

　　①　傅永军：《新理性与解放之途——马尔库塞"政治诗学"思想解析》，《当代世界社会主义问题》2005 年第 3 期。
　　②　张之沧：《论马尔库塞的解放美学》，《马克思主义与现实》2007 年第 5 期。
　　③　黄文杰：《论艺术对既在的绝对张力——马尔库塞的艺术哲学解析》，《南京社会科学》2009 年第 2 期。
　　④　高海艳、吴宁：《乌托邦的终结还是开始？——论赫伯特·马尔库塞思想的乌托邦意蕴》，《当代世界与社会主义》2011 年第 2 期。

悟不到其实践价值。究其根源，就在于未充分认识到马尔库塞的美学思想起因于发达工业社会的意识形态批判，在这里，技术高度发达的工业社会成为这一理论难以为人所察觉的社会语境。实际上，国内对马尔库塞技术观的研究开始于 20 世纪 90 年代中期，高亮华的《西方马克思主义的科学技术观》《人文主义视野中的技术》和朱士群的《马尔库塞的新技术观与生态学马克思主义》是本领域较早的研究成果。2000 年以后，国内哲学界对技术的关注引发了哲学的"技术转向"现象，带动了对各流派的科学技术观的研究，对马尔库塞技术批判理论的研究成果也如雨后春笋般显现。但是，已有成果对马尔库塞关于技术、美学、政治学之间关系的思想关注较少，从而只能达到对马尔库塞思想的分阶段理解，如学界公认的将马尔库塞的思想历程分为存在主义的马克思主义、黑格尔主义的马克思主义、弗洛伊德主义的马克思主义、美学等几个阶段①，也有学者认为马尔库塞经历了从技术政治学到审美政治学的过渡②，甚至有学者提出《审美之维》是马尔库塞社会批判理论的终结。③ 这些研究思路难以将马尔库塞不同时期的思想连接成一个整体。割裂马尔库塞的技术思想和美学思想之间的关联，使美学思想缺少实践的有力支撑，同样不可避免成为缺乏逻辑推敲的美学乌托邦。

应当说，20 世纪 90 年代后期以来文化研究在国内的展开推动了马尔库塞思想研究的深入，2000 年以后，一方向上的研究成果相当丰富，较有代表性的有衣俊卿的《20 世纪的文化批判：西方马克思主义的深层解读》（2003）、赵勇的《整合与颠覆：大众文化的辩证法——法兰克福学派的大众文化理论》（2005）、尤战生的《流行的代价：法兰克福学派大众文化批判理论》（2006）等。其中，衣俊卿的著作中专门辟有"技术理性批判"的章节，表现出对技术文化的关注，尤其在文化研究与技术批判相结合方向上的努力。另外，程巍在《否定性思维——马尔库塞思想研究》（2001）中不仅以细腻的文笔阐述了马尔库

---

① 程巍：《否定性思维——马尔库塞思想研究》，北京大学出版社 2001 年版。

② 王雨辰：《从技术政治学到审美政治学》，《国外社会科学》2009 年第 1 期。

③ 王彦章：《审美之维：社会批判理论的终结——马尔库塞美学思想浅论》，《时代文学》2006 年第 2 期。

塞思想发展的历史分期，还阐述了马尔库塞的文艺理论，并对学界尚知甚少的马尔库塞的部分手稿如 1941 年写成的《现代技术的一些社会意义》作了较为翔实的解读。这些论著对法兰克福学派的美学有零星分析，但并未将马尔库塞的美学思想和阿多诺等人的美学思想作出区分。另外，范晓丽则在《马尔库塞的理性与新感性思维研究》①（2007）一书中，着重从历史总体性以及历史合理性的角度，以马克思主义的辩证法出发，指出了马克思主义学说和革命在当代所面临的诸多困境，并且指出了科技理性及工具理性的异化在现代化过程中的必要性，并最终得出了审美艺术和生态理性才是人类解放的最终路径的结论。

值得关注的是，近年来，一些学者开始从研究其审美理论所具有的现实意义这一新的路径出发，注重马尔库塞审美思想较之社会批判理论、社会革命理论所具有的全面性、建构性，加强通过审美救赎思想的技术美学化路径研究的趋势，从而改变了对马尔库塞审美救赎思想研究的单纯视角，注重其审美思想中的对于理性感性重建的和谐思想，如刘晓玉在《论马尔库塞的人道化技术世界》（《北京科技大学学报》2009年2期）、《从马尔库塞的人道化的技术世界看他的技术生态思想》（《自然辩证法研究》2011年第1期）中从马尔库塞人道化技术世界和生态学入手，对马尔库塞哲学中技术、文化、人、自然的关系进行了全面探索，并且将这种生态化技术的实践意义延伸至我国的社会主义和谐社会构建之中。陈俊在《技术与自由——论马尔库塞的技术审美化思想》（《自然辩证法》2010年3月）中提出了"技术审美化"概念，并将其作为马尔库塞关于人的自由解放的新道路。笔者近年来致力于马尔库塞技术美学思想及其当代价值的研究，相继发表了《STS 视阈下马尔库塞社会批判理论解读》（《东北大学学报》2010年第2期）、《论马尔库塞审美救赎之路》（《东北大学学报》2011年第6期）、《国内马尔库塞美学思想研究的阶段性考量》（《长沙理工大学学报》2014年第5期）以及《马尔库塞技术美学化的实现路径》（《自然辩证法研究》2014年第11期）等论文，指出马尔库塞将单向度社会的形成归结为社

---

① 范晓丽：《马尔库塞的理性与新感性思维研究》，人民出版社 2007 年版。

会制度出了问题而导致的技术理性的片面化，技术理性成了统治理性并进而压抑着人的心理状况；认为要改变社会的不正常状态，需要通过审美对单一的技术理性进行改造，形成新理性，将包含有助于人的全面发展因素的价值成分运用到对现有技术的改造之中，以新技术为基础建构能够使人全面发展的新社会，实现人与自然、人与人的和解，走向一个健全的社会，同时还提出这一和解的途径是通过使技术美学化而发挥技术和美学的双重解放潜能。

应当看到，国内马尔库塞美学思想研究经过了"去政治化""政治诗学""技术美学"的不同阶段，这三个阶段之间的更替不是简单地一个取代另一个，而是在吸收、借鉴基础上的提升，是后者包含前者的扬弃过程，是包含了肯定的否定、最后达到否定之否定。研究呈现出的否定之否定的发展轨迹，和社会发展、技术发展和其他学科的发展相关联：一是文化的社会作用受到关注；二是技术化时代到来，对技术之于人的影响和作用给予更为深刻的反思，马尔库塞是在对发达工业社会反思基础上的结论，值得借鉴。

（二）国外学者对马尔库塞及其美学思想的关注

国外的马尔库塞研究者不乏活跃在当今国际学界的知名学者，如阿拉斯代尔·麦金太尔、马丁·杰伊、道格拉斯·凯尔纳、安德鲁·费恩伯格、查理德·沃林等。纵观国外马尔库塞研究的历程，大致经历了离世前十年的"毁誉参半"、逝后二十年的"由盛转衰"和诞辰百年以来的"返本开新"三个时期。

离世前十年：毁誉参半。离世前十多年里，马尔库塞已处于褒贬不一的舆论和评价中。1967 年，巴林顿·摩尔与科斯·沃尔夫合编了《批判精神：献给马尔库塞的论文》，或可视为英语世界马尔库塞研究的滥觞，扩大了马尔库塞在造反学生中的影响力。次年，尤尔根·哈贝马斯发表长文《作为"意识形态"的技术和科学》，从交往理性出发对马尔库塞"技术的解放力量转成解放的桎梏"的观点提出了商榷，这后来也成为费恩伯格技术批判理论的起点。整个 20 世纪 70 年代，对他的研究著作有增无减，为 20 世纪 80 年代的研究高潮奠定了基础。以1970 年为例，这一年面世的著作就有三部：保罗·布雷恩斯编写的论文集《批判的中断：新左派评马尔库塞》、罗伯特·马克斯的《马尔库塞的意义》以及埃梅利塔·基多的《马尔库塞与当代社会》。随着青年造反运动的失败和保守主义的回潮，对其赞誉不绝于耳的同时，批判乃至声讨也随之而来。同年，麦金太尔在英、美同时出版了《马尔库塞：一种解释和辩论》，批判性考察了马尔库塞的著作内容、思维方法、思想结论及理论渊源，得出了"几乎马尔库塞所有基本观点都是虚假的"结论。《反对马尔库塞》（1971）和《革命新理论：评法农、德勃雷和马尔库塞的观点》（1972）等也激烈地指责了马尔库塞，在学生和知识分子中间造成了认识混乱。

逝世后二十年：由盛转衰。1979 年，马尔库塞不幸逝世于西德讲学途中，享年 81 岁。通过众多研究者的努力，对马尔库塞的研究终于在 20 世纪 80 年代中期形成高潮。这一时期出版了多部研究马尔库塞的专著，这些成果的分歧也主要集中于马尔库塞审美救赎思想是否具有政治性和实践性方面。许多当代学者倾向强调审美救赎思想的政治意含，如本·阿格尔（Ben Agger）认为马尔库塞的"新感性"概念不只是一个纯粹的审美观念，而是"把理智与幸福结合在一起。"①，巴瑞·卡茨（Barry Kate）出版了《实践和创制：一本马尔库塞的知识分子传记》（1980）、《马尔库塞与解放的艺术》（*Hebert Marcuse And the Art of liberation：An intellectual biography*，New York：Schocken Books，Inc.，1982）两书。他在《赫伯特·马尔库塞和解放的艺术》一书中，明确地指出了他认为审美救赎思想才是贯穿马尔库塞理论体系的线索，详细阐述了艺术所具有的革命性质，以及美学在马尔库塞革命的理论体系中所占据的主体地位，认为美学对于人类世界的解放的革命作用是马尔库塞的思想的起点和归结点。道格拉斯·凯尔纳的早期代表作《马尔库塞与马克思主义的危机》（*Douglas Kellner. Herbert Marcuse and the Crisis of Marxism*，University of California Press，1984）批判性地纵览了其全部著作，解读了"单向度社会理论"的起源与结构、政治理论的发展以及

---

① ［加］本·阿格尔：《西方马克思主义概论》，慎之等译，中国人民大学出版社 1991 年版，第 380 页。

美学在其批判理论中的地位，将马尔库塞的审美救赎思想称之为"革命政治学"。1985 年有三本专著出版：蒂莫西·卢克斯的《遁入内心：马尔库塞解放美学的解释与批判》、彼得·林德的《马尔库塞和自由》，及弗雷德·奥尔福德的《科学和大自然的报复：马尔库塞和哈贝马斯》。1988 年，奥尔福德的另一本书《自恋：苏格拉底、法兰克福学派和精神分析理论》探讨了他对弗洛伊德的激进解释。同年，安德鲁·费恩伯格、罗伯特·皮平和查尔斯·韦贝尔选编一本非常好的文集《马尔库塞：批判理论和乌托邦的许诺》，包括哈贝马斯、马丁·杰伊、理查德·伯恩斯坦、克劳斯·奥菲和阿尔弗雷德·施密特等撰稿人。

马尔库塞在美国的学生、美国当代技术哲学家安德鲁·费恩伯格（Andrew Feenberg，国内也译作"安德鲁·芬伯格"）自 20 世纪 80 年代就相继写下许多和马尔库塞相关的著作，这主要有他的专著《卢卡奇、马克思和批判理论的来源》（*Lukacs，Marx and the Sources of Critical Theory*，Rowman and Littlefield，1981）、《马尔库塞：批判理论和乌托邦的许诺》（Marcuse：Critical Theory and the Promise of Utopia，A. Feenberg，R. Pippin，C. Webel，editors. Bergin & Garvey Press，1987）等。90 年代最重要的是约翰·伯克纳和卢克斯编辑出版了《马尔库塞：从新左派到下一个左派》（*Marcuse：From the New Left to the Next Left*，University Press of Kansas，1994），文集在东欧剧变使冷战逻辑过时的时代背景下重新审视了他的著作，收录了本·阿格尔、特鲁迪·施托伊尔纳格尔、盖德·霍洛维兹、凯尔纳、费恩伯格及卢克斯等的成果。然而，在八九十年代"后现代性"与"现代性"激烈论争的主流学术话语中，马尔库塞研究逐渐让位于后现代主义者和法兰克福学派其他成员。

诞辰百年以来：返本开新。1998 年是 1968 年青年造反运动三十周年，《共产党宣言》发表 150 周年，法兰克福社会研究所成立 75 周年，同时也是马尔库塞诞辰 100 周年。全球至少有 5 个地方召开了纪念性会议，其中美国伯克利的会议被命名为"赫伯特·马尔库塞的遗产"，会后出版了约翰·阿布罗梅特、马克·科布主编的《马尔库塞评论选集》。与此同时，马尔库塞 20 世纪 60—70 年代所写的关于战争、技术、极权主义、艺术、文学的许多手稿以各种语言在世界各地的整理和相继出版，这使得马尔库塞研究在 2000 年前后重新开始活跃并延续至今，并使国外马尔库塞审美救赎思想研究步入了新的阶段。

国外的马尔库塞研究者中最为知名的当属凯尔纳、费恩伯格和理查德·沃林。其中，由美国新批判理论家、著名的马尔库塞研究专家道格拉斯·凯尔纳整理编辑的马尔库塞的英文版文献对马尔库塞思想的深入研究起到了重要的推动作用。这一文献至今已出版六卷，依次是《技术、战争和法西斯》（Douglas Kellner Edited. *The Collected Papers of Herbert Marcuse*, *Volume* 1：*Technology*, *War*, *and Fascism*, Routledge, 1998），《走向一种批判的社会理论》（Douglas Kellner ed. *The Collected Papers of Herbert Marcuse*, *Volume* 2：*Towards a Critical Theory of Society*, Routledge, 2001），《新左派和二十世纪六十年代》（Douglas Kellner Edited. *The Collected Papers of Herbert Marcuse*, *Volume 3*：*The New Left and the 1960s*, Routledge, 2004），《艺术与解放》（Douglas Kellner ed., *Collected papers of Herbert Marcuse*, *Volume 4*：*Art and Liberation*, Routledge, 2007），《哲学、精神分析和解放》（Douglas Kellner and Clayton Pierce edited. the *Collected Papers of Herbert Marcus*, Vol. 5：*Philosophy*, *Psychoanalysis and Emancipation*, Routledge, 2010），《马克思主义、革命与乌托邦》（Douglas Kellner Edited. *The Collected Papers of Herbert Marcuse. Volume 6*, *Marxism*, *Revolution and Utopia*, Routledge, 2012）。此外，对马尔库塞美学思想方面的研究，约翰·波克纳（John Bokina）和蒂莫西·鲁克斯（Timothy Lukes）在他们编著的《马尔库塞：一种批判性解读》（*Herbert Marcuse*：*A Critical Reader*, Routledge, 2003）中全面集中论述了马尔库塞文化批判理论，并从中发现了美学的革命作用，费恩伯格出版了《海德格尔和马尔库塞：历史的大灾难和大拯救》（*Heidegger and Marcuse*：*The Catastrophe and Redemption of History*, Routledge, 2005），《实践哲学：马克思、卢卡奇和法兰克福学派》（*The Philosophy of Praxis*：*Marx*, *Lukacs and the Frankfurt School*, Verso Press, 2014）。费恩伯格和威廉姆·莱兹（William Leiss）编辑的马尔库塞的文献《本质主义的马尔库塞：哲学和社会批判文稿选辑》（*The Essential Marcuse*：*Selected Writings of Philosopher and Social Critic Herbert Marcuse*,

Co - edited with William Leiss，Beacon Press，2007），马尔科姆·米尔斯编辑出版了马尔库塞的美学专辑《赫伯特·马尔库塞：解放的美学》（Malcolm Miles，*Herbert Marcuse*：*An Aesthetics of Liberation*，Pluto Press，2012），进一步在英语世界推进了对马尔库塞的文献的关注。同时，也有一些学者如 M. 斯库尔曼（Morton Schoolman）则将马尔库塞的审美救赎思想和社会批判理论割裂开来，认为前者是对其后者的替代，这样就造成了马尔库塞美学思想乌托邦式的认识。

　　马尔库塞审美救赎思想还深刻影响了其之后的法兰克福学派、生态学马克思主义等理论的发展。法兰克福学派第二代重要代表哈贝马斯就深受马尔库塞审美救赎思想的影响，他在《现代性的哲学话语》中肯定了马尔库塞对审美重要性的关注，指出马尔库塞和席勒一样，"其目的并不是要使生活关系审美化，而是要革交往关系的命"[①]，他们都是这样确定艺术和革命的关系的。但是同时，他分析马尔库塞审美救赎思想是没有实践路径的乌托邦，并且从这一点出发指责审美救赎思想，并在这种影响下他致力于重建交往理性实现理性重建。生态学马克思主义理论的兴起和发展也受到审美救赎思想的影响，其理论基于对工具理性异化的批判，希望通过解构这种理性，实现人与自然的和谐，在其理论旨趣上与审美救赎理论如出一辙。奥康纳就认为现代性的解构与重建需要从文化和自然两个维度进行，认为"生产力始终是文化力量的一部分。劳动关系是由各种文化实践、技术和工艺水平、生产工具和生产对象的发展水平、维持劳动力价格稳定的能力、阶级的力量等因素多元决定"[②]，因而将实现生态解放的路径归结为文化实践。近年来，道格拉斯·凯尔纳还致力于把马尔库塞的社会批判理论和他的教育学理论结合起来，出版了《论马尔库塞：批判、解放和马尔库塞激进教育学中的再教育理论》（*On Marcuse*：*Critique*，*Liberation*，*and Reschooling in the Radical Pedagogy of Herbert Marcuse*，Sense Publishers，2008）、《马尔库

---

　　① ［德］于尔根·哈贝马斯：《现代性的哲学话语》，曹卫东译，译林出版社2004年版，第57页。

　　② ［美］詹姆斯·奥康纳：《自然的理由》，唐正东、臧佩洪译，南京大学出版社2003年版，第72页。

塞对教育的挑战》（*Marcuse's Challenge to Education*，Rowman & Little-field Publishers，2009），从审美教育对发达工业社会文化危机的救治问题展开研究，凸显出技术发达的社会中审美教育对人类灵魂的塑造作用。

从整体来看，国外已经较长时间展开对马尔库塞审美救赎思想的研究，但他们大多集中于将审美救赎思想作为独立的研究领域进行探索，割裂了马尔库塞的社会批判理论、社会革命理论与审美救赎思想之间的相关性，尤其未能把技术的批判与审美建构结合起来考察，最终只能走入乌托邦的解放这一理论深度。

（三）关于马尔库塞美学思想研究特点的几点结论

1. 总结国内外的研究成果，可以看出有以下两个方面的特点：其一，无论承认马尔库塞审美救赎思想的政治意义与否，基本上认为其将社会革命寄托于审美是典型的没有实践性的乌托邦。虽然这些学者对马尔库塞审美救赎思想的研究渐成系统，但是对比马尔库塞社会批判理论以及技术意识形态理论方面的研究，马尔库塞美学思想研究仍然不占主体位置，甚至许多学者认为转向审美使马尔库塞背离了社会批判理论，对于马尔库塞早期晚期思想进行了断裂式的对立研究，其称谓如"审美乌托邦""乌托邦社会主义""空间的乌托邦"等。对马尔库塞美学思想进行的乌托邦式的评论，其主要原因在于割裂了马尔库塞早期的社会批判理论、实践的革命的精神与后期其美学思想的关系，甚至将二者对立起来。在这种情况下，即使当代以来我国许多学者开始认识到马尔库塞美学思想的重要地位和实践作用，这样的论述也由于缺乏前后联系，缺乏逻辑推理，缺乏美学与实际变革联系的环节，无法认识其美学真正的内涵本质以及现实意义和实践价值，是难以经得住推敲的。其二，虽然有学者已经开始研究马尔库塞审美救赎思想的政治性和实践性，但是对马尔库塞关于技术、美学、政治学、社会学之间关系的思想关注较少，对技术美学化的路径研究较少，缺乏与马克思、阿多诺等人的美学进行比较研究，因而这种承认难以形成合乎逻辑的理论体系，难以认识审美救赎理论的本质特征以及对后来西方马克思主义理论发展的影响。马尔库塞美学仍然难以具有实践的价值，仍然无法摆脱乌托邦的色彩。从国内来看，尽管国内学界对文化、生态、技术等哲学研究的关注，对马克思主义美学、生态学等方面的研究渐次展开，但都未能把马尔库塞审美救赎思想和他关于技术改造的思想结合起来研究，审美救赎理论的现实起点，也忽视了技术美学化路径对解构现代性所据有的重要实践价值和现实意义。

从这两方面的问题都可以看出，对马尔库塞美学思想与其他理论割裂开来的研究，违反了马克思主义联系发展的观点，对于我国马尔库塞美学理论研究以及我国的社会主义美学建设都是一个巨大的损失。对马尔库塞美学思想，尤其是其中的美学实践，美学通过技术路径实现社会变革的新的革命道路研究，才是马尔库塞针对当代资本主义发展新情况对马克思主义的发展和创新，也是马尔库塞美学的旨趣所在。而且，对于美学改造社会的具体路径方面，马尔库塞也直接涉及了技术美学的领域，将审美引入技术体系之中，改造技术使之从目的上符合人类解放的初衷，从应用上成为人类实现解放的路径。

2. 从国内和国外的研究看，已有研究的不足主要有：一是在马尔库塞美学思想的学术渊源上，过多关注海德格尔、马克思、黑格尔、弗洛伊德等人的影响，较少提及席勒美学的作用。应该说，这一点和国内如何理解美学在马尔库塞整个理论体系中的地位相关联。马尔库塞一直都有着深切的美学情怀，他的美学思想有着浓重的席勒情结，在他的理论创作初期如博士论文《德国艺术家小说》中就显现出席勒美学的影响，等到他写作《爱欲与文明》《单向度的人》《反革命与造反》《审美之维》等著作时，这些影响一再显现着，时间跨度近60年之久，高建平先生也曾提及这一点。[①] 二是尽管国内马尔库塞美学思想研究已经积累了不少成果并逐渐体系化，但这些研究成果在美学和马克思主义理论两大领域都仍然只占有较小的分量，国内美学教科书很少把马尔库塞的美学思想纳入其中，而在讲授马尔库塞的社会批判理论时，往往也只

① 丁国旗：《马尔库塞美学思想研究》，社会科学文献出版社2011年版，"序二"第3页。

是把他作为弗洛伊德主义和马克思主义的结合物，而很少提及他的美学思想，从而表现出国内社会批判理论和美学研究对马尔库塞的美学思想上存在着双重的忽视，也说明马尔库塞美学研究要想取得进一步深入，需要实现研究视角上的转换。

3. 不仅马尔库塞的美学思想，而且整个马尔库塞的社会批判理论，实际是围绕技术问题展开的，它起因于对发达工业社会技术理性之片面化和普遍化的批判，目的在于通过重建发达工业社会的技术来寻找发达工业社会的"希望"，途径是以审美经验来拯救因理性的单向发展而导致的人的主体性、内在性等否定性向度，实现人与人、人与自然的和解，达到人类自由而幸福的生存状态。可以看出，马尔库塞研究美学的目的是要探究人摆脱奴役、获得解放的途径，但他并不只把希望寄托在人的本能和欲望的解放上而赋予美学不能承受之重，而是力图使技术和艺术结合起来，即通过审美找回技术理性泛滥所掩盖的人的感性层面，进而形成新技术，并达成人和自然的和解，是力图使技术和艺术结合起来、对技术进行审美救赎的技术美学。从国内对马尔库塞美学研究的已有成果表明，把马尔库塞的美学理论和社会批判理论，以及技术理性理论相结合，共同统摄于技术美学之中，着重研究其美学思想如何改造技术这一应用型的课题，已经逐渐成为国内外马尔库塞美学研究的新视角。这一新的视角不仅有助于更加完整的理解马尔库塞社会批判理论的内涵，拓展马尔库塞思想研究的视阈，进而推动马尔库塞美学研究的深入，还可促进对法兰克福学派代际之间理论视阈转换的研究，因而技术、美学和政治学的结合将是近期国内马尔库塞美学思想研究的发展趋势。

四 本书的研究目标和研究内容

本书的研究目标是通过对马尔库塞社会批判理论发展脉络的梳理和对他的若干美学范畴的分析，确认马尔库塞美学思想的理论定位，阐明马尔库塞技术美学思想的理论体系，厘定马尔库塞的技术美学思想在马克思主义和法兰克福学派发展史上的历史地位，进而思考马尔库塞技术美学的当代价值。

本书包括六个部分的内容：

第一章是本书的绪论。本章在阐述选题背景与选题意义的基础上，对国内外马尔库塞美学思想研究的状况进行了归纳和概括。

第二章从经验基础与超验准则的共同需求的两个层面阐述了马尔库塞晚年转向美学的缘由。一是为确认超越既定存在的潜能，他需要一种不同于日常经验的经验作为基础，审美以其不屈于现实的品格而成为这样的基础；二是他的理论需要一个更富有想象力的、可以取代道德的价值准则以衡量整个社会。同时，卢卡奇、席勒等人的美学思想和技术美学的兴起为这一需求提供了可能性。

第三章探讨了马尔库塞技术美学救赎的路径选择。本章把马尔库塞的社会批判理论与他的技术研究结合起来进行考察，以对马尔库塞社会批判理论中技术的切入为出发点，在分析他所使用的诸多概念如技术、艺术自律、审美形式、美学还原、价值的物质化、新感性、想象力、技术合理性、历史主体等基础上，提出马尔库塞的美学思想是关注人的现实解放的技术美学。它以对发达工业社会的技术批判为前提，以对发达工业社会的技术重建为目的途径，途径是以审美经验来拯救因理性的单向发展而导致的人的主体性、内在性等否定性向度的缺失，实现人与人、人与自然的和解。

第四章探讨了马尔库塞技术美学救赎方案的路径展现。本章从技术的美学还原、自然的美学还原和人性的美学还原三部分，依次展现出马尔库塞的"新技术""新自然""新人"的思想，表达了马尔库塞研究美学的目的，即要探究人摆脱奴役、获得解放的途径，力图使技术和艺术结合起来，对技术进行美学重建，实现人与人、人与自然的和解。

第五章探讨了马尔库塞的技术美学的理论实质，这就是发挥艺术的生产力功能，实现人的个体的幸福与解放。在马尔库塞那里，艺术是与生产劳动具有质的差异的生产力。艺术具有自律性，这使它能够超越当下的现实，形成理想的现实形式，同时艺术又不以自身为目的，而要解放感性、想象力和理性，让人们去感受真实的世界。艺术不仅在文化上，并且在物质上都成为生产力，既通过创造新的技术生产出物质财富，又生产出人类的自由和幸福。但艺术与实践之间的关系是间接的，需要技术作为中介。

第六章阐述了马尔库塞技术美学思想的当代价值。马尔库塞的技术美学直面发达工业社会的现实，具有积极的实践性品格，对其当代价值的理解主要从三个方面展开：一是探讨技术与自然的关系，从而作为生态学马克思主义的先驱，开启了生态视角批判当代资本主义的先河，并在实践上给当前技术创新的生态化、人性化以启示；二是从马克思的"感性"概念解读作为"感性学"的美学，丰富和发展了马克思主义美学理论，他对审美社会功能的诠释则在技术美学层面上把这一理论推进到一个新高度；三是把审美教育与人的自由全面发展联系起来，表现在要关注社会现实，要正确对待美学传统，要注重美学理论的开放性和交叉性，对当代中国美学建设具有借鉴意义。

第二章　社会批判理论的困境及马尔库塞晚年向美学的回归

　　"单向度意识控制的社会批判是马尔库塞美学救赎之路的理论起点。"[1] 本章主旨是追问"马尔库塞为什么要对技术进行建构",即要厘清其技术的审美救赎思想的理论起点。这只能从讨论他所面临的发达工业社会中社会全面物化的社会背景以及马尔库塞所在的法兰克福社会研究所的理论研究状况出发,追溯他的社会批判理论的思想渊源,分析研究所理论探究过程中遇到的理论难题以及马尔库塞对这一难题的思考。

第一节　马尔库塞社会批判理论的理论来源

　　和其他卓有建树的理论家一样,马尔库塞在建构理论的过程中,也汲取了多重思想家的学术养分。从这些思想对马尔库塞思想产生影响的时间线索来追根渊源,可以将青年马克思的异化劳动学说视为先声,将卢卡奇的物化批判思想视为缘起,将马克斯·韦伯的合理性理论视为中介,将霍克海默、阿多诺的工具理性批判视为引导来理解。

一　马克思思想一以贯之的引导

　　在马尔库塞的思想成长过程中,马克思的影响是始终存在的,而马尔库塞一生的学术探索,则似乎一直在致力于将某种社会理论与马克思

---

① 朱春艳、张丽:《论马尔库塞的美学救赎之路》,《东北大学学报》(社会科学版) 2011 年第 6 期。

主义相结合，如是可见马尔库塞对马克思学说的信仰之真、信仰之深，以致为评价为法兰克福学派中唯一没有放弃革命信仰的人。前文已经提到，马尔库塞在参军期间就阅读了马克思主义的宣传册，但他真正与马克思思想的相遇，应该从马克思的《1844年经济学哲学手稿》（以下简称《手稿》）的德文版全文于1932年发表算起。马尔库塞读到此文后，激情之下撰写了《论历史唯物主义的基础》一文，高度评价其为"马克思研究史上的一个具有决定意义的事件"，认为文章阐释了所谓"两个马克思"的基本态度：一个是第二国际理论家立足《资本论》加以经济决定论解读的晚年马克思；一个是在某种程度上仍受黑格尔影响的青年马克思，使他发现了一种"真正具体的"、可以为他提供最好的哲学基础的全新的哲学。《手稿》对马尔库塞的影响是多方面的，其中主要包括以下几个方面：

一是《手稿》中马克思对劳动本质的理解和他的异化劳动学说。马克思在《手稿》中，把"劳动"理解为人的自由自觉的活动，并由此展开了他的异化劳动批判。马尔库塞不仅在《论历史唯物主义的基础》中详细而认真地对马克思关于劳动本质的思想进行了阐发，他还在此后不久写成的《论经济学劳动概念的哲学基础》（1934）中把马克思的思想作了进一步发挥，把劳动理解为"人在世界中的发生方式"[1]，认为"劳动的意义始终是，自己'努力获得'此在的存在，'保证'它的此在的持续和持久。"[2] 他在20世纪60年代对发达工业社会单向度性的批判看似悲观，但却提出了以美学改造技术的拯救方案。他在《审美之维》一文中反对那种认为艺术与现实是直接关联的观点，认为艺术的作用是间接的，需要人使用技术作用于客观对象作为中介，这直接肯定了马克思关于"人也按照美的规律来构造"[3] 世界的思想。

---

① ［美］赫伯特·马尔库塞：《现代文明与人的困境》，李小兵等译，上海三联书店1989年版，第222页。

② ［美］赫伯特·马尔库塞：《现代文明与人的困境》，李小兵等译，上海三联书店1989年版，第229页。

③ 马克思：《1844年经济学哲学手稿》，中共中央编译局译，人民出版社2000年版，第58页。

马克思的"异化"概念是对黑格尔的"对象化"或"外化"的历史化，即劳动在早期自由资本主义生产关系中失去了黑格尔的自由的含义，已成为一种雇佣劳动。《手稿》从四个基本方面阐发了劳动异化的规定性①：首先，工人对劳动产品这个异己的、统治着他的对象的关系。这种关系同时也是工人对感性的外部世界、对自然对象——异己的与他敌对的世界——的关系。其次，在劳动过程中劳动对生产行为的关系。这种关系是工人对他自己的活动——一种异己的、不属于他的活动——的关系。再次，人的类本质——无论是自然界，还是人的精神的类能力——变成对人来说是异己的本质，变成维持他的个人生存的手段。最后，人同自己的劳动产品、自己的生命活动、自己的类本质相异化的直接结果就是人同人相异化。在马克思看来，劳动产品的异化属于"物的异化"，只是异化的外在表现形式，而劳动活动本身的异化和人的本质的异化属于"人的自我异化"，是异化的深层规定性和实质。因此，要实现人的解放，最根本的问题在于扬弃劳动活动的异化本性，恢复人的本质活动的自由自觉的和创造性的本性。在这种意义上，马克思把共产主义的实现同异化的扬弃联系起来，称共产主义是"实践的人道主义的生成"，而这正是马尔库塞识别出的、与第二国际理论家相对立的"人道主义的马克思"之所在。

二是马克思对"感性"概念和自然解放思想的分析。马尔库塞的美学思想与马克思对"感性""自然""对象性"等概念有着分不开的联系，如果说他所使用的"美学"一词来自西方现代美学对"审美"的"感性学"的阐释，那么他所使用的"感性"则又是马克思哲学意义上使用的，是具有实践意义的"感性活动"和"感性实践"，而不能仅仅从具体的客观存在物的意义上来理解。

在马尔库塞看来，《手稿》所论述的是"关于政治经济学的哲学批判以及政治经济学作为一种革命理论的哲学基础"②。本书从分析"异

①　马克思：《1844 年经济学哲学手稿》，中共中央编译局译，人民出版社 2000 年版，第 54—61 页。

②　上海社会科学院哲学研究所外国哲学研究室编：《法兰克福学派论著选辑》（上卷），商务印书馆 1988 年版，第 295 页。

化劳动"概念得出"私有财产"概念，从而作为人的"自我创造、自我对象化的活动"的劳动①，表现的却是"人的外化、生命的贬损、人的现实的歪曲和丧失"②。由此，马克思的感性概念"导致了从德国古典哲学到革命理论的决定性的转折"③。《手稿》使马尔库塞走上马克思主义社会批判的道路，他后期对"新感性"解放作用的强调，也同这个时期对马克思"感性"概念的认识相关联。

马尔库塞认为感性是马克思《手稿》的主题，在本书中这个概念"具有破坏旧历史的潜能，从而把自然作为解放的领域"④。他不同于大多数人将《手稿》用来作为论证"人道主义的社会主义"，以反对官僚—集权的苏联模式的工具，认为本书中蕴含着重要的自然解放的思想，以至于正是在本书中，"自然"找到了自己在革命理论中的位置。⑤他在简要回顾《手稿》的内容时提出，马克思在《手稿》中把私有财产的扬弃视为"一切属人的感觉和属性的完全解放"⑥。马克思的这种"感觉的解放"是要充分发掘感觉在社会重建过程中的实际的作用，这就是要在人与自然、人与物、人与人之间创造出新型的社会主义的关系，并成为一种新型的理性的来源，与之相对的旧的理性是资本主义社会所推崇的，是以资本为核心的生产所需要的追求效率的工具理性。马尔库塞认为，要通过肯定和否定两种途径达到这样的目的：从肯定的方面看，是通过对"自然的人的占有"，即通过把自然界改造为"类的存在"的人服务的环境（生存环境），并自由地发挥出人的创造性、审美

---

①　上海社会科学院哲学研究所外国哲学研究室编：《法兰克福学派论著选辑》（上卷），商务印书馆1988年版，第305页。

②　上海社会科学院哲学研究所外国哲学研究室编：《法兰克福学派论著选辑》（上卷），商务印书馆1988年版，第299页。

③　上海社会科学院哲学研究所外国哲学研究室编：《法兰克福学派论著选辑》（上卷），商务印书馆1988年版，第314页。

④　［美］赫伯特·马尔库塞：《审美之维》，李小兵译，广西师范大学出版社2001年版，第124页。

⑤　［美］赫伯特·马尔库塞：《审美之维》，李小兵译，广西师范大学出版社2001年版，第125页。

⑥　《马克思恩格斯文集》第1卷，人民出版社2009年版，第190页。

等方面的能力。① 从否定性的方面看，"不再在攻击性地获取、竞争和防御性地占有的框架中，去经验自我、他者、对象的世界"。马克思倡导在这种感觉解放的基础上，"人对自然的占有"将失掉其"纯粹的实用性"②，它就不仅作为一种原材料——有机的或无机的物质，还作为有其自身存在价值的生命力量，作为主—客体而表现出来。③ 在马克思看来，人是唯一能"按美的规律来构造"的存在物。④ 通过人的这种能力，事物的"内在尺度"，即事物内部的潜能就被激发释放出来。马克思实际上是将自然作为了满足人的天然媒介物，在人与自然发生关系的过程中，人使得"自然本身的悦人力量和性质也得以恢复和解放出来"⑤，从而不仅实现的人的潜能的自由释放，也"非暴力的、非破坏性的"实现了自然的潜能。马克思的自然将不同于资本主义"对自然的暴行""对自然的压榨"，自然被赋予了价值的维度，成为主—客体的统一。

在马克思的感性和自然的思想基础上，马尔库塞提出，如果自然的确天生具有悦人力量并且只能通过人来实现自身潜能，这种"人对自然的占有"是审美的层面的，是摈弃了暴力、野蛮、残酷的，那将如何解释，人类在寻求自身物质生产中每天都在牺牲各种动物的生命？马尔库塞认为，马克思关于"人对自然的占有"的思想类似于康德的"没有目的的和目的性"，但现实却这样告诉我们自然并不为那些吃掉的动物或植物为目的，自然潜能并没有充分地被体现出来。马尔库塞意识到，"人对自然的占有"虽然相较于资本主义将自然客体化的做法有一定进步，但'占有'，无论怎样具有人情味，都不免是一种主体对另一种（活生生的）客体占有。这种占有损害了那种根本不同于起占有

---

① ［美］赫伯特·马尔库塞：《审美之维》，李小兵译，广西师范大学出版社 2001 年版，第 125 页。

② 《马克思恩格斯文集》第 1 卷，人民出版社 2009 年版，第 190 页。

③ ［美］赫伯特·马尔库塞：《审美之维》，李小兵译，广西师范大学出版社 2001 年版，第 126 页。

④ 《马克思恩格斯文集》第 1 卷，人民出版社 2009 年版，第 163 页。

⑤ ［美］赫伯特·马尔库塞：《审美之维》，李小兵译，广西师范大学出版社 2001 年版，第 128 页。

作用的主体的东西，而这个东西完全有其作为客体存在的自身的权力——也就是，它也是一个主体！"① 马尔库塞指出，自然作为一个主体有可能会对人的占有进行反抗，在此情况下人与自然的关系就呈现出一种斗争的状态，只有解除这种占有关系，这场斗争才可能"逐渐被平息，并让位于和平、安宁、满足"②。所以，马尔库塞的自然解放思想旨在消解人作为主体将自然客体化的占有，是将其作为一种主体与人发生一种非掠夺性的关系，是对自然的服从、"让步"、接受的关系，目的是要实现人与自然之间的和解，走向人与自然之间的和谐关系。

三是马克思的美学思想。马克思在《手稿》中通过对人的全面生产和动物的片面生产之间的比较，提出人类在生产过程中将会"按照美的规律来建造"这一彰显人的能动性主体性的哲学，对马尔库塞提出艺术的生产力思想以启发。应该说，包括马尔库塞在内的诸多西方马克思主义的代表人物，都是从马克思的"人的自由而全面的发展"的这以理想目标出发，展开了对资本主义社会的全方位的批判。从马尔库塞来说，他延续了卢卡奇对德国的艺术家小说所揭示的现代性批判理论，揭示出现代社会发展过程中人性的片面化发展，以及对将要达到人的自由全面发展的所设想道路的可能的规划。他通过以技术为中介的对艺术社会作用的发挥，目的就是要激发出被压抑的人的全面发展的各种因素，以多向度对单向度，走向一个合理的社会。

不仅如此，马克思此后的艺术思想也深刻影响到马尔库塞后期美学思想的发展道路。他在 1972 年写成的《反革命与造反》的第三部分"艺术和革命"中，以马克思在《1857—1858 年经济学手稿》中关于艺术和社会发展的不同步的思想作为引言，引出他的艺术观。马克思的这句话是这样的："关于艺术，大家知道，它的一定的繁盛时期决不是同社会的一般发展成比例的，因而也决不是同仿佛是社会组织的骨骼的

---

① ［美］赫伯特·马尔库塞：《审美之维》，李小兵译，广西师范大学出版社 2001 年版，第 129 页。

② ［美］赫伯特·马尔库塞：《审美之维》，李小兵译，广西师范大学出版社 2001 年版，第 129 页。

物质基础的一般发展成比例的。"① 马尔库塞在《反革命与造反》一书中，提出在大众文化盛行的现代社会中，大众"已被灌满了他们主人和上司的需求与价值，并且这些需求与价值已变成他们自身的东西。因而，在他们的头脑中、意识中、感官和本能中，再生产着现存体系"②。就是说，发达工业社会中的技术、艺术都已经意识形态化了，颠倒的力量存在于社会对立的两级的领域，其一是包括文学、音乐和造型艺术在内的艺术领域；其二则要在民间传统（黑人语言、黑话、俚语）中那些被压迫者的语言中寻找反抗性的语言形式。由是观之，越是发达社会中受过良好教育的人越是处在异化状态，而在社会下层群体之中反而保存了反抗的力量。

马尔库塞继承了马克思所开创的社会批判理论的方向，以致当代的社会理论家在关照哲学发展的传统时，往往把他归到马克思主义的阵营之中。应当说，这是对马尔库塞哲学立场的一种肯定。比如，卡尔·米切姆的《技术哲学概论》在区分了工程学的技术哲学和人文主义的技术哲学两种传统之后，又接着补充了一个问题：在技术哲学中是否不止两种传统？答案是还有第三种技术哲学，即对技术进行反思的马克思主义传统，包括马尔库塞在内的西欧法兰克福学派、东欧科学技术革命的理论家等以及拉丁美洲马克思主义者。他们"都是对技术的社会批判传统的一部分，这一传统受到马克思思想的激励"，"可以认为，这种传统的基本观点既不是对技术的接受和阐释（工程学的传统），也不是对技术的质疑（人文主义的传统），而是对技术的社会批判和改造"③。又如，美国技术哲学家保罗·杜尔宾认为"看上去与埃吕尔悲观主义对技术的可怕预测不同，马尔库塞的新马克思主义对技术社会问题提供

① 《马克思恩格斯全集》第 2 版，第 30 卷，人民出版社 1995 年版，第 51 页。

② ［美］赫伯特·马尔库塞：《审美之维》，李小兵译，广西师范大学出版社 2001 年版，第 140 页。

③ ［美］卡尔·米切姆：《技术哲学概论》，殷登祥等译，天津科学技术出版社 1999 年版，第 43 页。

了可能的解决方案"①。再如，20 世纪 90 年代国外提出了关于"马尔库塞的遗产"的问题，也是基于现代性研究与技术理论的融合研究在国际范围内成为一股潮流的思想背景下，对其关于技术的批判与建构的关注。

二　卢卡奇早期思想的影响

道格拉斯·凯尔纳明确指出，"对马尔库塞和他同时代的激进的知识分子而言，卢卡奇的重要性无论怎么说都不为过"②，魏格豪斯也认为卢卡奇是对马尔库塞影响最大的是两位"专论异化、物化和非本真性（inauthenticity）的伟大哲学家"③ 之一，另一位则是海德格尔。

卢卡奇对马尔库塞的影响直接体现在 1920 年前后博士论文写作期间，那时年轻的马尔库塞喜欢古典文学和现代主义文学，他选择攻读文学研究方向，卢卡奇的《小说理论》和更早的著作《心灵与形式》吸引着他，并直接影响到他的博士论文《德国艺术家小说》中"使用的多个主题和范畴，以及书中的黑格尔主义的方法论"④。具体说卢卡奇对马尔库塞的影响表现在三个方面：第一，和卢卡奇在《心灵与形式》中表现的那样，马尔库塞也将论文的主题确定为理想和现实、艺术和生活之不同要求之间的冲突。第二，马尔库塞沿着卢卡奇《小说理论》中的思路，也假定在早期艺术家和周围的世界处于一种和谐共存的关系，当他们被隔离开以后，就产生了一种卢卡奇称为"先验的无家可归"（transcendental homelessness）状态 的个体的异化。第三，马尔库塞使用卢卡奇的多组区分和多个范畴如"异化""形式""异在"等，

①　Paul Durbin：*Philosophy of Technology*：*Retrospective and Prospective Views*，In Eric Higgs，Andrew Light & David Strong（eds.），*Technology and the Good Life?* University of Chicago Press. 38（2000），http：//philpapers. org/rec/HIGTAT，2013 – 03 – 22.

②　Douglas Kellner ed.：*Herbert Marcuse and the Crisis of Marxism*，University of California Press，1984，p. 381.

③　［德］罗尔夫·魏格豪斯：《法兰克福学派：历史、理论及政治影响》（上），孟登迎等译，上海人民出版社 2009 年版，第 122 页。

④　Douglas Kellner ed.：*Collected Papers of Herbert Marcuse*，Volume 4，London & New York：Routledge，2007，p. 7.

同时采用了他的哲学——历史方法（philosophico - historical approach），在卢卡奇之后提供了一种历史化的艺术家小说的类型学。① 实际上，一直到 1978 年马尔库塞仍能记起《小说理论》中的部分内容。

当然，博士论文时的马尔库塞与《小说理论》时的卢卡奇还是有所不同的，这时的他已经接受了马克思追求人类解放的理想和信念，而早期卢卡奇在世界观上处于新康德主义时期，并进而"接近那些想以非理性主义和相对主义方式、甚至是以神秘主义方式来解决现实问题的哲学派别（文德尔班—李凯尔特、西美尔、狄尔泰）"②。1914 年第一次世界大战的爆发使卢卡奇转向黑格尔哲学，随着对黑格尔研究的深入，他才又开始"对马克思的第二次深入钻研"③。马尔库塞"一战"期间已经读了一些马克思主义的宣传资料，在 1919 年开始严肃地研究马克思的思想，战争的经历和德国革命促使他去全面研究马克思主义，希望借此更为清晰地把握资本主义和帝国主义的动力学以及德国革命失败的原因。这种差异也形成了他们不同的理论风格：卢卡奇是悲观主义的，而马尔库塞则是探索性的，他作为法兰克福学派唯一没有放弃革命信念的人，在论文中"集中分析了异化的来源和通过对自由及一个和谐共同体的探索而克服异化的多种方式"④，文中使用了在卢卡奇的著作中少见的"自由""解放"等概念，这些主题在后来将变成马尔库塞的思想的核心。

卢卡奇对马尔库塞的影响还体现在他的物化批判思想是整个西方马克思主义技术理性批判的理论源头。卢卡奇于 1923 年《历史和阶级意识》中发表他的物化批判理论时，马克思的《1844 年经济学哲学手稿》尚不为世人所知，他主要是通过对马克斯·韦伯的合理性理论、格奥尔格·席美尔的货币物化思想和马克思《资本论》中商品拜物教理论的

---

① Douglas Kellner ed.: *Collected Papers of Herbert Marcuse*, Volume 4, London & New York: Routledge, 2007, p. 7.

② 杜章智：《卢卡奇自传》，社会科学文献出版社 1986 年版，第 210—212 页。

③ 杜章智：《卢卡奇自传》，社会科学文献出版社 1986 年版，第 212 页。

④ Douglas Kellner ed.: *Collected Papers of Herbert Marcuse*, Volume 4, London & New York: Routledge, 2007, p. 9.

研究而形成的物化批判理论的，充分体现出他的理论独创性。按照马克思在《资本论》中的理解，商品拜物教现象正是现代人的物化现象，它使商品结构中物的关系掩盖了人的关系，或者说，它使人的关系变成了一种物的关系。在这种意义上，卢卡奇这样定义"物化"："在这里最重要的是因为这种情况，人自身的活动，他自己的劳动变成了客观的、不以自己的意志转移的某种东西，变成了依靠背离人的自律力而控制了人的某种东西。"① 卢卡奇将韦伯的"合理性"思想阐发为"可计算性"，并深刻剖析了理性化时代的几种物化形式：人的数字化，亦即人在机械体系中的符号化或抽象化；主体的客体化，即人由生产过程和社会历史运动的自由自觉的主体沦为被动的、消极的客体或追随者；人的原子化，即人与人的隔膜、疏离、冷漠，人与人之间丧失了统一性和有机的联系，变成了各自孤立的、被动的原子。此外，卢卡奇还预见到了心理层面的物化，"随着对劳动过程的现代'心理'分析（泰罗制），这种合理的机械化一直推行到工人的'灵魂'里：甚至他的心理特性也同他的整个人格相分离，同这种人格相对立地被客观化，以便能够结合到合理的专门系统里去，并在这里归入计算的概念"②。但他并没有深入阐述，而他所止步驻足之处，成为法兰克福学派重新出发之处。1930 年，马尔库塞在研究所杂志《社会》上撰文称《历史与阶级意识》是一部发展马克思主义有根本意义的、不容忽视的著作。③ 的确，卢卡奇对理性的指责、对科学的批判、对审美的渴望等话题都成为马尔库塞的重要智慧资源。当然，马尔库塞并未拘泥于卢卡奇的思路，在他后期的著作中，对卢卡奇的批判也不在少数，如他在《审美之维》一文中通过对"经济决定论"模式的马克思主义理论的反思，认为这种理论属于一个把物质基础作为真正的现实存在的僵化的理论框架，这个理论框架"在政治上低估了非物质力量尤其是个体的意识和潜意识的力量，以及它们的政治功能"。不仅如此，这种理论还是"对整个主体

---

① ［匈］乔治·卢卡奇：《历史和阶级意识》，张西平译，重庆出版社 1989 年版，第 96 页。

② ［匈］乔治·卢卡奇：《历史和阶级意识》，张西平译，重庆出版社 1989 年版，第 98 页。

③ M. 洛威：《法兰克福学派——理性的马克思主义》，张伯霖译，《哲学译丛》1984 年第 2 期。

领域的低估，它不仅低估了作为认识的自我（ego cogito）的理性主体，而且低估了内在性、情感异常想象；个体本身的意识和下意识愈发被消解在阶级意识之中，由此，革命的主要前提条件被削弱到最小限度。即这样的事实被忽略了：产生革命变革的需求，必须源于个体本身的主体性，根植于个体的理智与个体的激情、个体的冲动与个体的目标"①。能够看到，马尔库塞晚期对卢卡奇的批评与他对人的内心的改造的愿望是联系在一起的。

三　马克斯·韦伯的合理性理论

马克斯·韦伯的合理性理论是技术理性批判的理论中介。韦伯的合理性理论主要体现在他的《新教伦理与资本主义精神》《学术与政治》《经济与社会》等著作中。韦伯认为西方国家从宗教社会向世俗社会的现代性转型过程是一个以理性化为核心特征的"祛魅"过程，这种理性化建立在"现代科学，特别是以数学和精确地理性实验为基础的自然科学"② 基础上，它一方面表现为现代技术大规模地运用于生产；另一方面表现在社会制度、经济管理等方方面面的组织化。他将"合理性"（rationality）区分为"工具合理性"与"价值合理性"（或"形式合理性"与"实质合理性"），前者是根据运用手段达到既定目的过程中的有效性来加以衡量的，后者则以道德命令、政治信念、价值理念作为判断取舍标准。韦伯认为，现代性运动使工具优先性的确立成为必然，其突出表现就是服务于目的的工具超越并取代了目的本身，工具合理性取代价值合理性成为社会控制手段，这是资本主义文明发展的标志。工具合理性渗透到现代社会生活各个角落，从总体上推动现代社会合理化的同时，却造成了物对人的奴役、科层官僚制等消极因素，使现代社会陷入了合理化的"铁笼"（iron cage）困境。"法兰克福学派对

---

① ［美］赫伯特·马尔库塞：《审美之维》，李小兵译，生活·读书·新知三联书店1989 年版，第 208 页。

② ［德］马克斯·韦伯：《新教伦理与资本主义精神》，于晓、陈维纲等译，生活·读书·新知三联书店 1987 年版，第 14 页。

马克思主义的解释在很大程度上依赖于支配和工具理性这一对孪生概念"①，是与韦伯的合理性理论一脉相承的。于马尔库塞而言，早期论文中已零星涉及了韦伯的思想，而"技术合理性"一词在《单向度的人》中出现了至少 39 次，足以显示出他对合理性理论的熟稔。但马尔库塞并非简单地复制韦伯的思路，而是批判性地吸收其精髓，以此作为技术理性批判的理论工具。他批判韦伯"价值中立"的合理性理论为资本主义的统治提供了合法性证明，"成了关于技术理性与资产阶级的资本主义理性的同一性认识的牺牲品。这种关于同一性的认识，使他难以看出，不是'纯粹的'、形式的技术理性，而是统治的理性，建立了'奴役的外壳'；同时也使他难以看出，技术理性的极端能够成为人的解放的工具"。

四　霍克海默、阿多诺的工具理性批判

霍克海默、阿多诺的工具理性批判是技术理性批判的理论引导。他们在社会研究所 20 世纪 30 年代的中心课题"权威与家庭研究"中就已经注意到了工具理性本身已经成为西方社会的一种统治手段，合著《启蒙辩证法：哲学断片》（1944）更是法兰克福学派工具理性批判的代表作。"启蒙"泛指近现代强调理性至上性和人对自然的技术统治权的各种理性启蒙思潮，其核心是工具理性主义，其目的是用知识取代神话，把人类从迷信和愚昧中解放出来。"启蒙的辩证法"的基本思想是"就进步思想的最一般意义而言，启蒙的根本目标都是要使人们摆脱恐惧，树立自立。但是，被彻底启蒙的世界却笼罩在一片因胜利而招致的灾难之中"②。他们认为，现代科学技术聚合成一种全面统治人的总体力量，"技术合理性已经变成了支配合理性本身，具有了社会异化于自身的强制本性"；在这种条件下，人处于深刻的异化状态之中，"这种支配不仅仅为人所与其支配对象相异化付出了代价，而且随着灵魂的对

---

① ［加］本·阿格尔：《西方马克思主义概论》，慎之等译，中国人民大学出版社 1991 年版，第 234 页。

② ［德］霍克海默、阿多诺：《启蒙辩证法》，渠敬东、曹卫东译，上海人民出版社 2006 年版，第 1 页。

象化，人与人的关系本身，甚至于个体与其自身的关系也被神话了"①。霍克海默在《理性之蚀》（1947，后经补充为《工具理性批判》于1967年出版）中明确区分了两种类型的理性：主观理性和客观理性。主观理性"本质上关心的是手段和目的，关心为实现那些多少被认为是理所当然的，或显然自明的目的的手段的适用性，但它却很少关心目的本身是否合理的问题"②。客观理性指的是"一个包括人和他的目的在内的所有存在的综合系统或等级观念。人类生活的理性程度由其与这一整体的和谐所决定。正是它的客观结构，而不是人和他的目的，是个体思想和行为的量尺……在这里，关键的是目的而不是手段"③。然而，启蒙的历史是一部这样的历史：主观理性高度发挥，以致等同于理性自身，客观理性为主观理性所遮蔽，从而黯然失色。霍克海默、阿多诺的工具理性批判在法兰克福学派的发展中具有至关重要的地位，对马尔库塞的技术理性批判也起到了直接的引导作用。

第二节　法兰克福学派的社会批判理论及其困境

法国技术哲学家雅克·埃吕尔在《技术社会》（1954）中分析了丹尼尔·贝尔的"后工业社会"、麦克卢汉的"大众媒介社会"、布热津斯基的"电子社会"，认为他们描述的社会归根结底的是技术因素，现代社会是一个"技术社会"。包括马尔库塞在内的法兰克福学派的早期代表人物也敏锐地捕捉到这一点，将战后处于"共存"状态的社会主义苏联和资本主义美国都称之为"发达工业社会"，并从技术理性、意识形态、极权国家、现代性等多角度展开对发达工业社会的批判。这些批判理论的早期代表人物如同一个个"病态社会"的医师，以工具理

---

① ［德］霍克海默、阿多诺：《启蒙辩证法》，渠敬东、曹卫东译，上海人民出版社2006年版，第21—22页。

② Max Horkheimer, *Eclipse of Reason*, London & New York：The Continuum Publishing Company, 2004, p. 3.

③ Max Horkheimer, *Eclipse of Reason*, London & New York：The Continuum Publishing Company, 2004, pp. 4 – 5.

性（技术理性）批判思想为听诊器，对发达工业社会总体进行了鞭辟入里的"症候分析"，一针见血地给出了"技术理性的意识形态控制"的"病源诊断"，最终却陷入了"恶性循环"的决定论困境。

一　文化传统：德国审美现代性的话语传统

"自启蒙以来，美学便是哲学通往具体世界的最便捷的桥梁，它对西方马克思主义理论家始终具有经久不衰的特殊吸引力。"① 法兰克福学派的早期代表人物霍克海默、阿多诺、马尔库塞等都生长在德意志土地上，汲取了本民族丰厚的文化营养和精神资源，特别是以浪漫主义美学为代表的审美性话语传统。同时，宗教改革运动形塑的"新教精神"和犹太教的"弥赛亚"救赎观念也对他们的审美救赎思想影响至深。

自古德国在被称为"欧洲的走廊"的同时，也被视为欧洲文化交汇的中心。拉丁文化与斯拉夫文化在德国土地上的混合、扬弃，历史性地形成了一套独特而深厚的民族文化传统。一方面，德国审美现代性话语是德国启蒙运动的精神产品，更是德国启蒙运动对时代审美状况的现实回应。"德意志民族文化的浪漫主义、唯美主义、理想主义、自然主义、精神至上主义、反理性主义、救赎主义以及对生命意志的张扬和对个体自由的崇尚，浪漫化的理性主义、追求质朴的自然主义、对自由的生命精神的弘扬一直是近代德国文学作品、诗歌艺术和音乐艺术中的主题和审美理念。"② 其中，浪漫主义运动发生在工业文明的曙光刚刚照进人类历史的天空之时，是 18 世纪末至 19 世纪中期产生在德国而后影响遍及整个欧洲的一场思想、文化运动。歌德、席勒、莱辛、赫尔德、荷尔德林等代表人物都强调非理性的生命情感的至上意义，强调感性、潜意识的创造性，感觉比沉思更高贵，不是思想家而是诗人才是真正意义上的人。尼采、狄尔泰、海德格尔、舍勒、斯宾格勒承继和延续了这一浪漫主义的文化传统，这就使得当代德国思想家们拥有了一种可能对

---

① ［英］佩里·安德森：《西方马克思主义探讨》，高铦等译，人民出版社 1981 年版，第 100 页。

② 衣俊卿：《20 世纪的文化批判》，中央编译出版社 2003 年版，第 119 页。

现代科学技术作出另一种反应的精神资源。另一方面，德国宗教文化传统尤其是犹太教中的超世俗的乌托邦主义和"弥赛亚"救赎意识是德国文化整体的有机组成部分，也孕育着对理性、对科学技术等世俗有限之物的批判和超越。马丁·路德宗教改革运动形塑的"新教精神是德意志民族文化的根本，是德意志的民族意识、思想观念、文化理解、生活经验的灵魂。德意志审美现代性话语所执着的敬重自然的态度、艺术自由的立场、审美个性化的意识、创作天才论的理念等，都是新教精神渗透在德意志审美现代性话语中的生动写照"①。

浪漫派的诗人们批判早期工业文明带来的社会问题，试图用幻想的审美现代性对抗物化的启蒙现代性。他们逃离工业文明的方式有以下几种②：一是空间上的逃离，逃向未被污染的乡村，以英国湖畔派诗人华兹华斯、柯勒律治和骚塞为代表；二是时间上的逃离，逃向前技术时代的中世纪或者古希腊，以德国浪漫派和英国的拜伦为代表；三是在空间上和时间上的逃离之路被阻断之后，就逃向个人孤独的内心，以荷尔德林为代表。这几条逃遁之路对 19 世纪初的浪漫派都敞开着，且常常重叠，但对 20 世纪的马尔库塞来说，发达工业社会已经不存在朴素意义的乡村，因此只能寻求没有现代技术和机器的"前技术时代"或"前工业社会"。然而，失去空间上的逃离，时间上的逃离最终也只能是成为向个体孤独内心的逃离，最终是一种超乎时空之外的主观心理状态，一个怀旧的乌托邦。有学者将晚年马尔库塞的孤独处境恰当地描述为"遁入内心"③，他结束了对任何"外在自由"可能性的探索，只能走向了唯一可能的"内在自由"的想象——美学领域。

马尔库塞所在的法兰克福学派对现代性主题有着清晰的理论自觉。"现代性"已经成为一个基本的理论范式，其核心问题在于启蒙现代性

---

① 张政文：《德意志审美现代性话语的文化生态要素探究》，《中国社会科学》2012 年第 11 期。

② 程巍：《否定性思维：马尔库塞思想研究》，北京大学出版社 2001 年版，第 299 页。

③ Timonthy Lukes. *The Flight into Inwardness：An Exposition and Critique of Herbert Marcuse's Theory of Liberative Aesthetics*，London：Susquehanna University Press，1985.

（社会现代性）与审美现代性（文化现代性）的张力关系。① 从逻辑的角度看，审美现代性是启蒙现代性的必然结果，后者使前者反对自己成为可能和必然，对"现代性"之"问题"的反思就集中表现为这两种"现代性"之间的冲突与对抗。这两种现代性之间的张力表现出现代社会发展过程中对启蒙精神的扭曲与背离，就是通常所说的现代社会中人的德行和物质财富增加之间的二律背反状态。② 马尔库塞在 20 世纪 70年代的一次访谈中如此定性社会批判理论的最有意义的历史贡献，他认为该理论传统是在努力解答这样的问题："西方文明究竟出了什么毛病？一方面是技术的高度进步，另一方面则是人性的倒退：非人化、残酷无情、作为审讯的'正常'手段的严刑拷打的复兴、原子能的破坏性的发展、生物圈的污染等等，这些问题究竟是怎样发生的呢？"通过"社会的和知识的历史，试图说明贯穿于西方文化史（特别是通常被认为是历史上最具有进步意义的启蒙运动）中的进步范畴和压抑范畴之间的相互作用"③。尽管第一代法兰克福学派理论家很少使用"现代性"概念，但马尔库塞的上述概括却表达了清晰的"现代性"问题意识。

马尔库塞可以说是 19 世纪德国浪漫主义运动的"精神后裔"，并深受宗教文化传统影响。他的美学思想贯穿一生，早年尚如一眼深泉，经历中年的暗河潜流，终于在晚年喷涌而出。1918—1922 年，他在弗莱堡大学攻读德国现代史，同时辅修哲学和经济学，博士论文《论德国艺术家小说》中运用黑格尔《美学》和卢卡奇《小说理论》中的美学思想对德国艺术家小说进行了创造性解读。此后短暂的书商生涯中，他借编辑《席勒文集》之机出版了首部个人作品《席勒〈审美教育书简〉注释》（1925）。④ 20 世纪 50 年代，他阅读了康德、席勒等德国古

① 周宪：《现代性的张力：现代主义的一种解读》，《文学评论》1999 年第 1 期，第129—138 页。

② 朱春艳：《费恩伯格技术批判理论研究》，东北大学出版社 2006 年版，第 152 页。

③ ［英］布莱恩·麦基：《思想家：当代哲学的创造者们》，周穗明、翁寒松译，生活·读书·新知三联书店 1987 年版，第 70 页。

④ ［德］罗尔夫·魏格豪斯：《法兰克福学派：历史、理论及政治影响》（上），孟登迎等译，上海人民出版社 2009 年版，第 123—124 页。

典美学家的著作以及一些先锋派文学，这些理论积累都反映在后期的一系列作品中。从20世纪30年代开始的系列作品，都体现着海德格尔的存在问题的痕迹，他的作品中时不时会出现海德格尔使用的"此在"概念，而在《爱欲与文明》中，他从"审美"一词的原初含义说起，运用康德"无目的的目的性"和"无原则的原则性"的美学理论和席勒的"游戏"说来阐释自己的"非压抑性文明"观。他在"乌托邦的终结"演讲的结尾说自己是"一个绝对不可救药的感伤的浪漫主义者"，其实他是一个文化保守主义者，延续了感伤的浪漫派对工业文明的恐惧，试图以前技术时代的文化来对抗技术时代的统治。① 此外，尽管法兰克福学派成员因为当时欧洲盛行反犹主义而回避其犹太人身份，但这无法切断犹太教教义，特别是"弥赛亚"（Messiah）的救赎观念对他们的影响。马克思对犹太人问题的关注和"人类解放"意义上的弥赛亚观念，对同为犹太精英知识分子的学派成员有着强烈的吸引力。阿多诺对无调音乐的发挥，本雅明作品中的神秘主义，乃至马尔库塞对解放前景的规划与审美乌托邦的想象，都受到这种救赎教义的启发。②

二　症候分析：发达工业社会的总体性批判

技术在工业社会中具有的政治内涵，成为马尔库塞连接社会批判理论与技术理性批判思想的物质基础。20世纪40年代起他对"技术"现象的关注是作为一个黑格尔式的马克思主义者对现代极权主义研究的一个必然结论，纳粹德国对工业化的诉求及对现代技术的利用，为他从社会学层面研究技术提供了恰当的切入点。如果说《现代技术的一些社会涵义》（1941）延续了社会研究所的经验研究模式，马尔库塞尚且将视野限定于纳粹德国，《苏联的马克思主义》（1958）则基于多年对苏情报工作和研究，断定社会主义苏联以技术理性实行了极权主义社会的控制，而《单向度的人》（1964）以美国为典型分析样本，完成了对发

① 程巍：《否定性思维：马尔库塞思想研究》，北京大学出版社2001年版，第298页。

② 王博：《马尔库塞的审美救赎思想研究》，硕士学位论文，四川师范大学，2012年，第6页。

达工业社会的总体性批判。其中,《单向度的人》一书是马尔库塞"最有影响的著作"①,也"成了六十年代中期法兰克福学派意识形态批判和科技批判合二为一的代表作"②。

马尔库塞对发达工业社会进行了病理学式的症候分析,描绘了技术理性在政治、经济、生活、文化、语言、思想等各个社会领域中的表现方式。政治领域内,成功地实现了政治对立面的"一体化","传统的麻烦之点不是正被消除,就是正被隔离,引起动乱的各种因素也得到控制"③,社会政治成为"没有反对派"的单向度政治;经济领域成为建立单向度社会的控制基础,工业生产中工具理性的"效率"原则成为衡量社会和人的价值准则,传统上被认为是革命性力量的工人阶级也随着机械化、自动化对劳动的解放以及蓝领工人的白领化、非生产性工人的大量增加,而成为丧失了批判与否定能力的"单向度的人";生活领域内,生活于富足社会中的人按照广告、电视、电影、广播等大众传媒的刺激性宣传去追求社会强加在他们头上的"虚假需求",并满足于这种需求的实现,从而很容易为现存社会所驯服、操纵,只会随波逐流,浑浑噩噩地物一般地生活;话语领域内,宣传机构通过全面管理的语言及研究,塑造了单向度行为表达自身的交流领域,公众话语的操作主义特征使"功能化的、省略的、统一的"单向度语言本身仍然是一种控制手段,最终实现了"话语领域的封闭";文化领域内"重要的是交换价值,而不是真实的价值"④,技术合理性的进步正在清除高层文化中的对立性因素和超越性因素,使其屈从于流行在当代工业社会发达地区的俗化趋势,从而解构掉文化与现实的冲突与对立,而性本能领域的俗化趋势也是对技术现实进

---

① [美] 戴维·麦克莱伦:《马克思以后的马克思主义》,中国社会科学出版社 1986 年版,第 284 页。

② [德] 尤尔根·哈贝马斯:《作为"意识形态"的技术与科学》,李黎等译,学术出版社 1999 年版,第 3 页。

③ [美] 赫伯特·马尔库塞:《单向度的人》,刘继译,上海译文出版社 2008 年版,第 17 页。

④ [美] 赫伯特·马尔库塞:《单向度的人》,刘继译,上海译文出版社 2008 年版,第 47 页。

行社会控制的副产品；在思想领域内，"单向度的思想与行为模式"达到了清洗人们大脑的目的，单向度哲学如实证主义、分析哲学等的普遍流行，使否定性、批判性的思维被改造成肯定性思维，消灭了从思想上颠覆和变革现状的一切设想。

在美国居住近三十年的马尔库塞目睹并亲身经历了美国战后经济的突飞猛进和社会的全面富裕，然而并没有带来预期中的自由和幸福。他通过对发达工业社会的症候分析，认定现代社会不仅是 J. K. 加尔布雷斯意义上的"富裕社会"，同时又是一个具有攻击性的"病态社会"，这一社会的"基本制度和关系（它的结构）所具有的特点，使得它不能使用现有的物质手段和精神手段使人的存在（人性）充分地发挥出来"①。

三　病源诊断：技术理性的意识形态控制

"现代性作为现代社会的本质规定性，不仅关涉现代社会的制度层面，更触及现代社会中文化心理的层面。"② 马尔库塞对现代社会问题的批判也分两个层面，并认为发达工业社会的统治不仅是一种社会结构（制度）层面的统治，又是一种文化心理层面的统治，相比外在的社会统治，内在的心理统治更具有隐蔽性和危害性。

在社会结构层面，技术理性对发达工业社会的统治，离不开作为物质基础的社会技术体系。马尔库塞指出发达工业社会所处的时代背景，对内是建立在富裕社会上的"福利国家"，对外则是笼罩在冷战格局下的"战争国家"，而这都与制度化了的技术理性——社会技术体系息息相关。一方面，"二战"以来的世界发生了以满足军事需要为先导、以微电子技术为基础的新科学技术革命，自动化的普及极大地促进了生产力的发展，由此带来了战后西方各国普遍的经济繁荣。社会技术体系的自动化进入物质生产过程，成为发达工业社

---

① ［美］赫伯特·马尔库塞：《工业社会和新左派》，任立译，商务印书馆 1982 年版，第 4 页。

② 朱春艳、陈凡：《技术批判视野下的现代性问题探究——安德鲁·费恩伯格的"可选择的现代性"理论分析》，《科学技术哲学研究》2010 年第 5 期。

会变革的巨大催化剂，马尔库塞写道，"在发达的工业社会中，生产和分配的技术装备由于日益增加的自动化因素，不是作为脱离其社会影响和政治影响的单纯工具的总和，而是作为一个系统来发挥作用的。这个系统不仅先验地决定着装备的产品，而且决定着为产品服务和扩大产品的实施过程。"因而，社会控制的现行形式是技术的形式，"技术成了社会控制和社会团结的新的、更有效的、更令人愉快的形式"①。工人阶级在现存社会技术体系中被整合的过程表现在四个方面②：机械化不断降低着在劳动中所耗费的体力的数量和强度，技术也以神经紧张和（或）精神辛劳来代替肌肉疲劳；同化的趋势进而表现在职业的层次中，自动化似乎从根本上改变着死劳动和活劳动的关系；劳动特点和劳动工具的这些变化改变了劳动者的态度和意识，在工作中形成机械共同体的技术组织使工人和工厂形成更为紧密的依存关系；新的技术工作世界因而强行削弱了工人阶级的否定定位，这一趋势又在管理指导方面为生产技术系统的所用所加强。另一方面，美苏军备竞赛和争夺世界霸权的斗争在 20 世纪60 年代后日趋白热化，资本主义与社会主义两大阵营进入全球性对抗的局面，突出标志就是 1962 年古巴导弹危机和 1963 年美国介入越南战争。资本主义与社会主义的对抗从军事领域转入社会经济领域，归根结底是社会技术体系的竞争。苏联体制下的自动化依靠全面管理的力量，一旦达到某种技术水平，就会更为迅速地发展；对西方世界国际竞争地位的这种威胁，将迫使西方世界加速实现生产过程的合理化。自由体制下的美国和极权体制下的苏联竞相使敌人成为与本制度不共戴天的力量，由于以备战的名义将整个社会成功动员起来，反而促进了"防御性社会"的发展和创造。科学技术进步沦为发达工业社会的统治工具，工业化的技术就是政治的技术，"当代工业社会，由于其组织技术基础的方式，势必成为极权主义。因为，

---

① ［美］赫伯特·马尔库塞：《单向度的人》，刘继译，上海译文出版社 2008 年版，"导言"第 6 页。

② ［美］赫伯特·马尔库塞：《单向度的人》，刘继译，上海译文出版社 2008 年版，第20—28 页。

'极权主义'不仅是社会的一种恐怖的政治协作，而且也是一种非恐怖的经济技术协作，后者是通过既得利益者对各种需要的操纵发生作用的"①。

在文化心理层面，技术理性对整个社会的意识形态控制，是造成单向度社会和单向度人的深层根源。伴随当代西方科学技术的发展，启蒙时代的批判理性变成了技术理性。生产领域的技术理性不仅要求其他社会生活领域技术化，而且本身对社会生活的其他领域有一种渗透性，正是在这种意义上技术理性成了一种政治统治、一种意识形态，成了一种思维方式、一种肯定性的思维方式。马尔库塞深刻剖析出现代社会的技术合理性已经成为政治合理性，技术的逻各斯已经成为奴役的逻各斯，技术的解放力量转而成为解放的桎梏，"我们社会的突出之处是，在压倒一切的效率和日益提高的生活水准这双重的基础上，利用技术而不是恐怖去压服那些离心的社会力量"②。技术合理性统治取得了合理性的外观，并采取了与传统政治统治形式截然不同的方式，它不是运用军队、警察等暴力机器和强权手段，而是利用对消遣、娱乐、休闲等现代消费手段的控制，使人们不知不觉、心甘情愿地纳入现行社会体系之中，从而以解放苦难的名义击倒一切抗争，遏制社会变革。对于这一点，马尔库塞还有着极其精练的概括："资本主义进步的法则寓于这样一个公式：技术进步 = 社会财富的增长（社会生产总值的增长）= 奴役的加强。"③

总之，马尔库塞的社会批判理论是以对发达工业社会的技术理性批判为理论主轴，将技术理性批判与意识形态批判相结合为最大特色的。首先，他尖锐批判韦伯"价值中立"的合理性，"面对这个社会的极权主义特征，技术'中立性'的传统概念不再能够得以维持。技术本身不能独立于它的使用；这种技术社会是一个统治系统，这个系

---

① ［美］赫伯特·马尔库塞：《单向度的人》，刘继译，上海译文出版社2008年版，第4页。
② ［美］赫伯特·马尔库塞：《单向度的人》，刘继译，上海译文出版社2008年版，"导言"第2页。
③ ［美］赫伯特·马尔库塞：《工业社会和新左派》，任立译，商务印书馆1982年版，第82页。

统在技术的概念和结构中已经起着作用"①。其次，他继承了霍克海默在《科学及其危机札记》（1932）中提出的"科学是意识形态"思想，"不仅形而上学，而且形而上学所批判的科学本身都是意识形态的，因为科学保留着一种阻碍它去发现危机的真正原因的形式"②。最后，针对20世纪五六十年代雷蒙·阿隆、丹尼尔·贝尔等鼓吹的"意识形态终结论"政治思潮，他针锋相对地提出了"科学技术成为意识形态"的论断，传统的意识形态已经不那么重要，取而代之一种新的意识形态，"把思想意识吸收到现实之中，并不表明'思想意识的终结'。相反，在特定的意义上，发达的工业文化较之它的前身是更为意识形态性的，因为今天的意识形态就包含在生产过程本身之中"③。由此，马尔库塞深刻地指出："技术理性这个概念本身可能是意识形态的。不仅是技术的应用，而且技术本身，就是（对自然和人的）统治——有计划的、科学的、可靠的、慎重的控制。统治的特殊目的和利益并不是'随后'或外在地强加于技术的；它们进入了技术机构本身。"④

四　恶性循环：技术理性批判的决定论困境

毋庸置疑，马尔库塞对发达工业社会的批判是入木三分的，然而，其技术理性批判思想却在理论和现实中陷入了尴尬。他在这里面临着第一代批判理论家同样的悖论："既然意识形态的控制是全面、有效、深入人心的，如何能展开成功的批判？"⑤　社会批判理论把注意力集中在工具理性/技术理性如何形成并控制社会中所有人的批判性分析上，最

---

① ［美］赫伯特·马尔库塞：《单向度的人》，刘继译，上海译文出版社2008年版，"导言"第6页。

② 曹卫东编：《霍克海默集》，渠东、付德根译，上海远东出版社1997年版，第161页。

③ ［美］赫伯特·马尔库塞：《单向度的人》，刘继译，上海译文出版社2008年版，第11页。

④ ［美］赫伯特·马尔库塞：《现代文明与人的困境：马尔库塞文集》，李小兵译，生活·读书·新知三联书店1989年版，第106页。

⑤ 赵敦华：《现代西方哲学新编》，北京大学出版社2001年版，第148页。

终没有逃脱决定论的思维方式。①

　　从理论上看，马尔库塞本人已经意识到《单向度的人》遭遇了自由（liberty）和解放（liberation）的"恶性循环"：在奴隶获得自由之前，他们必须有争取解放的自由。这种恶性循环"又作为决定性否定的辩证法而重新出现。超越（思想和行为的）已确立条件要以在这些条件之内的超越为前提。这种否定的自由——摆脱既定事实的压制力量、意识形态力量的自由——是历史辩证法的先验成分；它是在历史决定性中的选择和决定性成分，也是反历史决定性的选择和决定要素"②。"人们又必须再次面对这个问题：被管理的个人如何能够不仅从他们的主人那里而且从他们自身那里解放自身？因为被管理的个人已经把他们受到的残害内化到他们自己的自由和满足之中，因而又在一个扩大了的范围内再生产着它。如何能打破（哪怕是设想一下）这种恶性循环呢？"③ 所谓"恶性循环"在同一本书的再三出现，如此清晰地显示了马尔库塞的绝望无助。因此我们便能理解马尔库塞此时的悲凉心境，他承认"《单向度的人》将始终在两种矛盾的假设之间摇摆不定：（1）对可以预见的未来来说，发达工业社会能够遏制质变；（2）存在着能够打破这种遏制并推翻这一社会的力量和趋势。我并不认为能够作出一个明确的回答"。他自知"社会批判理论并不拥有能在现在与未来之间架设桥梁的概念，它不做许诺，不指示成功。它依然是否定的"④。

　　从现实来看，轰轰烈烈的青年造反运动并未多大程度上缓解"恶性循环"的理论困境，因此马尔库塞对革命的前景一直持保留态度，在革命主体问题上也飘忽不定。20 世纪 60 年代末期，美国、西德、法国和意大利等发达资本主义国家相继发生了以反对技术统治论为中心主

　　① 赵海峰：《法兰克福学派"技术理性批判"之困境及启示》，《学术交流》2012 年第 9 期。

　　② ［美］赫伯特·马尔库塞：《单向度的人》，刘继译，上海译文出版社 2008 年版，第 176 页。

　　③ ［美］赫伯特·马尔库塞：《单向度的人》，刘继译，上海译文出版社 2008 年版，第 198 页。

　　④ ［美］赫伯特·马尔库塞：《单向度的人》，刘继译，上海译文出版社 2008 年版，第 203 页。

题的青年造反运动。马尔库塞理论上含混不清的状态并没有因为青年造反运动的兴起，并且把他奉为精神领袖而有多大改观。1967 年，在柏林自由大学"乌托邦的终结"演讲之后，有听众向马尔库塞提问："我们真正关心、但还没有从您那里得到答案的问题：激进变革需要什么样的物质力量和精神力量？"马尔库塞对此并没有说些什么，相反他承认他面对这种自由和解放的"恶性循环"也无能为力，可以说这是他对发达工业社会的悲观分析必然得出的悲观主义结论。① 虽然马尔库塞对风起云涌的青年造反运动给予了肯定，认为这是一场总体社会主义革命的准备，但他坦率地说造反学生并不是彻底变革历史的主体（至多算是雏形），否认他们是被压迫的少数，进一步否认他们是一支直接的革命力量，希望只能寄托在各种被分裂的力量身上——生活在底层的流浪汉和局外人，不同种族、不同肤色的被剥削者和被迫害者，失业者和不能就业者等献身文化"大拒绝"的人们。他后来不无矛盾地认为单向度社会并不意味着工人阶级永远地被整合同化，因而寄希望于未来的革命主体，"一个范围扩大的和正在转型的工人阶级"②。1969 年以后青年造反运动迅速走入低谷，并在 20 世纪 70 年代初彻底销声匿迹，马尔库塞的革命乐观主义情绪也稍纵即逝。这在证实马尔库塞理论的深刻预见性的同时，也增添了技术理性批判的悲观主义色彩。

　　归根结底，马尔库塞意义上的"技术理性决定论"是造成"恶性循环"理论困境的内在症结。他起初用"人道主义的马克思"来反对第二国际"经济决定论的马克思"，然而他主张技术理性形塑意识形态，这种思维方式并没有摆脱决定论的形式，我们或可称之为"技术理性决定论"。他眼中的"社会是包含在对人的技术性利用的事物和关系的技术集合体中再生的"，这在某种程度上回到了决定论的立场，"当技术成为物质生产的普遍形式时，它就制约着整个文化；它设计出一种历史总体——一个'世界'"，这个"技术世界"是"一种精神和

---

① ［德］罗尔夫·魏格豪斯：《法兰克福学派：历史、理论及政治影响》（下），孟登迎等译，上海人民出版社 2009 年版，第 819—820 页。

② Douglas Kellner eds. , *The New Left and the 1960s*: *Collected Papers of Herbert Marcuse*, *Volume* 3 , London；New York：Routledge，2005，p. 146.

物质的纯工具、纯手段的世界"①。这正如美国学者布鲁斯·宾伯（Bruce Bimber）所说，虽然马尔库塞本人并不是严格的技术决定论者，但其话语中常常隐含着技术进步是自动的、其影响是决定性的这类意思。②即使他的忠实弟子费恩伯格也认为，尽管法兰克福学派的技术哲学是批判性的，但对技术的理解依然是决定论的，即把技术发展看作一件既定的事实，是一种无法改变的、由其内在动力推动的、外在于人性和人的自主性的过程，这实际上可以看作一种带有"宿命"色彩的技术哲学。③马尔库塞的马克思主义的一个主要出发点就是，它对资本主义社会和社会主义社会谈得较少，而更多提到的是"发达工业社会"。这一概念与其论敌丹尼尔·贝尔的"后工业社会"概念殊途同归，都是将马克思意义上的社会经济基础缩小为社会技术基础，从而以"技术社会形态"取代了"经济社会形态"。尽管他指责贝尔等人的主张为"技术拜物教"，但二人在"技术主宰社会的命运，社会实现技术的统治"方面上并无本质差异，仅仅是悲观主义和乐观主义两个极端罢了。马尔库塞对资本主义意识形态和一体化控制形式的分析简化了问题的复杂性，然而这种"攻其一点、不计其余"的思维特性往往无法跳脱决定论的渊薮。

五　分道扬镳：早期法兰克福学派的分歧

即使马尔库塞的忠实弟子费恩伯格也认为，尽管早期法兰克福学派的技术哲学是批判性的，但对技术的理解依然是决定论的，即把技术发展看作一件既定的事实，是一种无法改变的、由其内在动力推动的、外在于人性和人的自主性的过程，这实际上可以看作是一种带有"宿命"色彩的技术哲学。

---

① ［美］赫伯特·马尔库塞：《单向度的人》，刘继译，上海译文出版社 2008 年版，第 123 页。

② 刘钢：《技术决定论的三个方面》，http：//blog. sciencenet. cn/home. php? mod = space&uid = 105489&do = blog&id = 313652。

③ 陆俊：《摆脱"宿命"的技术批判理论——安德鲁·芬伯格〈可选择的现代性〉述评》，收录于金惠敏编辑的《差异》（第 1 辑），河南大学出版社 2003 年版，第 258 页。

　　然而，同样面对工具理性/技术理性的决定论困境，早期法兰克福学派理论家们却发生了理论分歧。霍克海默和阿多诺对总体的否定性的怀疑，体现了他们清醒的现实主义，所以他们仅仅止于批判现存的社会结构，不再在批判的基础上提出什么新的社会构想。可以说清醒的现实主义同时就是一种清醒的悲观主义，是一种清醒的绝望。马尔库塞之所以被称为一个乌托邦思想家，正在于他并不满足于批判既存秩序，而是在批判之后，随即提出了一种审美乌托邦的想象。这在方法论上也似乎意味着，一种新的社会设想如果建立在对现存社会的总体批判上，就会导致"反其道而行之"的非历史倾向，似乎把现存社会的每个方面都反转过来，新的社会就会形成。① 与霍克海默、阿多诺对晚期资本主义社会的分析中得出悲观主义的结论相反，马尔库塞对阻难解放的心理障碍的研究，使他走向了一种乌托邦的激进主义，这也是他走向技术的审美救赎之原因所在。

　　早期法兰克福学派理论家们之所以分道扬镳，还源于所处资本主义社会语境的差异。在霍克海默、阿多诺的倡议下，社会研究所于1950年重返法兰克福，而马尔库塞、洛文塔尔等相当一部分成员留在了美国，这是法兰克福学派内部机构上的第一次分裂。此后，他们的理论道路发生了明显的分化，最终造成了20世纪60年代学派发展史上理论上的第二次分裂。霍克海默和阿多诺身处冷战最前沿的联邦德国，在政治和意识形态的严厉控制下只能趋于保守，作出了彻底隐匿学派的马克思主义立场的决定，前者一度转向神学，后者出版了完全反对同一性（总体性）的《否定的辩证法》，提出了韬光养晦的"冬眠"策略，却遭到新左派女学生弑父式的攻击，不久因心脏病突发猝然逝世。尽管战后美国保守的麦卡锡主义一度泛滥，但在民权运动、反战运动、环保运动等社会运动的激励下，新左派学生运动也不断高涨。一向重视实践的马尔库塞则显得更加激进，《单向度的人》提出了文化"大拒绝"的积极策略，因而被造反学生奉为斗争的"圣经"。进入20世纪70年代，欧美青年造反运动逐渐退潮，马尔库塞进行了新的理论反思，并像阿多

---

　　① 程巍：《否定性思维：马尔库塞思想研究》，北京大学出版社2001年版，第141页。

诺一样殊途同归回到美学，认为美学形式中包含了巨大的解放潜能，从而阐发了技术的审美救赎思想。

第三节　马尔库塞晚年回归美学的历程和目标

马尔库塞一生的学术研究涉猎广泛，却又似乎一直在致力于将某种社会理论与马克思主义相结合，从而关于他的学术创作的历史分期问题，学术界存在多种观点①，如道格拉斯·凯尔纳认为，马尔库塞对艺术和美学理论的研究是其作品关注的一个主要内容，他根据对马尔库塞关于艺术与解放的观点的起源进行历史分析，把马尔库塞的学术成果分为博士论文时期、20 世纪 30 年代文化批判理论时期、20 世纪 40 年代美学研究的起步、《爱欲与文明》中的艺术与解放、从《单向度的人》到文化革命、激进美学等诸多阶段；陆俊从马尔库塞思想的四个源头（马克思、黑格尔、海德格尔、弗洛伊德）来对其学术思想进行划分；程巍根据马尔库塞的学术思想所涉及的多重渊源，把马尔库塞的思想历程分为存在主义的马克思主义、黑格尔主义的马克思主义、弗洛伊德主义的马克思主义、发达工业社会批判以及晚年向美学的回归等阶段；徐博提出以"否定性"作为马尔库塞思想发展不同阶段的联结点，并由此把马尔库塞的思想历程划分为四个不同的阶段。由于马尔库塞晚年对美学的关注，有学者认为他晚年有一个从社会批判转向美学的阶段，更有人提出，转向美学意味着马尔库塞社会批判理论的终结。② 由此，梳理马尔库塞社会批判理论的思想渊源，思考马尔库塞晚年转向美学的缘由，进而审视晚年的美学研究在马尔库塞整个学术生涯中的地位，对从整体上把握马尔库塞的学

---

① 相关文献主要有：Douglas Kellner ed. , *Art and Liberation：Collected Papers of Herbert Marcuse*, Volume 4, London & New York：Routledge, 2007；陆俊：《马尔库塞》，湖南人民出版社 1999 年版；程巍：《否定性思维：马尔库塞思想研究》，北京大学出版社 2001 年版；范晓丽：《马尔库塞批判的理性与新感性思想研究》，人民出版社 2007 年版；徐博：《马尔库塞否定性思想研究》，社会科学文献出版社 2011 年版。

② 王彦章：《审美之维：社会批判理论的终结》，《时代文学》2006 年第 2 期。

术思想具有积极意义。

一　"转向"还是"回归"：关于马尔库塞晚期美学研究的一个辩证

　　马尔库塞的人生如同一个圈，他最终回到了阔别多年的故土，正如他的思想最终回到了德国的思想传统。青年马尔库塞因德国十一月革命的失败转向了德国浪漫主义文学研究，晚年的马尔库塞也在青年造反运动失败后将理论重点转向了审美救赎方案的探索。因此，与其说马尔库塞的思想发生了"美学转向"，不如说是一种"美学回归"，他的思想具有一种"旅游的意味：旅游是探险，但最终目的却是回家"①。"转向"一词顾名思义就是转换行进的方向，说一个人的学术研究发生转向，往往意味着在研究的主题和方向等方面发生了实质性的变化。马尔库塞晚年对美学的关注与他此前的理论有着相一致的研究目标，这就是对人的自由和解放的关注与企盼，因此晚年的美学研究是其自身理论发展的延续。他晚年不是"转向"美学，而是"回归"美学。认为马尔库塞晚年"转向"美学的观点，只是看到了马尔库塞学术路向在某一个阶段上的变化，而未从整体上把握其一生的学术旨趣。晚年向美学的回归使马尔库塞一生的学术探索经历了一个"始于美学又终于美学"的否定之否定过程，这后一个阶段看似是向出发点的回归，但较前一个阶段来说，内涵更丰富，内容更具体。客观地讲，马尔库塞并没有写成可与卢卡奇、阿多诺等人相媲美的美学著作，尽管道格拉斯·凯尔纳（Douglas Kellner）近年来整理出版了他的大量文稿，但他的为众人所知的美学代表作主要是长文《论艺术的永恒性》②，其他的就是散见于各著作中某一章节的内容，他在美学领域的知名度比不上康德、黑格尔，也不如席勒或者阿多诺，甚至

---

　　① ［美］赫伯特·马尔库塞：《审美之维》，李小兵译，广西师范大学出版社 2001 年版，"译序"第 19 页。

　　② 这篇长文最早于 1977 年用德文在慕尼黑卡尔·汉泽尔出版社出版，副标题为"对一种特定马克思主义美学的批判"。1978 年用英文在美国波士顿灯塔出版社出版，易名为《审美之维》，现行的汉译本是从英译本翻译而来。

伊格尔顿在《审美意识形态》①一书中未提及他的名字。同时，纵览马尔库塞各个时期的著作会发现，他对美学问题的关注目的并不在于美学理论本身，而是要求诸美学来解决在全面异化的社会中人的自由如何重新可能的问题，从而在他的著作中尽管也经常强调否定方面，却"总是包含着理性在社会世界中可能实现的明确信念"②。这一理论旨趣贯穿于他的各个时期的著作中，如在《论艺术的永恒性》的开篇他便指出本文写作的目的是要顺应和服从其革命理论的需要，即"对流行于马克思主义美学中的正统观念提出疑问，以便对马克思主义美学的研讨作出贡献"③。从海德格尔到马克思、黑格尔再到弗洛伊德，马尔库塞一次次看似找到了解决的途径，然而又一次次面临着理论的困境从而不得不继续探索。

二　马尔库塞社会批判理论研究的历程

马尔库塞有着不同于霍克海默、阿多诺等人的思想成长和学术经历，这形成了他的独特的理论创作主题。他在 1918 年加入了德国社会民主党，后因党内暴力行径而在失望中退党，带着刚刚开始的对革命、自由和解放等问题的思考从柏林来到弗赖堡继续学业，于 1922 年完成博士论文《德国艺术家小说》。在论文中，马尔库塞运用黑格尔《美学》和卢卡奇《小说理论》中的美学思想对德国艺术家小说进行了创造性解读，借此探讨艺术家和艺术如何与现实社会生活融为一体的问题。④ 在他看来，德国文化在前资本主义时期，就像古希腊文化的前苏格拉底时期一样，处在艺术和生活完美统一的"史诗时代"，资本主义的发展使得这个整体发生分裂，但也使"'自我意识

---

① ［英］特里·伊格尔顿：《审美意识形态》，王杰等译，广西师范大学出版社 2001 年版。

② ［美］马丁·杰伊：《法兰克福学派史》，单世联译，广东人民出版社 1996 年版，第 85 页。

③ ［美］赫伯特·马尔库塞：《审美之维》，李小兵译，生活·读书·新知三联书店 1989 年版，第 203 页。

④ 丁国旗：《马尔库塞美学思想研究》，社会科学文献出版社 2011 年版，第 1 页。

的主体性的爆发’和克服异化的渴望成为可能”①。具体说，就是艺术家使他的情感和斗争具体化（为小说），展现人对解放的需求和对和谐社会的向往，并渴望它们在这个世界上实现。他此时已经觉察到资产阶级艺术在个人反对异化的社会以寻求个体的真实性和社会的替代性选择方面的激进的潜能。与当时两种主流的文化趋势——理性主义的启蒙和主观内省的虔诚派——相一致，他把德国艺术家小说分为"现实主义的客观性"和"主观的浪漫主义"两种类型，并以更倾向于第一种类型的立场探讨了艺术和生活的关系，视艺术为变革现实的武器，希望实现艺术与日常生活的和解，达到对生命的充分的肯定。这些观点在他后期的艺术和审美思想中一再显现出来。同时也应看到，这篇论文是在德国文学史的范围内展开的，过度文学史（的内容）也使其远离了具体的社会历史现实②，从而看不到现实的人的真正困境，向海德格尔和马克思的靠拢正是他自觉寻求解决困境的尝试。

　　1927 年海德格尔的《存在与时间》出版，马尔库塞意识到海德格尔的哲学表达了"让哲学关注人的生存、人的条件，而不是那些纯属抽象的观念和原则"的愿望③，由此"资产阶级哲学可以从内部被超越，并且在一种新的'具体哲学'的方向上运动"④。这一新的理论动向让他复归弗赖堡并成为海德格尔的助手，希望借此建构起自己的"具体哲学"。海德格尔对马尔库塞不论是理论观点上还是方法上都产生了持久的影响，形成了他的美学理论"更多关注着存在而不是存在者"⑤的理论特色。然而，当他明确意识到海德格尔并没有进入

---

①　Douglas Kellner, *Herbert Marcuse and the Crisis of Marxism*, Los Angeles：University of California Press, 1984, p. 20.

②　Douglas Kellner, *Herbert Marcuse and the Crisis of Marxism*, Los Angeles：University of California Press, 1984, pp. 31－32.

③　丁国旗：《马尔库塞美学思想研究》，社会科学文献出版社 2011 年版，第 21 页。

④　［德］罗尔夫·魏格豪斯：《法兰克福学派：历史、理论及政治影响》（上），孟登迎等译，上海人民出版社 2009 年版，第 131 页。

⑤　丁国旗：《马尔库塞美学思想研究》，社会科学文献出版社 2011 年版，第 32 页。

"使具体此在生存的具体历史条件"①，而狄尔泰的生命哲学、黑格尔的存在哲学要胜于海德格尔，

　　然而，马尔库塞很快意识到，劳动面向的是人的必然的领域，针对的是对象共同的内在规律性，在本质上具有负担性、物性、消极性等特征，与之相反，人在游戏中则"完全按照自己的爱好对待对象"②，从而进入到他的自由领域。因此，他在参与研究所制定对当代社会批判的规划时，早期的文学研究在此时逐渐显现出影响力，使他得以提出一种批判的艺术和审美理论。他在《文化的肯定性质》中集中探讨了西方艺术在特定的德国法西斯时代的辩证性质。一方面，文化作为人类的生存方式是对人的本质的肯定，应当具有自由和超越的维度，文化的这种肯定的性质在资本主义发展早期起到了积极的作用；另一方面，随着资本主义劳动过程组织起来的全面商品化世界的形成，这种肯定的文化"最终也只好向物化投降"③。这种困境的解决依赖社会的整体革命，即个体灵魂借助艺术的力量，恢复文化的否定性特征。这种对艺术的反思尽管有乌托邦的特点，也有其具体的历史环境基础，从而能够提供对一个既定社会的分析，以实现"激进的社会改造"④。

　　《爱欲与文明》的出版表现出马尔库塞试图把弗洛伊德的精神分析学和以席勒、康德的美学思想为代表的德国古典美学、批判的社会理论、各种乌托邦以及一种非压抑文明观结合起来，探寻碎片化的现代工业社会重新整合的可能性。在这部具有开拓性的著作中，马尔库塞重拾美学理论，并将之"带出单纯的哲学王国，使其处于批

① ［德］罗尔夫·魏格豪斯：《法兰克福学派：历史、理论及政治影响》（上），孟登迎等译，上海人民出版社 2009 年版，第 131 页。

② ［美］赫伯特·马尔库塞：《现代文明与人的困境：马尔库塞文集》，李小兵译，生活·读书·新知三联书店 1989 年版，第 216 页。

③ ［美］赫伯特·马尔库塞：《现代文明与人的困境：马尔库塞文集》，李小兵译，生活·读书·新知三联书店 1989 年版，第 138 页。

④ Douglas Kellner ed. , *Collected Papers of Herbert Marcuse*, Volume 4, London & New York：Routledge，2007，p. 22.

判的社会理论和革命性理论与实践的核心"①，来"阐释审美之维如
何有助于促进个体的解放和创造一种非压抑的社会和文化"的问
题，表现出对早期美学研究的回归。在本书中他单辟一章来阐述
"审美方面"，运用康德的和席勒的美学理论来解决弗洛伊德的本能
难以解决的理论问题，突出了康德关于美学的"无功利的功利性"
"无目的的目的性"的思想及席勒关于美的本质是自由的思想。在
凯尔纳看来，尽管"马尔库塞此前已经写过不少有关哲学和社会批
判理论的著作，但直到《爱欲与文明》一书的出版，马尔库塞的整
个思想才开始走向成熟"②。

　　《单向度的人》阐述了发达工业社会中文化和意识形态取代暴力，
将个体整合到当下社会中去的问题，"单向度"概念指被成功压抑了
更高维度的批判和可替代选择的机会的日渐同质化的社会和文化，马
尔库塞以其来描述与发达工业社会日益增长的控制和统治模式相关的
趋势。然而，马尔库塞并没有对这个社会充满绝望，他完善了博士论
文时期未曾阐明的艺术的解放潜能问题，提出"艺术无论仪式化如
何，都包容着否定的合理性。在其先进性的位置上，艺术是大拒绝，
即对现存事物的抗议"③。他将"大拒绝"概念和政治抗议、艺术创
造、批判的和辩证的思想联系起来，同时提倡解放想象力，使科学和
技术摆脱工具理性的统治，他自己也亲自参与到改造单向度社会和文
化的活动中去，表现出这一主张明显的"实践指向"④。此外，他还
主张通过"美学还原"促进技术和艺术的汇聚，重现古希腊强调的
艺术和技术的密切关系，以技术的质变促成人类向更高的文明阶段
过渡。

---

① Douglas Kellner ed. , *Art and Liberation*：*Collected Papers of Herbert Marcuse*, Volume 4,
London & New York：Routledge, 2007, p. 31.

② Douglas Kellner ed. , *Art and Liberation*：*Collected Papers of Herbert Marcuse*, Volume 4,
London & New York：Routledge, 2007, p. 31.

③ ［美］赫伯特·马尔库塞：《单向度的人》，刘继译，上海译文出版社 1989 年版，
第 59 页。

④ Douglas Kellner ed. , *Art and Liberation*：*Collected Papers of Herbert Marcuse*, Volume 4,
London & New York：Routledge, 2007, p. 40.

1968 年法国的"五月风暴"以后西方马克思主义的发展处于低潮，马尔库塞从社会革命的前沿阵地潜入纯粹的学术研究，写下了《论解放文集》（1969）、《反革命与造反》（1972）、《作为现实形式的艺术》（1972）、《论艺术的永恒性》（1977）等美学著作。应当说，正是由于这一时段马尔库塞的作品集中于美学领域，才有人提出在马尔库塞的晚年有一个美学的转向的观点。然而，一方面，经过上面的回顾可以看到，马尔库塞一生的理论诉求并非美学理论的建构，而是对具体哲学的探求，其理论目标始终在于马克思主义之人类的解放和自由问题；另一方面，即使是 1968 年以后，马尔库塞也并未完全后撤到艺术和美学研究中，他同样写下了大量关于政治和左派、马克思主义理论以及关于艺术、政治和解放的文稿（可以参见道格拉斯·凯尔纳整理出版的《马尔库塞文集》1—6 卷）在这一点上，Richard Kearney 提出马尔库塞对当代思想最为主要的贡献，正是他的"将主体超越的形式主义美学和一种解放的革命的政治学结合在一起的能力"①。

三　马尔库塞晚年回归美学的理论目标

马尔库塞晚年回归美学既和社会研究所的理论发展中所遇到的困难相关联，又是其自身理论发展的必然。

从社会研究所本身的理论发展来看，批判理论面临难以解决的问题，这就是如何摆脱启蒙精神走向反面的厄运。法兰克福社会研究所自创立伊始，尤其是霍克海默担任所长以来，一直以批判现实为己任。霍克海默在担任社会研究所所长的就职演说《社会哲学的现状与社会研究所的任务》（1931）中，明确提出了社会哲学的最终目标，那就是"对并非仅仅作为个体的、而是作为社会共同体成员的人的命运进行哲学阐释"。因此，社会哲学的任务就主要是"关心那些只有处于人类社会生活关系中才能够理解的现象，即国家、法律、经济、

---

① Richard Kearney, *Dialogues with Contemporary Continental Thinkers*, Manchester University Press, 1984, p. 72.

宗教，简言之，社会哲学从根本上关心人类的全部物质文化和精神文化"①。1937 年霍克海默在《传统理论和批判理论》一文中不仅首次提出了"批判理论"概念，还为社会批判理论制定了理论纲领。他提出，批判理论以马克思的政治经济学批判为基础，"把在其整体性中作为他们自身历史生活方式之生产者的人"② 作为研究对象，其目的"绝非仅仅是增长知识本身，它的目标在于把人从奴役中解放出来"③。马尔库塞在同一年提出，批判理论关注人的幸福，这种幸福只有通过变革生存的物质条件才能达到。④ 可见，法兰克福学派的早期代表们一直是把人类的自由解放作为理论目标的。

　　然而，法兰克福学派在对社会展开批判的同时，如何建构一个新的社会的问题却成为一个无法解决的难题。霍克海默和阿多诺在 1947 年合著的《启蒙辩证法》一书中，通过对当下社会中的多个悖论的分析⑤，指出"启蒙的根本目标就是要使人们摆脱恐惧，树立自主。但是，被彻底启蒙的世界却笼罩在一片因胜利而招致的灾难之中"⑥，从而把批判的矛头指向整个人类文化，指向几千年的人类文明史，以后的《否定辩证法》和《工具理性批判》更进一步对理性片面化为工具理性的后果做了淋漓尽致的批判。问题是，既然理性已经退化为工具理性，一个合理的社会的标准应该是什么？如何建构这样的一个新社会？这两个方面相互关联，从而这样一个标准也将是这个社会中的"人类的做"（马尔库塞语）。这样，批判理论面临着难

---

　　① ［德］马克斯·霍克海默：《社会哲学的现状与社会研究所的任务》，王凤才译，《马克思主义与现实》2011 年第 5 期，第 123—129 页。

　　② ［德］马克斯·霍克海默：《批判理论》，李小兵等译，重庆出版社 1989 年版，第 230 页。

　　③ ［德］马克斯·霍克海默：《批判理论》，李小兵等译，重庆出版社 1989 年版，第 232 页。

　　④ ［美］赫伯特·马尔库塞：《现代文明与人的困境：马尔库塞文集》，李小兵译，生活·读书·新知三联书店 1989 年版，第 174 页。

　　⑤ ［德］马克斯·霍克海默、西奥多·阿道尔诺：《启蒙辩证法》，渠敬东、曹卫东译，上海人民出版社 2006 年版，第 145—150 页。

　　⑥ ［德］马克斯·霍克海默、西奥多·阿道尔诺：《启蒙辩证法》，渠敬东、曹卫东译，上海人民出版社 2006 年版，第 1 页。

以克服的困境。

马尔库塞本人也一直致力于对这一理论难题的解决。他在分析批判理论困境的过程中，意识到要克服上述问题，需要解决两个理论难题：一是为确认超越既定存在的潜能，需要一种经验的基础，这个经验的基础不同于现存社会中人们的生产生活实践，要具有超越既定现实的能力，以克服既定社会的全方位的单向度性。二是他的理论需要一个更富有想象力的可以取代既定道德的价值准则以衡量整个社会。①以往以技术进步来衡量社会进步，社会形成的伦理道德准则都是建立在这一公认的基础上的，在这样一个单向度的社会里，道德标准等都已经不再适应马尔库塞建构理论的实际需要。

对第一个理论难题的思考贯穿了马尔库塞整个的理论创作过程。早在弗赖堡时期，马尔库塞受海德格尔的影响便思考作为定在的人如何摆脱现状的束缚，他受海德格尔吸引的一个重要原因就是海德格尔对具体性的关注。及至 1932 年马克思的《1844 年经济学哲学手稿》出版，马尔库塞又从中看到了希望。他认为本书的出版是马克思主义发展史上的重大事件，高度评价了书中的"感性"和"劳动"两个概念，认为"劳动"概念作为一个本体论范畴，表征着人类高于一切的"自我创造"和自我实现的能力，而"人只有通过使用自己的'本质力量'去造就一个'外在的'、'物质的'、对象性的世界，把自己的本质当作某种对象性的东西加以实现，才能使自己的本质得以实现"②。但时隔不久，他在稍后写成的《论经济学劳动概念的哲学基础》一文中将"劳动"和"游戏"看作相互对立的两种"人类的做"活动，已经显现出席勒"游戏冲动说"的痕迹。在游戏和劳动的关系上，马尔库塞也由《论经济学劳动概念的哲学基础》中强调劳动的本体论地位而在《爱欲与文明》《单向度的人》中转向力挺游戏而轻视劳动。可以看出，马尔库塞的思想在悄悄地发生着变化，他

---

① 陈凡、朱春艳：《全球化时代的技术哲学》，东北大学出版社 2006 年版，第 80 页。

② 上海社会科学院哲学研究所外国哲学研究室编：《法兰克福学派论著选辑》（上卷），商务印书馆 1988 年版，第 306 页。

这个时期的著作中，鲍姆加登、席勒、康德等人替代了马克思。在
《爱欲与文明》中，他将"审美经验"界定为"那种对象在其中如是
给与的经验，完全不同于日常的活着科学的经验。对象与理论理性和
实践理性之间的所有联系，都被阻隔或悬置起来。这种是对象进入其
'自由'存在中的经验，即是想象的自由游戏的活动"①，审美经验因
其自律性不受现实的影响和约束，与现实保持着"疏远"的状态，
得以取代已经异化的日常经验，在审美经验中，主体和客体在新的意
义上成为自由的。"新感性"之"新"不在于它与一般意义上的感性
不同，而在于其重新恢复感性的作用，这就是"调和被压抑的现实原
则撕裂的人类实存的两个领域"②。更为重要的是，这种感性由于审
美参与其中而异于一般的感性，成为链接自由和自然、感性和理性的
双重中介。

马尔库塞思想的这种改变正是为克服批判理论的困境找寻出路。
在他看来，马克思生活在 100 多年前，那时物质匮乏，物质文化问题
能够通过建立真正的社会主义制度和关系来解决。20 世纪科学技术
的长足发展刺激了生产力的发展，全社会积累了巨大的物质财富，马
克思为建构社会主义社会所规划的产品和财富，发达工业社会在很久
以前就已经达到了这样的阶段，所以，这个社会要实现变革，就不能
仅仅采用经济的方式，而有必要在全社会实现一种质的变化。当然，
变革"要以新的、不曾异化的劳动、分配和生活条件为前提"③，但
是仅有这些是不够的，在向一个新的社会的革命性过渡中，艺术将发
挥一种核心的作用，因为物质的满足使人们"不仅要求满足需要，还
要求那些需要自身本性的改变"④。这样，新的革命将需要一种不同

---

① ［美］赫伯特·马尔库塞：《审美之维》，李小兵译，生活·读书·新知三联书店
1989 年版，第 50 页。

② ［美］赫伯特·马尔库塞：《审美之维》，李小兵译，生活·读书·新知三联书店
1989 年版，第 51 页。

③ Richard Kearney, *Dialogues with Contemporary Continental Thinkers*, Manchester：Manchester University Press, 1984, p. 73.

④ Richard Kearney, *Dialogues with Contemporary Continental Thinkers*, Manchester：Manchester University Press, 1984, p. 73.

类型的人，将会"以一套全新的人和人之间的和不同性别之间的联系，一种新的道德，一种新的感性，和对环境的全新的建构为目标"①，这些在很大程度上是审美价值观的范畴。在这里，马尔库塞在更为宽泛的意义上，将审美理解为我们的感官的和富于想象力的文化类型，并将之取代伦理道德准则而作为衡量社会的准则。

第二个理论难题也是现代社会普遍关注的一个问题。在马尔库塞看来，在单向度的工业社会里，以往的道德标准作为工具理性的组成部分，已成为社会上占统治地位的意识形态，也成为单向度思维的构成因素，这就必须"把道德建立在感性基础上，理性的规律必须同感官的兴趣相协调，占统治地位的形式冲动必须被限定：'感性必须胜利地保住它的领地，抵抗那种精神通过其攻击性的活动而随时可能会施于它的暴行'"②。这里的"感性"指的是"感性学"即美学，它本来就是席勒《审美教育书简》中的话语。我们看到，这时的马尔库塞不仅已经超越了马克思的感性劳动的思想，而且也超越了弗洛伊德对人的本能的凸显。尽管他借用了弗洛伊德的精神分析学说来为新的文明形式寻找理论依据，但弗洛伊德的"本能"概念只是一个物质基础，是马尔库塞在研读马克思的物质生产实践理论时替马克思寻求的替代方案，而且本能只是人类新的发展的一个生物学基础，正如新的文明形态也要建立在前一个社会文明形态的技术基础之上一样。问题是，本能毕竟是只可意会不可言传的东西，它需要通过什么中介才能够表现出来，发挥其在社会变革中的作用。马尔库塞需要的是能够运用他已经找到的那个取代日常经验的经验基础，既能摆脱精神分析理论运用"本能"概念的抽象直观特征，又能对人的否定性能力的恢复提供可能的方案。他正是在这个层面上从弗洛伊德的精神分析理论过渡到美学，他是要求诸美学来解决全面异化的发达工业社会走向新的文明形态的途径。作为有教养的德国人，马尔库塞经过康德、

---

① Richard Kearney, *Dialogues with Contemporary Continental Thinkers*, Manchester: Manchester University Press, 1984, p. 74.

② ［美］赫伯特·马尔库塞：《审美之维》，李小兵译，生活·读书·新知三联书店1989年版，第60页。

席勒等人的理论熏陶，他自然会借助体现人的自由自觉活动的审美经验来解决这两个问题，对美学的"感性学""本能的展现"的理解成为他理论展开的依据，这样，在马尔库塞那里，审美终于替代道德成为衡量一个应然社会的标准，或者毋宁说，审美"已经成为道德性的象征"（康德）。①

这里涉及马尔库塞关于艺术的功用和价值的思想。在《论新感性》中，马尔库塞借用康德"难道在美和完善之间没有内在隐秘的联系吗"②的问题引出审美的价值和功能问题。具体说，美具有那种"有用于、有益于、有助于生命的东西所含的'生物学价值'"③，从而可作为一种对自由社会的量度。正是在这个层面上，审美体现出作为一种道德标准的价值。具体说，审美功用将"废除强制。而且，在道德上和肉体上，把人引入自由之中"。它将使情感和快感与理性的理念协调，将取消"理性法则中的道德强制"，把"它们与感官的利益调和起来"④。

在赋予审美以经验基础与道德准则的双重负荷之后，马尔库塞暂时完成了解决启蒙问题的难题。但如果驻足于此，他的美学思想与后来阿多诺的美学思想就没有差别了。实际上，马尔库塞已经超出了第一代法兰克福学派其他代表人物思考的幅度，美国的生活经历使他开始关注发达工业社会产生异化现象的根源，并进一步寻找解决途径。如果说马尔库塞早期的文艺批评理论还只是初次的学术尝试，他晚年向美学和艺术的回归则呈现出否定之否定环节的上升性特征。经历了法西斯统治下的逃亡以及在美国这一发达的工业社会中长期生活对技术的体验，他有足够的时间去思考卢卡奇早年提出的资本主义社会中

---

① ［美］赫伯特·马尔库塞：《审美之维》，李小兵译，生活·读书·新知三联书店1989年版，第47页。

② ［美］赫伯特·马尔库塞：《审美之维》，李小兵译，生活·读书·新知三联书店1989年版，第109页。

③ ［美］赫伯特·马尔库塞：《审美之维》，李小兵译，生活·读书·新知三联书店1989年版，第110页。

④ ［美］赫伯特·马尔库塞：《审美之维》，李小兵译，生活·读书·新知三联书店1989年版，第53页。

的"物化"问题以及这一问题的克服。在他看来，发达工业社会异化现象的产生和技术理性在社会上的全面渗透密切相关，要解决社会问题，必须对社会中既有的技术基础实施必要的变革，从而把思考的对象转向了技术以及对技术的审美化改造。正是在这个意义上，我们把马尔库塞的美学理论放到技术美学的范畴之中，提出马尔库塞美学是关注人的现实解放的技术美学。它以对发达工业社会的技术批判为前提，以对发达工业社会的技术重建为目的途径，途径是以审美经验来拯救因理性的单向发展而导致的人的主体性、内在性等否定性向度的缺失，实现人与人、人与自然的和解。马尔库塞研究美学的目的是要探究人摆脱奴役、获得解放的途径，但他并不只把希望寄托在人的本能和欲望的解放上而赋予美学不能承受之重，而是力图使技术和艺术结合起来，对技术进行美学重建，实现人与人、人与自然的和解。

四　马尔库塞晚年回归美学的可能条件

马尔库塞晚年回归美学与他身处的文化和社会氛围相关联，这既包括前面提到的德国审美现代性话语传统的浸润，以及马克思、卢卡奇和同与他时代的法兰克福学派理论家霍克海默、阿多诺等人的影响。同时，20 世纪 60 年代技术美学学科的蓬勃发展也对他探寻现代社会的出路以启示。他将这些理论融汇在一起，提出了通过技术美学化来建设新社会的构想。正是在对待技术的态度问题上，使他与他的法兰克福学派的同事们的学术道路渐行渐远。

马尔库塞的美学思想体现出同时代法兰克福学派思想家的理论共性，这表现在"法兰克福学派的成员们从一开始就对美学领域表现出特别的兴趣"①。马尔库塞认为他和阿多诺的共同的观点就是，他们都认为"艺术、文学和音乐所表达的见识和真理，是任何其他形式所无力表达的"。在他们看来，美学形式是真正致力于追求人的实现和人的解放的，它"是一个既不受现实的压抑，也无须理会现实禁忌的

---

① ［英］布莱恩·麦基：《思想家：当代哲学的创造者们》，周穗明、翁寒松译，生活·读书·新知三联书店 1987 年版，第 72 页。

全新的领域。它所描绘的人的形象和自然的形象，是不受压抑性的现实原则的规范和拘束的"①。当然，后期他们分别在美国和德国的不同经历，也使得他们之间的差异越来越明显，马尔库塞开始关注技术的改造对社会改造的意义，而霍克海默和阿多诺则依然致力于通过美学和艺术这一人的内在世界来完成克服技术化社会对人的异化。

马尔库塞和阿多诺在美学理论中的差异，源于马尔库塞在对发达工业社会展开批判的同时，关注到社会发展中出现的积极元素，这就是现代设计的发展以及相应地技术美学的产生。

技术美学作为一门独立的现代美学应用学科，诞生于20世纪30年代。设计源于艺术，但工业革命的到来有进一步促使设计从艺术中独立出来，成为专门的产品创制活动。这种分离在产品得以大规模生产、满足人们的基本生活需要的同时，也造成了产品的齐一化特征，从而难以满足不同个体的多样性需求。消费需求促使人们开始探索现代设计思想和方法，现代艺术在其中起到重要的推动作用。"从约翰·拉斯金、威廉·莫里斯到包豪斯运动"②，众多艺术家开始将纯粹的艺术与实用的工艺结合起来，致力于设计过程中产品的材质、结构、功能和美的形式的有机融合，并将之开始运用于工业生产中，因而又称为工业美学、生产美学或劳动美学；后来，扩大运用于建筑、运输、商业、农业、外贸和服务等行业。20世纪50年代，捷克设计师佩特尔·图奇内建议用"技术美学"这一名称，从此，这一名称被广泛应用，并为国际组织所承认，1957年，在瑞士成立的国际组织，确定为国际技术美学协会。技术美学这一名称在中国也具有约定俗成的性质，其中包含工业美学、劳动美学、商品美学、建筑美学、设计美学等内容。③

马尔库塞无疑关注到美学新成员的出现，他也借此寻找到了摆脱单向度、实现解放的途径，这就是通过艺术对发达工业社会的技术基

---

① ［英］特里·伊格尔顿：《审美意识形态》，王杰等译，广西师范大学出版社2001年版，第72—73页。

② 李万军：《当代设计批判》，人民出版社2010年版，第5页。

③ 技术美学［M/OL］，http://baike.baidu.com/view/1219440.htm.

础实现美学改造。在《单向度的人》中，他借鉴吉尔伯特·西蒙栋（Gilbert Simondon）提出的"人通过有意识地构造终极性而克服奴役"①的思想，将"艺术的合理性，即艺术'构想'生存的能力，艺术界定尚未实现的可能性的能力"②与对科学技术的改造问题结合起来，提出了"使价值物质化"，进而"以技术的方式重新界定价值，把价值看作技术过程中的因素"③的构想。同时，尽管他也提出"艺术要成为生产力"，但他又反对艺术与实践的直接联系，提出"艺术同实践的关系毋庸置疑是间接的、存在中介以及充满曲折的"④，这个中介就是对现有技术基础的改造，这使他得以在求助于审美的过程中不局限于审美，而在审美到现实的中间再加入一个中介环节，这就是用美学（艺术）改造旧的技术基础，形成新技术。

纵观马尔库塞的社会批判理论的几度转折，尽管他的理论基础从海德格尔、黑格尔到马克思再到弗洛伊德，但他在 20 世纪 60 年代关注美学的同时，似在不经意间触及了对技术的美学改造问题，其实用美学（艺术）改造技术是他始终不变的理论逻辑，这就是通过恢复感性的地位来恢复理性的全部内容，以技术美学化来实现理性的全面化，实现人与自然、人与人的和解，走向一个健全的社会。他在1941 年就发表了《现代技术的社会意义》，探讨技术和社会变迁的关系，此后的技术美学化思想是他在探索社会改造历程上的最终解答。对现代社会技术现象的关注使得马尔库塞超越单纯的理论构建而试图通过美学参与技术的变革而达到技术与现实的和解，从而避免了走向阿多诺美学与现实向分离的道路上去。

---

① ［美］赫伯特·马尔库塞：《审美之维》，李小兵译，生活·读书·新知三联书店1989 年版，第 96 页。

② ［美］赫伯特·马尔库塞：《审美之维》，李小兵译，生活·读书·新知三联书店1989 年版，第 101 页。

③ ［美］赫伯特·马尔库塞：《审美之维》，李小兵译，生活·读书·新知三联书店1989 年版，第 95 页。

④ ［美］赫伯特·马尔库塞：《审美之维》，李小兵译，生活·读书·新知三联书店1989 年版，第 206 页。

第三章　马尔库塞技术美学救赎的路径选择

　　本章要考察的是"马尔库塞为什么选择技术的美学救赎路径?"马尔库塞面对发达工业社会中技术的普遍使用所带来的整体异化现象,深感这种状况的出现根源于当代资本主义社会工具理性对人的全面控制,试图寻找一种新的感性来对抗工具理性的控制,建立人类以及社会新的存在方式。他借鉴西方"美学"概念之原初的"感性学"含义,在审美艺术中寻找到一种在对抗工具理性方面具有革命性意义的"新感性",并赋予了审美和艺术在现代革命中作为革命力量的地位。

　　需要指出的是,"技术美学救赎"(Aesthetic Redemption of Technology,AROT)一词是仿照"技术的社会建构"(Social Construction of Technology,SCOT)构造的,意在揭示马尔库塞建构维度的技术思想。其中,"美学"指涉了马尔库塞对技术的美学建构路径,"救赎"则对应了发达工业社会的人为技术理性所奴役的严酷现实。

第一节　马尔库塞技术批判理论的介入

　　"技术"概念当然是马尔库塞技术美学的核心概念之一。马尔库塞的美学思想与西方马克思主义其他代表人物的差异,以及马尔库塞高出其他西方马克思主义理论家的地方,就在于他对发达工业社会技术的关注。但马尔库塞并非一开始就关注技术的,他对技术的关注始于 20 世纪 30 年代后期,是在作为一个马克思主义者的立场上探索革命道路的过程中找到的一个驻足点。

引言：马尔库塞关注技术的一个契机

1941 年 5 月的某一天，霍克海默找到刚刚到达美国西海岸的马尔库塞，探讨 1941 年第 3 期的《哲学和社会科学研究》的论题，他们此前已有计划要为这期杂志撰写关于进步问题的哲学论文，并拟定由马尔库塞负责"进步及其与个体发展的关系"问题，而由霍克海默负责的工作主要集中在"技术和实验心理学方面"①。这是他们以往的研究分工形成的惯例，马尔库塞当时主要研究思想史问题。但是，身为所长的霍克海默"在同马尔库塞讨论的过程中，兴趣转向了对理性原则和进步之间关系的理论分析"②，因为他猛然意识到，"理性"概念关系到整个欧洲文化的过去、现在和将来，意义太重大了。所以，他提出调整工作分工，把"技术和实验心理学方面"让马尔库塞来完成，自己则承担计划原本由马尔库塞进行的"理性"部分。马尔库塞属于逆来顺受型的人，二话没说答应了领导的重新安排，尽管他在思想史方面的研究已经展开。于是，1941 年底出版的《哲学和社会科学研究》除收入了霍克海默那篇讨论理性的文章外，还收入了阿多诺、马尔库塞、基希海默和波洛克三人的文章，而马尔库塞的论文就是他的第一篇讨论技术的成果《现代技术的一些社会意义》。这篇论文发表后并未引起多少的关注，即使自 20 世纪 60 年代至今，对马尔库塞的研究一直热情不减的情况下也是如此。然而，当我们关注马尔库塞的技术美学，思考他试图通过改造技术而改造社会的意图时，才发现这篇文章所拥有的价值。

一　技术研究：马尔库塞社会批判理论的新方向

马尔库塞的思想经过了从存在主义的马克思主义者到黑格尔主义的马克思主义再到弗洛伊德主义的马克思主义者发展历程。他在

---

① ［德］罗尔夫·魏格豪斯：《法兰克福学派：历史、理论及政治影响》（上），孟登迎等译，上海人民出版社 2009 年版，第 395 页。

② ［德］罗尔夫·魏格豪斯：《法兰克福学派：历史、理论及政治影响》（上），孟登迎等译，上海人民出版社 2009 年版，第 395 页。

1917 年作为德国预备兵留驻柏林，开始接触到马克思主义。然而，第二国际的考茨基等人对马克思主义的机械论解释，加之当时社会民主党的左翼领袖罗莎·卢森堡和卡尔·李卜克内西遭右翼势力暗杀，这些都使马尔库塞深感马克思当初预言的"一场真正意义上的革命"已经落空。从那时起，他开始寻找马克思主义理论中更为本质的、更为基础的东西，成为一个具有独立思想的自由主义的马克思主义者。

1932 年马尔库塞加入法兰克福社会研究所，并按照研究所规划的研究方向，与霍克海默等人一起展开对"权威与家庭"研究项目中的权威主义思想史部分的研究，并于 1936 年发表了《论权威》一文，探讨权威主义在德国思想传统中的演进并最终导致纳粹主义的过程。在此期间，他和法兰克福学派的同人一道，经历了逃亡直至迁至美国的惊险、又慢慢融入新大陆的节奏之中的过程。在美国这一发达工业社会中，科学技术的发展确实促进了社会的进步，但社会的繁荣却没有带来与之相应的人们思想的进步，相反，他看到的是技术的进步对人类全方位的控制。敏感地捕捉到新世界中的这些新信息，在研究视域上，逐渐由关注欧洲的纳粹国家、极权主义批判转向对以美国为首的发达工业社会的批判，1937 年写成的《文化的肯定性质》就是对这些问题的思考。在这篇论文中，他开始和基希海默、诺依曼一样，使用"技术理性"概念而不是"工具理性"概念来表现现代社会中理性的分化现象，认为自由主义时期的"个体理性"已经被"技术理性"所取代、"理性与灵魂疏远化"[1]的社会现实，也提出了以艺术再生产人类幸福的设想[2]。但在那时，马尔库塞尚未对具体的技术器物感兴趣，也并没有在技术和艺术之间寻找沟通的桥梁。

在这一时期，理论界存在着把黑格尔哲学看作法西斯主义理论

---

[1]　[美] 赫伯特·马尔库塞：《现代文明与人的困境：马尔库塞文集》，李小兵译，生活·读书·新知三联书店 1989 年版，第 134 页。

[2]　[美] 赫伯特·马尔库塞：《现代文明与人的困境：马尔库塞文集》，李小兵译，生活·读书·新知三联书店 1989 年版，第 151 页。

来源的观点。马尔库塞当时正在进行思想史的研究，他深感澄清黑格尔的理性观与法西斯主义之间关系问题的重要性，从而由对德国思想史的研究转向对黑格尔哲学的阐发和对实证主义的批判，其目的是考察纳粹主义的理论来源以及技术理性形成的理论基础，论证黑格尔的理性辩证法，对现代社会中的理性的单一性（技术理性）进行批判，进而探究发达工业社会的出路问题。《理性与革命——黑格尔和社会理论的兴起》是这一研究的成果，本书对上述问题给予了明确的回答，即认为是实证主义和经验主义、而不是黑格尔主义，是纳粹主义和技术理性的共同理论来源。黑格尔哲学的唯一成果，就是马克思的社会批判理论。不仅如此，本书还使马尔库塞从黑格尔那里找到了理性这一批判的武器，牢固地奠定了社会批判理论的哲学基础，从而在法兰克福学派发展史上开启了一个新的时期。尽管在法兰克福学派成立初期，霍克海默的《传统理论与批判理论》就以提出对现代资本主义社会作坚决批判而奠定了法兰克福研究所的研究方向，但在 1941 年马尔库塞的《理性与革命》出版之前，法兰克福学派的社会批判理论并未获得哲学论证。霍克海默和阿多诺对工具理性的系统批判最早出现在他们合作的《启蒙辩证法》（1947）和霍克海默的独著《理性之蚀》（1947）、《工具理性批判》（1967）等著作中，这和马尔库塞的《理性与革命》相比，在时间上是滞后的。

也正是在考察黑格尔理性哲学的过程中，马尔库塞开始分析理性的分化史，并在这一过程中发现了发达工业国家大众普遍压抑的根源，这就是技术理性对社会的全方位的控制。"理性"从根本上说是人类认识与改造世界的能力。人生在世，最基本的是要维持自身的生存，正是生存问题把人自己置身于和自然对立的状态，也才使得人类开发出一整套征服自然的技术和联结人类力量的契约技术，以保证人类最基本的实践活动，即生产物质资料的活动得以顺利展开。在1964 年出版的《单向度的人》中，马尔库塞借用怀特海"理性的作用，乃是高扬生命之艺术"的命题，提出理性是"向生存环境冲击的指南"，这种冲击出自"三重冲动：（1）求生存；（2）求好生存；

（3）求更好的生存"①。来说明理性尚未被发现、被认识、被实现的程度。在他看来，"理性的历史作用，还一直是压抑甚至毁灭人的求生存、求好生存和求更好的生存的冲动，或者延宕这冲动的实现并让它付出极高的代价"②。近代以来，科学技术的进一步发展在加快社会发展进程的同时也促进了理性的分化。技术理性由工业生产领域渗透到政治和文化领域，成为一种意识形态。说技术理性对人的控制是全方位的，可以从以下两点考虑：其一，在技术活动结束时，作为结果呈现出来的是各种技术人工物，这些技术人工物是技术理性的物化形态，在商品社会中以商品的形式存在着，它们作为商品社会中"最简单、最普遍、最基本、最常见、最平凡、碰到过亿万次的关系"③，控制着人的生产和生活。一方面，技术人工物是人类在生产活动中须臾所不可或缺的劳动资料，这一"生产关系的指示器"不仅揭示了人对自然的能动关系，更显示出机器对人的能动关系，机器大工业时代的到来使机器成为生产的主角，而人则成为附庸。他控制着整个生产过程，而完全不顾及人的自然属性的需要。另一方面，技术人工物是人类生存所必需的生活资料，它们控制着人们的生活过程。其二，技术理性本身就是意识形态，它表现为技术真理观，控制了人们思想的全过程。这个过程中，人们逐渐认可追求效率的技术理性所安排的一切，非常愉快地接受并顺从它的意志，自己则成为没有思想的原子，这正是现代大众的形成。

当然，正如本节前文所提及的，最终促成马尔库塞对发达工业社会的技术现象展开系统研究的直接原因是研究所工作安排的变动。可见，马尔库塞在 20 世纪 60 年代所展开的技术批判，应该是在 40 年代初期前后"被安排"的情况下"一不小心"为自己下一步的研究做的准备。看来，顺其自然有时候或许是最好的选择。

---

① ［美］赫伯特·马尔库塞：《审美之维》，李小兵译，生活·读书·新知三联书店 1989 年版，第 91 页。

② ［美］赫伯特·马尔库塞：《审美之维》，李小兵译，生活·读书·新知三联书店 1989 年版，第 91 页。

③ 《列宁选集》（第 2 卷），人民出版社 1995 年版，第 558 页。

二　现代技术：马尔库塞社会批判理论的聚焦物

1941 年，马尔库塞发表长文《现代技术的一些社会意义》，详细阐述了他对"技术"（technology）一词及其社会作用的阐述。本文最初发表于《哲学和社会科学研究》1941 年第九卷，其内容是对技术拜物教，或技术效率的大规模的学术研究，主题是现代技术已经成为意识形态。这篇文章代表了法兰克福学派的批判理论家特别是马尔库塞在 1941 年以后的理论研究，从现代工业化独裁国家的商品拜物教的意识形态批判转向技术拜物教以及技术理性为核心的新型意识形态的批判。本书的核心思想是明确现代技术不仅仅是生产性工具，它还具有一些社会意义。随着现代技术的迅猛发展，代表着人类生命自由本性的个体理性逐渐发展成为技术理性（工具理性），整个社会逐渐呈现出标准化、专门化、齐一化、官僚化特征，自由的社会也逐渐为极权的社会所代替。文章围绕以下几方面展开。

1. 对技术的内涵和作用的新理解

作者开篇明义，指出要把"技术"看成一个社会过程，在其中人们通常认为是技术的工艺器械只是技术的一个方面因素，而往往容易被忽视的人的方面也是"技术中的一个不可或缺的部分和因素，不仅仅是作为发明和参与使用机械的个人，更是作为指导它运行和使用的社会群体"①。在马尔库塞看来，技术的内涵具有多层次性，它既作为一种生产方式，作为"一个表征着机械时代特征的仪器、设备和制造物的整体"，同时"也是一种组织、维持或改变社会关系的模式，是占优势地位的思维和行为形式的表现形式，是控制和统治的一种器具"②，从而不是视其为中性的工具，而赋予其社会意义。但马尔库塞并未沿着技术决定论的思路展开陈述，而是把对技术的使用和技术本身区别开来，认为技术本身的作用具有不确定性，"既能促进极权

---

① Douglas Kellner eds., *Technology*, *War*, *and Fascism*, *Collected Papers of Herbert Marcuse*, vol. 1, London；New York：Routledge，1998，p. 41.

② Douglas Kellner eds., *Technology*, *War*, *and Fascism*, *Collected Papers of Herbert Marcuse*, vol. 1, London；New York：Routledge，1998，p. 41.

主义又能促进自由，既能导致稀缺又能致富，既能促成报酬低的苦役的延伸又能促成其废止"①。他以国家社会主义（NS，纳粹）为例对这种观点做出解释，认为纳粹德国不仅被一种技术之外的残忍的兽性所支撑，并且"被对内在于技术的力量的灵巧操纵而支撑：劳动强度的增加，宣传鼓动，青少年和工人的驯化，政治、工业和政党官僚的组织——这些共同组成了恐怖主义的日常的统治工具——都遵从技术上的效益最大化规则"②。这样形成的第三帝国是一个技术统治帝国的模式。

2. 技术理性形成并延伸至生产、生活和意识形态等社会各领域

马尔库塞将理性的分化史与个体性的逐渐消失结合起来。在他看来，人类历史上个体意识的增强是社会进步的产物，正是随着理性的逐渐完善，人的天赋和能力越来越完善，人也才越来越自由。"社会的任务就是赋予人类这样的自由，并且驱走所有阻碍他的合理性行为的限制。"③西方社会工业革命以来个人主义的弘扬是人类自我利益的追求，这是以人类理性能力的增强为前提的。个人主义原则表现为自我利益的追求，而个人利益主要表现为对自然的索取和对效率的追求。这样，在历史上曾起到重大作用的人类理性发生分化成为必然，这个过程是随着技术的广泛使用出现的，其表现是"一种新的合理性和新的个性标准正在形成，而这不同于甚至对立于那些技术产生发展之初的标准"④。

效率至上原则支持那些拥有最高度机械化和理性化的工业设备的企业。技术权力趋向于关注经济权力，也趋向于关注"大的生产单位、生产大量的、经常是数量惊人的产品的公司"。工具的技术性力

---

① Douglas Kellner eds. , *Technology, War, and Fascism, Collected Papers of Herbert Marcuse*, vol. 1, London; New York: Routledge, 1998, p. 41.

② Douglas Kellner eds. , *Technology, War, and Fascism, Collected Papers of Herbert Marcuse*, vol. 1, London; New York: Routledge, 1998, p. 41.

③ Douglas Kellner eds. , *Technology, War, and Fascism, Collected Papers of Herbert Marcuse*, vol. 1, London; New York: Routledge, 1998, p. 42.

④ Douglas Kellner eds. , *Technology, War, and Fascism, Collected Papers of Herbert Marcuse*, vol. 1, London; New York: Routledge, 1998, p. 41.

量影响着它所服务的全部理性。从而"个体理性已被转化为技术理性",个体在天资、见识和知识上的质的差异被转换成不同技能和训练的量的不同。而人们为了追求个人利益,不得不毫无保留地调整自己以适应这一变化,主动服从指引以避免成为异类。这样,对技术以及技术理性的服从和肯定在社会上占据了主流趋势。同时,技术理性不仅存在于生产领域,还蔓延至整个社会,充斥于人们的生活的各个方面,不仅在工厂、商店控制着社会行为,还在办公室、学校、社区到最终在休闲和娱乐领域进行控制。更为重要的是,与技术理性相适应的真理价值观——技术真理形成,批判性思维被肯定性思维所取代,社会发展成一个没有反对派的社会,由此技术成为一种意识形态。所谓技术真理"指技术上的真理是有双重意义的,那就是,其一,它只是权宜之计的一种工具,而它自身不是目的;其二,它遵循技术上的行为模式"①。这样,许多影响因素共同作用导致了批判性思想在社会上不起作用。其中首要的因素就是工业器具的增长及其对社会各个方面的全方位控制,甚至工人运动的目标也仅仅追求物质利益,从而作为社会重要反对力量的阶层也被整合至工具本身。

3. 现代大众出现,以及相伴随的是社会官僚化的形成

在马尔库塞看来,西方发达社会中的工人"将自身同化为有组织的、心理学上的工具模式的倾向,引起了社会对抗力量在欧洲的结构上的改变。它的目标的批判理性从属于它组织的技术理性并且因此清除了超出于建立起的思维和行为模式的因素"②,其结果就是个体的多样性消失,以及盲从性的大众产生。这一结果的最大特征就是个体成为没有个性的"原子",转变成易控制和可调整的人,出现所谓的"集体无意识"现象。这促进了社会协调的进步和专制官僚主义的增长,无论是法西斯国家还是民主国家皆是如此。社会的官僚化的特征是由它所允许的一些功能的民主化的程度所决定的,这些功能的民主

---

① Douglas Kellner eds. , *Technology*, *War*, *and Fascism*, *Collected Papers of Herbert Marcuse*, *vol.* 1, London; New York: Routledge, 1998, p. 50.

② Douglas Kellner eds. , *Technology*, *War*, *and Fascism*, *Collected Papers of Herbert Marcuse*, *vol.* 1, London; New York: Routledge, 1998, p, 52.

化意欲消除统治的官僚和受统治的人之间的鸿沟，而一旦每个人都变成公共官僚的一个潜在成员，那么这个社会早就从等级制严格的官僚主义阶段发展成技术自我管理的阶段，由此促进了技术统治论、权力转移论等思想和运动的生成。

4. 大众文化对社会的全面控制

技术理性向文化领域的侵袭的结果是文化的标准化，其表现就是大众文化盛行。在马尔库塞看来，19世纪的个人主义哲学盛行的原因是社会财富的创造依赖的是竞争和辛苦的劳作，在这样的社会中，个性是开创者们与众不同的财富，而在现代社会中，大规模的工业生产使原本有质的差别的个人劳动只具有量的差异，相应出现的是"智力文化活动中个人主义的因素标准化"①。这样，"为个性而创造的生存条件让路给了使个性变得不必要的条件"②，这也意味着文化标准化了。由此，与"个性"一同存在的传统的艺术、文学、哲学诸形式不可避免地要为这种标准化的文化即大众文化所逐渐消解，从而"人道、智慧、美、自由和幸福再也不能作为'和谐个性'的王国、遥远的艺术天堂或形而上学体系的代表"③。物的依赖性关系主导下的社会中，每个人的"理想"都变得极为具体而又普遍，在牢牢地控制着每一个人生活的同时，也把"整个人类也被拉进全力实现它的斗争之中"④。此前霍克海默和马尔库塞分别于1936年和1937年用"肯定文化"（affirmative culture）一词来描述发达工业社会中大众文化的控制与维护功能，在1947年，霍克海默和阿多诺合著的《启蒙辩证法》一书中，更以"文化工业：作为大众欺骗的启蒙"为题深刻揭示了大众文化的社会作用。

---

① Douglas Kellner eds. , *Technology*, *War*, *and Fascism*, *Collected Papers of Herbert Marcuse*, vol. 1, London；New York：Routledge, 1998, p. 62.

② Douglas Kellner eds. , *Technology*, *War*, *and Fascism*, *Collected Papers of Herbert Marcuse*, vol. 1, London；New York：Routledge, 1998, p. 62.

③ Douglas Kellner eds. , *Technology*, *War*, *and Fascism*, *Collected Papers of Herbert Marcuse*, vol. 1, London；New York：Routledge, 1998, p. 62.

④ Douglas Kellner eds. , *Technology*, *War*, *and Fascism*, *Collected Papers of Herbert Marcuse*, vol. 1, London；New York：Routledge, 1998, p. 62.

需要提及的是，这篇长文的结尾是含混的，似乎表现着作者思想上的模糊性与立场上的模棱两可。作者一改此前文中的压抑感和无助感，重申了"技术本身既能促进极权主义又能促进自由，既能导致稀缺又能致富，既能促成报酬低的苦役的延伸又能促成其废止"的观点，尽管只是一种技术的待确定性观点，但至少让读者松了一口气。同时，马尔库塞自己也承认"这样的乌托邦并不能成为一种长久的幸福状态"，从中也能感受到他在心理上并没有十足的底气，或许这也激励他以后关注技术解放的问题。

《现代技术的一些社会意义》必将成为马尔库塞思想研究史以及"马克思主义研究史上的一个划时代的事件"[①]，正是在本文中，我们看到了马尔库塞以后思想发展的萌芽。这篇论文的发表预示着马尔库塞社会批判理论研究主题发生了从对思想的批判转向对物、主要是技术的批判，质言之，就是在研究主题上，由一般意义上的文化批判转向技术文化批判。正如凯尔纳在《马尔库塞文集》（第 1 卷）序言中指出的，本文是整本《马尔库塞文集》（第 1 卷）所收录的论文中唯一一篇马尔库塞生前发表过的论文。[②] 它既是马尔库塞对前一个阶段所思考问题的一个总结，文中再现了 1932 年的《历史唯物主义的基础》及其后的《总体主义国家观中反对自由主义的斗争》《文化的肯定性质》《哲学与批判理论》以及《理性与革命》中的某些思想，也是他以后的主要理论关注点，成为他的技术批判理论的重要开端。此后的著作，包括《单向度的人》（也是在 1941—1942 年间，马尔库塞还写下了"论'操作性思维和社会统治'"一文，这是后来轰动世界的《单向度的人》的思想雏形，尽管由于忙于生计等原因，马尔库塞在 1942 年秋天就赴华盛顿战争情报办公室工作了，这篇文章最后并未完成）等，都是在这篇文章的基础上展开的。

---

① 上海社会科学院哲学研究所外国哲学研究室编：《法兰克福学派论著选辑》（上卷），商务印书馆 1998 年版，第 294 页。这句话本来是马尔库塞评价马克思的《1844 年经济学哲学手稿》的用语，现在用之说明马尔库塞自己的作品。

② Douglas Kellner eds., *Technology, War, and Fascism*, *Collected Papers of Herbert Marcuse*, vol. 1, London; New York: Routledge, 1998, p. 40.

三　技术改造：马尔库塞社会批判理论的新贡献

和同时期有教养的德国人一样，马尔库塞具有较好的文学和艺术修养，1922 年他以《论德国小说》获博士学位，1925 年出版《席勒〈审美书简〉注释本》，1927 年又追随海德格尔，如过山车般地经过了从存在主义到黑格尔主义到弗洛伊德主义的理论基础寻觅过程，早期的文学和艺术修养看似已经消散，直至 1955 年《爱欲与文明》出版，其中的重要一章《审美方面》把现代人的拯救之途定位于审美，才让读者看到其理论底蕴的当下显现并不是突如其来的，而有其自身的学术渊源。我们甚至在他写于 1937 年的《文化的肯定特征》中就能看到，他对文化中美学方面的肯定。这样，马尔库塞与法兰克福学派早期的其他代表人物尤其是霍克海默和阿多诺在后期的思想发展中走向了不同的研究路径：一个仍侧重在社会批判；另一个具体地将研究对象聚焦于对技术的批判和通过审美救赎对改造的技术，对技术的批判不仅把马尔库塞与法兰克福学派其他代表人物的社会批判理论区分开来，也为马尔库塞以后提出对技术进行美学改造的思想埋下了伏笔。其原因主要有二：一是流亡美国期间，马尔库塞面对发达工业社会人的精神的现实状况，以往在欧洲时渴望的通过发展技术而使社会进步的愿望落空；二是马尔库塞的哲学本身一直着眼于具体性的寻求，他在这条道路上经过了从萨特到海德格尔再到马克思、黑格尔、弗洛伊德的历程，从对思想的批判到对技术人工物的批判，其着眼点始终在拯救个体和个体意识上。即使是在《单向度的人》中，马尔库塞强调的也不单纯是对技术本身的改造，而是侧重于社会中的主体——人，以及其所拥有的个体意识——意识形态的改造上。他在理论创作的最后阶段回归美学，也是因为仅仅依靠弗洛伊德的心理学无法为改造技术提供一个值得信赖的道德的和经验的基础，而审美恰恰满足了这一要求。

或许是由于 20 世纪 40 年代马尔库塞尚没有多少名气，这篇论文发表后并没有引起学者们多少的关注，甚至马尔库塞的研究者们长期以来对其也是忽视的，一直到 1988 年美国学者道格拉斯·凯尔纳

（Douglas Kellner）在编辑马尔库塞的文集第 1 卷《技术、战争和法西斯主义》时，此文才再一次见得天日。从笔者掌握的国内研究成果看，除程巍在《否定性思维——马尔库塞思想研究》（2001）中较为详细地介绍了本文的部分思想之外，鲜见涉及本文的著述。道格拉斯·凯尔纳在他所编辑的马尔库塞选集的第一卷《技术、战争与法西斯》的前言中，用了"不为人知的马尔库塞：新档案发现"的标题，表明他认为 20 世纪 40 年代前后的马尔库塞尚没有多少名气，还不为人所知。当然，此时的马尔库塞只是关注于已经存在的问题，而尚未涉及如何改变技术理性对社会的全面控制的问题，至《爱欲与文明》中，他已经将他早期的文学和美学研究的成果融入对社会和技术的全面的改造之中，专辟一章《审美层面》来阐述社会问题的解决途径问题，在《单向度的人》中最终明确提出了改造技术的设想，晚期写下的《反革命与造反》《审美之维》等重归美学问题探讨，已经在为技术的美学改造寻找学理支撑。

　　马尔库塞秉承了马克思的革命理念，希望通过变革技术改变社会，这从他的多部著作的标题就可以看出来，从早期的《理性与革命》到《反革命与造反》以及其中的两个主要部分"自然与革命""艺术与革命"，还不包括他的著述中所使用频繁的"革命"一词，这与此后的哈贝马斯等人的研究思路是不同的。他在 1941 年主要有两部作品，即《理性和革命》和《现代技术的一些社会意义》，这两部作品在马尔库塞思想发展史上同样有着重要作用。其中，《理性和革命》是在正面阐述黑格尔的理性理论以及这一理论对马克思的革命理论的重大意义，批判在发达工业社会的条件下理性退缩到对效率的肯定的方面，这样的对理性的含义的错误的理解导致了韦伯的理性的分化，也消除了从黑格尔到马克思的关于理性具有革命性的思想，同时通过澄清理性的含义，指明发达工业社会中技术发展对社会中生产方式、生活方式、思维方式、价值观念的全方位的影响，为马尔库塞以后的理论创作开启了新的方向，从而这两部作品在马尔库塞的整个理论创作生涯中表现出承上启下的作用。

　　马尔库塞的社会批判理论的研究对象由思想到物（具体说是技术，

或者机器)。这或许应和了法国技术哲学家埃吕尔说过的一句话："如果马克思在 1940 年还活着的话，他不会再研究经济学或资本主义结构，而是研究技术。"[①] 其实，马克思也对技术和机器展开批判，一部《资本论》其实也是一部"技术论"，书中的相关章节如"机器和大工业"等标题都表现出这些内容。马克思认为，技术在本质上体现了"人对自然的实践关系"，技术是人的本质力量的对象化，"工艺学会揭示出人对自然的能动关系，人的生活的直接生产过程，以及人的社会生活条件和由此产生的精神观念的直接生产过程"[②]。马尔库塞秉承了这些思想精髓，对技术的资本主义使用展开了全方位的批判，开启了法兰克福学派技术批判理论的先河，也为此后生态学的马克思主义的创立准备了理论条件。

第二节　新感性的提出

一　哲学传统中的美学与感性

马尔库塞对审美革命性的研究，有一个内在的前提：即西方美学对美学与感性关系的认识，以及对马克思人本主义感性概念的认识。

在近代经验论哲学家对感性认识进行论述时，往往以艺术作为载体进行举例说明，但是始终缺乏对于美学和感性关系的系统论述。美学之父鲍姆加登就是在这种情况下，希望在讨论美学和感性时，也能够以理性的方式来探讨感性在认识论中的作用和地位，从而创立了美学。他将美学定义为，"作为自由艺术的理论，低级认识论，美的思维的艺术和理性类似思维的艺术是感性认识的科学"[③]，明确设定了基本的概念，研究对象以及研究范围，以评价理性的标准来评判感性的能力，开启了探讨艺术与感性关系的新的哲学形式。马尔库塞的美学这一基础理论中

---

① ［美］卡尔·米切姆：《技术哲学概论》，曹南燕译，天津科学技术出版社 1999 年版，第 35 页。

② 《马克思恩格斯文集》第 5 卷，人民出版社 2009 年版，第 429 页。

③ 刘长庚：《马克思的感性理论与美学问题》，博士学位论文，复旦大学 2004 年版，第 15 页。

对美学、感性、艺术关系的认识，将美学的研究对象定义为感性，认为美学研究的目的则在于指导人们以审美的方式来思维，达到感性认识的完善。而艺术则作为一种美学的自由形式独立存在。因而，马尔库塞认为，审美的方式是人类运用美学进行思维的方式，它作为人类主体先天具有的判断能力，不仅涉及想象等感性认识的范畴，也涉及类似于思维等理性认识的内容，因此审美的方式成为人类感性和理性认识和谐统一的认识和判断方式。在现实社会中，艺术世界作为审美方式的物质载体，是人们展现自身审美能力的窗口，不仅是解放的力量，也成为其实现审美对象化的路径。

马尔库塞还进一步研究了马克思人本主义的感性概念。马尔库塞认为，从人的异化的角度来讨论人的解放，就是要恢复人的对象化真实状态。人的本质要求"人的一切感觉和特性的彻底解放"[1]，人的本质要求使感性与人的自由解放联系起来。人作为对象化而存在，是人本质的体现，这种对象化的存在方式恰恰是不依赖于劳动异化的个体感性的存在方式，是主体感性方式和感性能力的体现。由此，马尔库塞得出了一个结论，那就是感性作为人的本性的一部分，在异化的世界中，既是实现主体解放的革命力量也是恢复人的本性的目标本身。通过恢复人的感性本质，劳动的异化可以得到有效的消解。

结合美学史对美学感性的认识，以及马克思人本学中对感性与人的解放关系的联系。马尔库塞在工具理性的实质统治的病态社会中，将美学中感性的力量和形式推上了革命的舞台，并且为了区别于传统美学中的感性含义，将在工业社会中承担了作为革命力量存在感性命名为"新感性"。

二　新感性的内涵和作用

马尔库塞对新感性的定义，显然与传统的感性与理性的区分在概念上有明显的区别，突出了感性在工业社会的革命作用。

---

[1]　傅永军：《新感性、新理性与解放之途——马尔库塞"政治诗学"思想解析》，《当代世界社会主义问题》2005 年第 3 期，第 23—31 页。

首先，肯定了新感性作为人的本质力量的体现，是人追求自由解放的革命力量。马尔库塞所追求的反叛力量，突破了感性理性的界限，是追求人类共有并自始至终保持的原始本能，即不断超越的能力。这种本质力量，是工具理性统治之下对本真的回归。新感性通过艺术世界中的审美形式与革命联系在一起，使感性与理性统一于改造世界和人性解放的活动中，用本真的认知和方式来表现人性，认识世界，呼唤一个解放的自由的真实世界。

其次，突出了新感性的能动作用。他指出，"所谓'感性'，就是指它包含有对人的感性经验和接受性的激进化改造：就是将其从自发的、赢利的、歪曲性的生产力中解放出来。"① 感性不仅是刺激的被动感应能力，不仅具有形成外界经验的组织能力，更作为一种人的能动的改造能力存在着，在人们认识的过程中承担改造对象世界的作用。对比传统的狭隘的经验感性来说，新感性具有全新的功能和特点，"不仅仅是在认识论上建构现实的基础，而且也是为了解放的利益而对现实加以改造和颠覆的基础"②。不仅作为认识世界的力量，而且是改造世界中作为主体力量的真实表现而存在着。

最后，显示了新感性否定工具理性的内涵。"所谓新感性，就是指能超越抑制性理性的界限，形成和谐的感性和理性的新关系的感性"③，新感性是一种否认工业化社会工具理性、批判工具理性的否定力量，通过感性能动地改造活动实现审美形式对工具理性的重建，使新感性不仅作为感性认识能力存在，而且具有对抗外部世界保存自身存在的能力，因而能够超越现实实现新的审美形式的创造，这是新感性在特定的现代社会中所具有的特殊功能。

新感性的革命作用，在于用感性的标准协调工具理性的评价原则，重新建立新的感性和理性平衡的理性形式，这种新的理性形式，在这一

① ［美］赫伯特·马尔库塞：《工业社会和新左派》，任立译，商务印书馆1982年版，第146页。

② ［美］赫伯特·马尔库塞：《审美之维》，李小兵译，广西师范大学出版社2001年版，第131页。

③ 张之沧：《论马尔库塞的解放美学》，《马克思主义与现实》2007年第5期。

意义上就是富有革命性的新感性形式，能够发挥理性的全部潜能，实现人性的双向能力的解放。

　　马尔库塞指出，现代人引以为傲的技术进步让他们过上了富裕的生活，但也为此付出了"不再追求自由、不再想象另一种生活方式的代价"①，使人生活在一体化的社会中难以脱离工具理性的控制，难以认识自身，也难以认识工具理性之外理性本身的含义。真正的理性"作为一种机能，在人类的认识活动、价值评价和实践活动存在并发挥作用，因此是统一理论能力与实践能力于一身的完整的能动力量"②，理性既是人类主体的一部分，也应该成为客体的一部分。而工业社会工具理性的统治，使"工具合理性渗透到现代社会生活各个角落，从总体上推动现代社会合理化"③，屏蔽了人类的批判能力，人们无法认识到不合理性的价值取向。沉迷于这种满足的人们被工具理性控制，本来作为人类思维产物的工具理性反而成为人类社会发展中的主体力量，而人们仅仅作为工具理性不断加强统治的工具，失去了作为主体的反抗的超越的力量。工具理性以自身为主体，实现了作为客体的认识理性与作为主体表征的评价理性合为一体的理性形式。这种主客体倒置的理性构成的形式使人类失去了前进的力量，以这种不合理的理性构建的工具理性社会呈现出畸形的循环态势。真正的理性，与新感性一样不仅蕴含着工具理性的内涵，而且具有价值理性的含义，是感性与理性统一，主客体统一的形式，是实现人自由发展的批判的反抗的能力。就是在重建新的理性形式的过程中，新感性的要素在协调工具理性中赋予理性主体感性的价值取向，使感性在现代社会成为具有革命内涵的新感性。马尔库塞描述了这种新理性形式应该是这样的："理性—真理—现实的公式把主观世界和客观世界结合成一个对立面的统一体，在这个公式中，理性是颠覆性的力量，是'否定的力量'；它作为理论理性和实践理性而确定

---

① ［美］赫伯特·马尔库塞：《单向度的人》，刘继译，上海译文出版社 1989 年版，第41 页。

② 陈军：《马尔库塞的理性概念探析》，硕士学位论文，上海师范大学 2010 年版，第 3－4 页。

③ 陈智：《哈贝马斯科学技术意识形态论探析》，《自然辩证法研究》2006 年第 11 期。

人和事物的真理——确定人和事物在其中显露出其本来面目的条件。"①
在这里，理性既能不断满足人类不断扩大自身认识和实践能力的客观需
求，也能不断释放人的本性，发展人类主体的力量。这种具有双向度性
质的理性既是理论的实践的，也是辩证的批判的，其理性的概念突破了
理性主义的范畴，实现了感性与理性的统一，肯定与否定的统一，主体
与客体的统一，历史与自然的统一。这种合理性的理性形式，既是新的
理性形式也是新感性形式，是符合人的爱欲解放，符合人类的真实追求
的形式。

三　美学的特征

1. 美学的引导性特征

人类产生之初，美学艺术往往与人们的无知与想象结合，与宗教、
神学、哲学具有神秘的关系，用艺术的手法描写对人生的思考形成了美
学的思维方式，这种方式以超越现实的世界，追求着人的本质，是人类
原始能力的体现。即使在最苛刻的统治环境中，也始终是自由的象征和
保留地。因此，在人类社会发展的历史中，始终作为革命的先导具有与
众不同的作用和地位。人类用艺术"始终保持着避开现实原则的自
由"② 来思考艺术作为非现实的世界。这种责任使每一部真正的艺术作
品都包含着一个真正艺术家对人类本质的思考，作为梦想引导着每一个
时代的人们不断超越实现自身。

马尔库塞十分肯定文化革命在社会发展中的地位，并且认为这种地
位在今天对抗工具理性的社会变革中显得更加突出了。他认为，文化革
命具有意识革命和总体变革两种内涵，"在西方，'文化革命'一词，
首先意味着意识形态的发展先于社会经济基础的发展……还意味着，从
一种新的意义上看，今天的根本对立，还涉及物质需求领域之外的所有

---

① ［美］赫伯特·马尔库塞：《单向度的人》，刘继译，上海译文出版社，1989 年版，
第 111 页。

② ［美］赫伯特·马尔库塞：《审美之维》，李小兵译，广西师范大学出版社 2001 年版，
第 42 页。

领域，即文化革命的目的旨在对整个传统文化进行总体的变革"①。纵观历史，无论在西方资产阶级革命中还是在我国走向近代化的道路上，文艺复兴运动和新文化运动都承担着引导革命的任务。在今天，由于工具理性对工业社会的总体控制，意识革命与政治经济变革已经融为一体，在这一总体变革中，艺术作为美学感性的载体在当代社会革命意识兴起中具有引导大众觉醒的先导作用。艺术作为美学感性的保存地，保存是革命力量新感性和革命主体具有新感性人的形式，在总体革命中仍然承担了重要的引导作用。现代工业社会的困境转化成工具理性的统治，革命的任务转变为通过新感性重建理性形式，革命成为重建精神秩序的努力。现代人所要突破的是"强加于他们身上的整个的思想和价值观体系，去捕捉和追求那些符合他们的合理的利益的思想和价值观体系"②。这种革命形式的变化直接突出了意识革命对于现代革命的重要作用，意识的转变不再仅仅作为革命思想起引导的作用，而是在马尔库塞的整体革命中成为最重要的革命目标和任务而存在。这种艺术世界的存在方式和精神，在颠覆工具理性的整体变革中，不仅起到引导的意识革命作用，还作为独立的整体世界具有对抗整个工具理性存在方法和精神秩序地功能。

2. 美学的革命性特征

新感性在工业社会中所具有的对抗现实改造现实从而超越现实的革命能力，使探索在工具理性统治下之下，新感性如何在艺术中的状态和保存是马尔库塞审美救赎思想需要考察的重点内容，这也决定了美学艺术的革命性特征。

马尔库塞认为，美学所具有感性品质保存在独立自律的艺术世界之中。马尔库塞认为，在现实的工具理性统治下，合理和现实的事物是符合工具理性评价标准的东西，因而越是不符合所谓的常理以及非现实的东西，才是人的本质力量的体现。这种非现实的独立世界和超越的批判

---

① ［美］赫伯特·马尔库塞：《审美之维》，李小兵译，广西师范大学出版社 2001 年版，第 139 页。

② Herbert Marcuse：Some Social Implications of Modern Technology, *Philosophy and Social Sciences*, 1941,（9），p. 152.

精神，只能是存在于艺术世界中对现实社会的批判精神。在当代资本主义工业社会中，唯有艺术才保留了否定的批判的向度，在艺术活动中才能使人摆脱工具理性的控制，重新拥有感性意识，从而成为感性理性健全的全面的人，因此唯有艺术才能扛起反抗单向度社会的大旗。在《审美之维》中，马尔库塞具体论述了美学的本质指出，"美学领域本质上是非现实的"，而人们在"审美方面的基本观念却是感性的，而不是概念的；审美知觉本质上是直觉的，而不是观念"[①]。因此，在艺术活动中，人类使用感性的力量进行想象和创作，处于感性活动之中，而不是理性活动，因而工具理性无法深入真正的艺术创作，因而无法控制艺术的世界。人们在从事艺术活动的过程中突出主体的价值性取向，就是这种对感性的保留能力，以及人们在非现实的情况下偶然闪现的想象，表现出人类的原始本质的要求和能力使得艺术活动有可能成为人们对抗工具理性的工具，在工具理性中植入艺术的价值性取向平衡两种理性，用艺术新感性的力量重建理性形式。新感性只有并且仅能包含在艺术的非现实的创作之中，而即使是这种保存也受到商业文化大众化的影响而成为相对的，只能在艺术家真正艺术创作中对对象的偶然闪现。

3. 美学的整体性特征

马尔库塞分析当代资本主义现代化的发展，工具理性已经实现了对社会的全面控制，面对工具理性统治在全社会经济政治文化领域内的控制造成的人在思维方式上的一维性，工具理性树立了以自己为统治并维护自身的社会。新的社会构成了革命形势五个方面的变化。

一是革命动因的变化，现代工具理性对人的本质的压抑控制的才是革命的社会内在因素，也是推动革命前进的动因；二是革命任务的变化，革命任务随动因变化而变化，从反抗经济的阶级的剥削转变为实现人的本质爱欲的解放，物质追求转变为人的本性的回归；三是革命力量的变化，现代革命不仅仅是一种经济的政治的变革，新感性成为革命的主要力量；四是革命道路的变化，实现爱欲解放为目的的全人类的解

---

① ［美］赫伯特·马尔库塞：《爱欲与文明》，黄通、薛民译，上海译文出版社1987年版，第129页。

放，走的是一条以意识革命为先导的"第三条道路"和平斗争道路；五是革命主体的变化，当代工业社会阶级界限的模糊，使得革命的主体从无产阶级身上转移到"第三世界的被压迫者和西方工业社会'新左派'肩上"①。上述五个方面的变化是工具理性对全社会的控制所导致的，同时出现并且相互交叉相互促进，共同处于一个发展进行的过程之中，相互联系成为一个整体，是革命的基本前提和形势。

马尔库塞指出，艺术革命不仅指意识引导作用，而是作为革命本身"涉及到物质需求领域之外的所有领域，即文化革命的目的旨在对整个传统文化进行总体的变革"②，而整个传统文化就是整个人类社会历史发展到当下的成果和形式。革命形势向整体性的转变，突出了马克思没有预料到的现代革命的两个特征：意识革命的重要性和革命的整体性。这一革命形势转变的要求，使艺术世界以任何理论和政党都无法比拟的完整性，即作为对应工具理性的全面控制的完整形式，成为革命的力量。在马尔库塞看来，艺术所彰显和保存的革命力量，不是某个时代的思想，不是某个人的意识，而是艺术世界独有的存在方式本身，是艺术世界本身。这种存在方式对自由的追求，和人类在艺术创作中所表现的对美好世界建设的共同标准，是人类最原始的本真能力和所追求的世界。在这一点上，艺术与技术惊人相似，在技术创造的工具理性社会网络的同时，艺术"像技术一样，创造了既同现存思想和实践领域相抵触、又在其范围之内的另一思想和实践领域"③。在现代技术世界恰好是技术文化的最高表现，技术的统治强制力达到了顶峰，艺术世界的力量丝毫都不存在于现实世界中，这种技术统治强制力"不是使科学理性和艺术理性分离开来，就是把艺术结合进统治领域从而否证艺术理

---

① 俞吾金、陈学明：《国外马克思主义哲学流派》，复旦大学出版社 1990 年版，第 284－285 页。

② ［美］赫伯特·马尔库塞：《审美之维》，李小兵译，广西师范大学出版社 2001 年版，第 139 页。

③ ［美］赫伯特·马尔库塞：《单向度的人》，刘继译，上海译文出版社 2006 年版，第 217 页。

性"①，技术文明在由技术世界转化向艺术世界的过程中是必不可少的
阶段，也是最后的阶段，艺术世界的现实化需要通过技术文明过渡才能
实现。技术文明的颠覆，不是一次政治领域的政权更替，也不是一次经
济主导权的变化，更不是一次意识形态的转换就能实现的，而是细化到
人们生活方式的转变、人们思维方式的改变，宏大到全人类存在方式的
变化。这种变化要求全面性和整体性，要求艺术世界以整体性特征承担
了现代革命的任务。马尔库塞突出革命的整体性，也就突出了意识革命
在整个革命过程中所具有的先导作用和意识反作用的能力。从这个意义
上说，革命的整体性呼唤艺术作为感性的革命力量，以及意识革命在整
体革命中所具有的思想解放作用。

综上所述，艺术以革命性、自律性、整体性的特征，彰显了工业化
社会革命形势的变化条件下，艺术作为现实革命力量的可能性和现实
性。这种可能性与现实性是贯通的，艺术具有独立于现实的非现实的独
立形式，这种非现实性仍然具有对抗现实、向现实实现的可能性。因
此，艺术就是在这一意义上，具有变革现实的政治意义，美学革命才不
仅具有思想解放的作用，同时还具有成为革命实践的可能性。

第三节　审美作为理想的理性形式具有政治潜能

面对"理性"的分化及其带来的工具理性对社会的全方位统治，
马尔库塞没有像尼采等人那样走到理性的对立面，他仍将理性作为人类
具有的追求自由并实现这种追求的能力，法国学者 M. 洛威认为法兰克
福学派都是"理性的马克思主义"②。在马尔库塞看来，"理性是哲学
思维的基本范畴，只有借助理性哲学思维才能同人类的命运联系起

---

① ［美］赫伯特·马尔库塞：《单向度的人》，刘继译，上海译文出版社 2006 年版，第
208 页。

② ［法］M. 洛威：《法兰克福学派——理性的马克思主义》，张伯霖译，《哲学译丛》
1984 年第 2 期。

来。"① 工具理性作为技术演化过程中的一个阶段，是理性概念中主客体倒置发展的结果，新的理性形式的重建首先要转变工具理性形式的基本原则为美学原则。为此，马尔库塞将审美形式作为美学的存在形式，它能够在工具理性统治的世界中维持自身作为原则创立的艺术世界独立存在，从而可以用来对抗工具理性的存在方式。

一　马尔库塞"审美形式"概念的含义

"审美形式"概念是马尔库塞技美学的又一个核心范畴。这个范畴从以往对马尔库塞美学的研究角度，往往是被视为第一个核心范畴。实际上，马尔库塞在很早就开始使用这个范畴了，早在他的博士论文《德国艺术家小说》中，他就受卢卡奇的《小说理论》的影响和启发，开始从"形式"和"内容"这一对范畴的关系来阐述艺术家小说的现实意义。此后，他在不同时期使用过一些诸如"形式""艺术形式""审美形式"等近似的概念，在早期的作品如20世纪30年代的《文化的肯定性质》等著作中，主要使用的是"形式"或者"艺术形式"概念，至50年代以后，在《爱欲与文明》中开始使用"审美形式"一词，此后这个概念一直有着较高的出现频率。

马尔库塞在多处阐述了"审美形式"概念的内涵。比如，他在1972年写成的《反革命与造反》中给"审美形式"下了一个定义，提出"所谓'审美形式'，是指和谐、节奏、对比诸性质的总体，它使得作品成为一个自足的整体，具有自身的结构和秩序（风格）。艺术作品正是借助这些性质，才改变着现实中支配一切的秩序"②，并认为"审美形式反映了人类理智、感性、和想象的某些永恒的性质，而这些性质在传统的哲学式美学那里被解释为美的理念"③。在同年写成的《作为

① ［法］M. 洛威：《法兰克福学派——理性的马克思主义》，张伯霖译，《哲学译丛》1984 年第 2 期。

② ［美］赫伯特·马尔库塞：《审美之维》，李小兵译，生活·读书·新知三联书店1989 年版，第 152 页。

③ ［美］赫伯特·马尔库塞：《审美之维》，李小兵译，生活·读书·新知三联书店1989 年版，第 158 页。

现实形式的艺术》一文中，马尔库塞专门在文章有一个页下注，注明他对"艺术"和"形式"的理解。在他那里，"艺术"一词，不仅指视觉艺术，而且包括文学和艺术，他使用"形式"概念"指代那种规定艺术之为艺术的东西，也就是说，作为根本上（本体论上）既不同于（日常）观念，又不同于诸如科学和哲学这样一些智性文化"。① 及至1978年的《论艺术的永恒性》一文中，他又给"审美形式"下了一个定义："所谓'审美形式'是指把一种给定的内容（现实的或历史的、个体的或社会的事实）变形为一个自足整体（如诗歌、戏剧、小说等）所得到的结果"②。在他看来，"有了审美形式，艺术作品就摆脱了现实的无尽的过程，获得了它本已的意味和真理。这种审美变形的实现，是通过语言、感知和理解的重组，以至于它们能使现实的本质在其现象中被揭示出来：人和自然被压抑了的潜能。因此，艺术作品在谴责现实的同时，再现着现实"③。从这些阐述可以看出，马尔库塞的"审美形式"概念表现出的是现实和理想之间的一种张力，以及现实趋向理想的一种努力。西方传统哲学本来就具有"出世"即逃离现实的特点，在古希腊哲学中，柏拉图的理念论建构起第一个形而上的哲学体系。在他那里，理念和现实既对立又同一，"理念"是事物的原型、形式。及至亚里士多德哲学，"形式"虽成为事物形成的"四因"之一，但其实是根本原因，亚里士多德最终把"四因"归为"形式"和"质料"的"二因"说，并认为在质料和形式之间，形式才具有最终决定性的意义。可以说，马尔库塞的"审美形式"或"形式"概念是和西

---

① ［美］赫伯特·马尔库塞：《审美之维》，李小兵译，生活·读书·新知三联书店1989年版，第190—191页。

② ［美］赫伯特·马尔库塞：《审美之维》，李小兵译，生活·读书·新知三联书店1989年版，第211页。

③ ［美］赫伯特·马尔库塞：《审美之维》，李小兵译，生活·读书·新知三联书店1989年版，第211页。

方传统哲学的"理念"① 概念具有同等程度的概念，进言之，对这个概念的理解基本上与一般意义上对柏拉图的"理念"概念的理解是一致的。

"理念"一词的希腊文是 εἶδος（复数是 εἴδη）和 ἰδέα，都出自动词"ἰδεῖν"（意思是"看"），这两个词的原义是指"图形""形状""形式"或"可见的形式"，指呈现在视觉中的事物的外形、形状；后来就从这种比较具体的感性的含义，引申出比较抽象的"本性""种"等的意义。在西方哲学史上，柏拉图最早把它变成了一个专门的哲学术语，并以其为核心概念建立了他的理念论哲学体系。柏拉图就"理念"一词的含义指出："当我们给许多个别的事物加上统一的名称时，我们就假定有一个理念存在。"② 例如，世界上有许许多多的床和桌子，尽管它们的式样和大小各不相同，但我们可以把它们都称为床和桌子，这就表明它们有共同性，正是这个共同性使他们分别成为床和桌子。这个共同性就是"床"和"桌子"这两个同一名称所表现的东西，柏拉图就把它们称为"理念"。第欧根尼·拉尔修曾经指出：柏拉图"常常用不同的措辞，表达同一样东西。例如，他把理念（ἰδέαν, idea）称作形式（εἶδος, form）、种（γένος, genus）、原型（παράδειγμα, archetype）、本原（αρχή, principle）和原因（αἴτιον, cause）"③。可见，在柏拉图那里，理念具有多种不同的含义：从本体论上讲，理念是本体；从目的论上讲，理念是万物追求的目标和赖以产生的动因；从认识论、逻辑学

---

① 这个术语究竟怎么翻译，在国内外都有种种不同意见。国外一般将它译作开头字母大写的"形式"或"观念"。国内一般译为"理念"，陈康在他译著的《柏拉图：〈巴曼尼得斯篇〉》中主张译为"相"（详见该书第23—24页）；郭斌和等在其合译的《柏拉图五大对话集》中译为"理型"或"埃提"；吴寿彭在他译的《形而上学》中主张译为"意式"或"通式"；朱光潜在他译的《柏拉图文艺对话集》中译为"理式"，个别地方译为"概念"。罗念生主张把 ἰδέα（idea）、εἶδος（eidos）、τνπος（typos）、παράδειγμα（paradeigma）、εικων（eikon）分别译为"原型""模式""榜样""模型"和"样式"。本书采用把 ἰδέα（idea）和 εἶδος（eidos）译为"理念"的译法。从这个概念在汉语中的翻译的多样性也能看出其与马尔库塞的"形式"概念内涵上的一致性。

② 柏拉图：《国家篇》，596A，引自谭鑫田等编《西方哲学史教程》，山东大学出版社1987年版，第92页。

③ 第欧根尼·拉尔修：《明哲言行录》第3卷第64节，引文同上书，第92页。

上讲，理念是种、一般概念、共相、范畴；从发生学上讲，理念是万物的本原、模型，可感个体事物是以同名的理念为模型，模仿或分有理念而派生出来的摹本。就是说，它既是对事物的性质起决定作用的内在形式，又是逻辑上所讲的种概念，还是创造一件物品所根据的原型。

同时也要看到，马尔库塞的"审美形式"概念的提出还有其直接的理论来源，这包括受到德国启蒙思想的影响，以及与他同时期的思想家如卢卡奇等人的思想对他产生的一定的影响。在这个方面，德国启蒙时期的思想家康德、席勒等人的美学理论，卢卡奇的早期作品诸如《心灵与形式》《小说理论》等著作的思想经常出现在他的著述中。这个方面的内容本书前面的章节已有所涉及，此处不再赘述。

马尔库塞也对"审美形式"的特点进行了专门论述。他指出，"和谐性的幻想，理想性的造型，以及与这些相伴随的将艺术抽离出现实"① 等诸多特质构成了颠覆工具理性统治的力量。

第一，审美形式具有和谐性。美学作为艺术世界的存在方式，使艺术"像技术一样，创造了既同现存思想和实践领域相抵触、又在其范围之内的另一思想和实践领域"②。这个世界以美学作为创造原则，包含了理性、感性、想象直观三种人类认识的形式，其本质是对于艺术语言以及意向的概括。对比工具理性对理性的片面化理解，审美形式在内容上是完整的，它既突出了自足的结构形式的理性概念，也突出了人类对真实需求的渴望，表现的是对最直观、最直接的人类感觉、最非理性的想象幻想的摹写，创造的是和谐的语言和意向的整体，因而具有全面对抗现代社会的革命功能。审美形式将理性与感性、想象用独有的形式完满地结合在一起，理性完满的结构和最直接的感受、需要与现实之间的冲突，构成真实的艺术的和谐。

第二，审美形式具有理想性。审美形式的理想性也就是它的超越性特征，是指审美形式具有作为非现实性不断对抗现实性，并不断实现的

①　[美] 赫伯特·马尔库塞：《审美之维》，李小兵译，生活·读书·新知三联书店1989 年版，第 153 页。

②　[美] 赫伯特·马尔库塞：《单向度的人——发达工业社会意识形态研究》，刘继译，上海译文出版社 2006 年版，第 217 页。

可能性。审美意向与审美对象始终处于努力摆脱未实现的可能性的过程之中，但却始终未能摆脱非现实性。正是在审美形式中包含着的否定的东西，使得艺术"无论具有怎样的现实性、自然性，它依旧是现实和自然的'他者'"①。艺术就是在审美形式对自身非现实的超越的运动中实现可能性的。这种非现实性对于现实性的超越并不是要到达一个虚构的领域，而是要"抵达一个具有可能性的天地"②，正是这种实现的可能性使艺术具有颠覆性的革命潜能，即"建构出全然不同和对立的现实"③，这也是马克思之"人也按照美的规律来建造"的思想。审美形式的理想性表明艺术不断从非现实走向现实的可能性，这一过程构成了艺术革命的动力。

第三，审美形式具有自律性。在马尔库塞看来，审美形式是指"和谐、节奏、对比诸性质的总体，它使得作品成为一个自足的整体，具有自身的结构和秩序"④，这些规定表现出审美形式的自律性特征。自律性不仅使艺术本身能够独立于现实世界，具有对抗现实世界的能力，同时使艺术创造了自我充实的独立的世界。审美形式独立于现实工具理性所构成的形式，成为艺术世界内通用的语言和交往形式。审美的形式是艺术在自身的世界中保存现实世界的可能性，而审美形式的自律性则是实现艺术对抗现实并保有自身的途径。艺术所建立的抽象世界是一个独立的自律的领域，它可以不依赖于外界的经济政治文化的控制而在自身创造的方式中存在，因而不受工具理性约束。艺术以审美形式创造了自律的世界保存感性的革命力量，自律性使艺术在工业社会工具理性的统治中因为保存了感性的革命力量而具有了革命的特性。

审美形式的这三个特征中，和谐性和理想性都必须通过自律性来实

---

① ［美］赫伯特·马尔库塞：《审美之维》，李小兵译，生活·读书·新知三联书店1989年版，第158页。

② Herbert Marcuse：*Negations*：*Essays in Critical Theory*，Boston：Beacon Press，1968，p. 121.

③ Herbert Marcuse：*Negations*：*Essays in Critical Theory*，Boston：Beacon Press，1968，p. 187.

④ ［美］赫伯特·马尔库塞：《审美之维》，李小兵译，生活·读书·新知三联书店1989年版，第152页。

现，艺术的革命潜能在工具理性统治的社会中，必须依赖于审美形式的自律来完成和保持。自律是艺术在现实世界中展现的状态，通过自律才能保证艺术世界"既抗拒着这些现存的关系，同时又超越它们"①。

艺术通过审美形式的自律性以及在此基础上建立的真理标准之间的关联实现着艺术在历史发展中作为一种政治力量的功能。审美形式的这些特性赋予艺术颠覆工具理性、重建理性形式的政治潜能，也就是说，"回到一种'直接的'艺术"② 这正是审美形式的反升华的特征的显现。审美形式就是艺术内在世界得以存在并得到良好实现的秩序与法则，这一法则"不是去听从现存现实的法则，而是否定现存的法则"③，这种否定的法则不会随着时代的变迁而改变，而是长久保存下来，成为一种超越现实的力量，使审美形式保持从非现实向现实不断建构的可能性。在马尔库塞看来，"作为现实之形式的艺术的意义并不是对给定东西的美化，而是建构出全然不同和对立的现实"④。马尔库塞由此将艺术和革命统一于改造世界和人性解放的活动，这一活动用新的美学形式来表现人性，以唤来一个解放的世界，而这个世界的实现依赖于审美形式对社会心理机制和技术体系两个方面的改造。

二 马尔库塞"审美形式"概念的功能

马尔库塞的"审美形式"概念和柏拉图的"理念"概念一样，其提出表现出的是人类理性的超越本性。人是自然存在与精神存在的统一，作为自然存在物，人本身受到自然规定的限制，就人这一性质而言，人无法超越自然，然而，作为精神存在物，人可以借助自己的精神力量以自己的方式"超越"于自然，追问世界的存在，追求人生的意

---

① ［美］赫伯特·马尔库塞：《审美之维》，李小兵译，生活·读书·新知三联书店1989年版，第204页。

② ［美］赫伯特·马尔库塞：《审美之维》，李小兵译，生活·读书·新知三联书店1989年版，第153页。

③ ［美］赫伯特·马尔库塞：《审美之维》，李小兵译，生活·读书·新知三联书店1989年版，第256页。

④ ［美］赫伯特·马尔库塞：《审美之维》，李小兵译，生活·读书·新知三联书店1989年版，第201页。

义。正如亚里士多德所言"求知是人类的本性"，在和事物的接触过程中，人们总不满足于眼前的事物，觉得眼前的事物都是不完整的，觉得像是欠缺了什么，正如康福德（F. M. Cornford）分析泰勒斯的"万物的始基是水"的命题时所指出的，这一命题的真正意义"并不在于把本原归结为什么，恰在于否定了感官对象的永恒性和实在性。按照他的说法就意味着，自然究竟是一个什么，不在于它向我们直接呈现的样子，它以怎样的状态存在，也不是由它自己所主宰的，这一切都在它所蕴含的那个只有运用思维才能加以把握的隐蔽着的存在里面。这样就把人的认识从既存的世界引向一个虽不可见但对人却是真正实在的世界"①。总的来说，"审美形式"概念表现了人类理性的认识功能、建构功能和价值功能。

第一，这一概念体现了人类理性的认识功能。

形式的认识功能也可称为工具功能，即对事物进行抽象认识的功能。形式（理念）一直被认为是对事物的深层的认识，从某种意义上讲的确如此。但关于深层，"有一种概念的深层，同样，也有一种纯形象的深层"②。"审美形式"正是这种概念的深层和形象深层的结合。理念对经验具体事物的超越趋势必然要求概念的深层，它表明人类抽象思维所具有的对事物的深刻洞察能力和概括能力，否则就不能超越感性具体事物纷杂多样的现象；同时，理念的兼容性特征又决定了人类在深挖"一般"和"终极"时，势必会关注多样性与差异性，即形象的深层，它展示了理念的丰富内容。当然，理念世界的这两种组合不是简单的凑合，而是有机的结合，从而给人类理解感悟的是一种既有深度又较为鲜活多样的理念世界。在现代西方哲学中，马克思提出的"理性具体"概念以及"从抽象到具体"的方法，就是对人类理性的这种认识功能的进一步阐释。这一方法提出，对事物的认识是以感性的具体事物为出发点，但在叙述时则要以抽象的概念作为逻辑起点，贯彻从抽象到具体的方法，以达到对事物的综合。这一综合是多样性的统一，因而是

---

① 高清海：《哲学的憧憬 ——〈形而上学〉的沉思》，吉林大学出版社 1995 年版，第 5 页。
② ［德］恩斯特·卡西尔：《人论》，甘阳译，上海译文出版社 1985 年版，第 215 页。

"理性的具体"。近代以来人类忽视了理性的丰富内涵，将其简单化为技术（工具）理性，从而造成当前人类的生存危机、意义危机，海德格尔甚至认为这种危机已到了将人"连根拔起"的程度。[①]

第二，这一概念表现了人类理性的建构功能。

"审美形式"的建构功能表现在当人谈及这一概念时，常表现出一种"忘我"的状态，好像它不是"我"的理念，而是一个外在于"我"、自足自存的实体。这种状况表明作为主体的"我"此时已消融于理念建构的世界之中了，"我"只是生活于理念世界的一个活动主体。这个理念世界为人建构了秩序、价值和意义。在这里，人类找到了对于自己活动的解释，因为人类的作为总与为其提供的解释密切相关，而理念世界无疑为这一解释建构了足够的背景，在这一背景下事物（包括人）找到了自己的位置，也找到了存在和发展的理由，从而使人类生活在一个有依靠、可依赖的世界之中。古希腊时期哲学处于本体论的建构过程中，包括柏拉图在内的哲学家恰恰没有意识到这个问题，在把世界二重化时忽视了人的存在，把理念世界看作为与现实世界完全不同的另一个世界，是人所不能把握的世界，从而其哲学具有客观唯心主义的性质。

在理念建构的世界里，"我"似乎消融于其中了。实际上，理念所建构的是一个在无意识背景下"为我"的世界。这一悖论更加证明了理念世界的建构功能。正如柏拉图的《吕雪斯篇》中寻求的问题——友谊一样，"人与人之间的友谊在于这样一个事实：一个人通过另一个人发展了他的自我意识，自我信任，并非他只希望在另一个人中忘掉他自己，忘掉他的需要"，"当一个人把另一个人当作朋友来爱时，他的渴求是以这样的方式指向另一个人，即他满足他自己的渴求。从根本上说，他所寻求的是对方身上那属于他的、给了他渴求以正当性的性质"[②]。在以后的哲学中，黑格尔提出历史就是

---

① 《海德格尔选集》下卷，生活·读书·新知三联书店1996年版，第1305页。

② ［德］伽达默尔：《伽达默尔论柏拉图》，涂纪亮译，光明日报出版社1992年版，第22页。

绝对精神的外化（异化）史，马克思认为人的实践活动的特点在于，在实践之前实践的结果就"观念地存在着"，库恩提出的"范式"理论等，都从不同角度印证了柏拉图的"理念"概念所揭示的人类理性的建构功能。

第三，这一概念表现了人类理性的价值功能。

"审美形式"的价值功能表现为"审美的"世界作为马尔库塞哲学中的真实的世界，是现代人类在技术化时代对超越现实的理想境界的追求。人生活在现实世界中，却又总不满足于现状而要根据人性的完满要求确立人的未来发展图景。这种对"实然"状态的不满与对"应然"状态的追求，就是"理念"概念以及"审美形式"概念的价值功能。它使人在实践活动中按照自己的意愿、要求设计世界、设计未来，即马克思在《1844 年经济学哲学手稿》提到的实践活动中的人的"内在尺度"。这一尺度意在使人的理想实现的"最好"，它既表现为苏格拉底毕生追求的"善"的知识，也是柏拉图理念世界中最高的理念——善的理念。当然，在柏拉图那里，"善"理念不仅有道德伦理的含义，更有本体论上的含义，它是最高的本体，最高的理念，其他理念是从"善"理念导出来的，而可感物质世界是从可知理念世界派生出来的。这一过分强调本体的倾向淡化了它的价值论意蕴，马尔库塞的社会批判理论凸显的是"审美形式"价值功能。

三　审美形式的特性构成艺术的政治潜能

"马尔库塞美学的宗旨是救赎"[①]。艺术的功能不是思想的解放而是整个社会的颠覆和重建。这种力量在工业社会工具理性的统治中，通过以审美形式为原则建立的独立自律的艺术世界保存起来，使艺术具有颠覆工具理性重建理性形式的政治潜能。

审美形式对现实世界的改造是一种重构。马尔库塞从审美形式改造工具理性，不是片面地意识革命，而是"按照美的法则重建世界"。审

---

① 朱春艳、张丽：《论马尔库塞的美学救赎之路》，《东北大学学报》（社会科学版）2011 年第 6 期，第 482—486 页。

美形式从非现实向现实不断建构的可能性，使"作为现实之形式的艺术的意义并不是对给定东西的美化，而是建构出全然不同和对立的现实"①。这种重建得以实现，依赖于艺术的和谐完整性和自律性的特征。审美形式就是艺术内在世界得以存在并得到良好实现的秩序与法则，这一法则"不是去听从现存现实的法则，而是否定现存的法则"②，这种否定的法则不会随着时代的变迁而改变，而是长久保存下来，成为一种超越现实的力量。审美形式作为艺术世界建立的内在结构，其自身就具有合理性，并能够独立存在于艺术世界之中，使艺术世界不受外在现实世界工具理性的理性形式的影响，与现实世界是两个基于两种截然不同的形式建构的世界，因而具有不同的原则和结构，体现着不同的目标和追求，能够不受现实世界的干涉而独立完整地作为一个全面地整体展现在人们眼前。

审美形式的完整性和可能性都必须通过自律性来实现，艺术的革命潜能在工具理性统治的社会中，必须依赖于必须通过审美形式的自律来完成和保持。自律是艺术在现实世界中展现的状态，"艺术通过审美的形式，在现实社会中主要是自律的"，通过自律才能保证艺术世界"既抗拒着这些现存的关系，同时又超越它们"③。艺术通过审美形式、自律性以及在此基础上建立的真理标准之间的关联实现着艺术在历史发展中作为一种政治力量的功能，"它们都是社会历史的现象，又都超越了社会历史的竞技场；当社会历史限制艺术自律的时候，它必定也破坏着艺术作品所表现的超历史真理"④。审美形式作为艺术自律的展现在现存社会中的状态，保持着超历史的真理，这种真理就是自律性对抗工具理性统治想要维护的目标。艺术表现了人类自身的内心世界最深处的本

---

① ［美］赫伯特·马尔库塞：《审美之维》，李小兵译，广西师范大学出版社2001年版，第187页。

② ［美］赫伯特·马尔库塞：《审美之维》，李小兵译，广西师范大学出版社2001年版，第237页。

③ ［美］赫伯特·马尔库塞：《审美之维》，李小兵译，广西师范大学出版社2001年版，第189—190页。

④ ［美］赫伯特·马尔库塞：《审美之维》，李小兵译，广西师范大学出版社2001年版，第197页。

能，展现出人的原始本质，是一种带领人类远离现实的力量。因而艺术往往表现为与现实相反的抽象世界，这个世界独立完整的保持着自身的真理标准，因而可以不依赖于外界的经济政治文化的控制而在自身创造的方式中存在，不受工具理性约束。自律性使艺术的世界能够保持这种思想的自由，并使人们在艺术世界中能够不断实现自我。只有具有审美形式构造并始终保持自律的艺术才是真正的艺术，才能够实现艺术内世界的解放与自由的力量，并用这种解放与自由反抗和批判现实世界的不自由，因而，在这个意义上，马尔库塞明确指出"艺术作品只有作为自律的作品，才能同政治发生关系"①。因而，自律性保证了艺术的完整性和可能性，并使艺术作为一种社会力量在社会变革中展现出政治潜能。

马尔库塞就这样将审美艺术与革命联系起来，指出艺术和革命可统一于改造世界和人性解放的活动中，它用新的美学形式来表现人性，以唤来一个解放的世界，而这个世界的实现依赖于审美形式对社会心理机制和技术两个方面的改造。

第四节　后技术合理性的"美学还原"特征

一　"后技术合理性"概念的提出

马尔库塞的后技术合理性思想是在技术合理性统治下的社会面临人的异化、压抑和生态破坏等困境下提出的对发达工业社会救赎的合理设想，也是让他的理论区别于其他法兰克福派学者的技术批判理论的重要思想。这一概念是在"技术理性"概念基础上提出来的，同时和整个西方的理性主义传统密不可分。

"理性"概念在西方哲学从传统到近代的过程中，其含义经历了从"世界本体"到"人的认识能力"的转变过程。发源于古希腊哲学的传统理性将理性看作世界的本体，即一种宇宙内在的普遍秩序与规则。无

---

① ［美］赫伯特·马尔库塞：《审美之维》，李小兵译，广西师范大学出版社2001年版，第243页。

论是前苏格拉底时期赫拉克利特的"逻各斯"、恩培多克勒的"灵异"，或者巴门尼德的"存在"，还是苏格拉底之后柏拉图的理念，等等，都是理性哲学的代表。理性概念在黑格尔那里发展到顶峰，他将理性作为一种包罗万象，自在自为，自我否定，自我演化并决定着这个世界运动变化的总体性结构，并认为"理性是现实的真实形式，在这现实中，所有的主体和客体的对立，都被统一形成真实的统一体和普遍性"①，从而把所有在理性观念普照之下的现存的一切都纳入理性的王国。起源于文艺复兴和启蒙运动的启蒙理性把理性看作人的一种认识能力加以分析甚至批判。它将人们对理性的理解从宇宙世界的本体拉回到现实的人之中，将关注的焦点由世界之理性转移到人类之理性。尽管自启蒙理性出现开始，近代西方哲学以认识论为转向出现学术上的派别分化，但近现代经验主义和理性主义之争本质上还是将"理性"这一课题作为核心问题探讨人的认识能力问题。

马尔库塞参照了韦伯把理性分化为"工具理性"和"价值理性"的思想并受到了霍克海默和阿多诺在《启蒙辩证法》一书中对启蒙理性辩证运动的考察以及他们对"形式的合理性"和"实质的合理性"划分的观点，同时借鉴了当时曼海姆等人所使用的"技术（合）理性"概念，提出启蒙理性经历了从前技术理性到技术理性再到后技术理性的发展路程。

前技术合理性这一概念是相对于分化出来的技术合理性来说的，没有技术合理性也就不存在前技术合理性。它所指不是某一种理性的特点，而是一个阶段。是指在理性分化为工具理性和价值理性之前的"理性"概念，是一种浑然一体的理性，包含理性最传统，最原始的含义和各个方面的规定。"前技术合理性"概念与马尔库塞对前技术和技术统治阶段的区分和界定有关。马尔库塞认为这种区分不是以自由为分界点而是以对真理的追求为分界的。因为不论在哪个阶段，劳动者都是被奴役的，从一般意义上来说都是不自由的，只是奴役的方

---

① ［美］赫伯特·马尔库塞：《理性与革命——黑格尔和社会理论的兴起》，程志民等译，上海世纪出版社2005年版，第35页。

式有所不同，但是"历史依然是统治的历史，思维的逻辑依然是统治的逻辑"①。前技术统治阶段，人们为了满足生存的需要，生活变成了谋生，劳动不是人自由自觉的活动因而大众是不自由的。但正是在这个阶段，人们有对现实的不满以及对美好未来的幻想。而在技术统治阶段，随着物质生产生活的进步，人们似乎因为工作、消费、娱乐有了更多的选择而变得自由，但实际上人们仍然屈服于技术和机器的奴役之下，甚至由于物质带来的满足和幸福感放弃了对什么是真、什么是假的思考，在"封闭的发达工业文明的操作世界连同其自由与压制、生产率与破坏性、增长与倒退的可怕协调"中，陷入了"一项专门的历史谋划"。② 在马尔库塞看来，"真理的本体论概念处于可作为前技术合理性范型的逻辑的中心"③。因此，相比于技术谋划阶段，在前技术谋划阶段，人们有对不同于现实的可能性的即真理的追求，区别在于统治的"自由和不自由、真和假的新方式"。由此看来，前技术合理性是追求真理与满足生存需要同时存在的阶段。

　　"技术合理性"的概念由韦伯的工具理性概念发展而来，又结合了对当代资本主义社会技术统治的分析与批判，在某种意义上可以把这一概念看作是工具理性内涵的延续。一方面，在马尔库塞看来，技术合理性被当作一种统治的工具和手段；另一方面，这种手段不是以别的而是以科学技术的巨大威慑力作为支撑的。这种理性是一种"单向度"的理性，是一种单向度的或肯定性的思维方式。

　　从前技术合理性到技术合理性，实际上存在着一种统治上的连续性，这种连续性表现为人的一直的不自由和被奴役的状态。但是技术合理性产生的巨大变化在于改变了人们的被奴役的方式。前技术阶段，人们因为生存需要依赖于他们的统治者，而在技术阶段，人们的依赖的对

---

　　① ［美］赫伯特·马尔库塞：《单向度的人》，刘继译，上海译文出版社 2006 年版，第 126 页。

　　② ［美］赫伯特·马尔库塞：《单向度的人》，刘继译，上海译文出版社 2006 年版，第 114 页。

　　③ ［美］赫伯特·马尔库塞：《单向度的人》，刘继译，上海译文出版社 2006 年版，第 119 页。

象由具体可知的变为了自然科学及技术这种隐藏性的对象。并且依赖和受限制的方式也发生了变化，由强迫的、不自愿的依附变成了自愿的，信赖的，顺从的甚至带有某种程度上崇拜的倾向，变成了更高程度上的，更难以察觉的一种统治的合理性。技术能够通过理性的方式实现对大众的统治，而大众又心甘情愿地服从这种奴役，其根本原因就在于技术合理性不仅具有工具意义，同时也成为一种意识形态，具有统治的意义。

技术合理性的工具意义在于它追求的是一种手段的普遍性和有效性，即把人的理性即思维、逻辑认识能力当作解决现实问题的工具和手段。这一点深受近代以来人们对自然科学知识的崇拜和实用主义观念的影响。自然科学知识是普遍的、规律的，并且在一定程度上是可预测结果的，而实用主义强调思想和行为的现实性、目的性。将这二者结合起来在生产领域便能得到巨大的经济效益，而人们则试图将这种效益机制复制到人类生活的方方面面，在消费、娱乐、文化、宗教等各个领域推行一种客观的、规律的价值观念，告诉你什么是好的，什么是应该做的。"在这种工具的影响下，个人主义的理性已被转化为技术的理性。这种理性建立起了评价的标准也培养起人们乐于接受甚至传播工具的硬性要求的态度。"①

技术合理性作为统治的手段，它所强调的是这样一种思维逻辑，我们应该也必须从已有的状况和现实存在出发，站在发达工业社会现状的立场去解决我们在即现实中所面临的问题，所需要解决的问题。因为现实的就是好的，我们亲眼见证了科学技术带来的好处，信任现存的制度带来的利益并为现有的物质生活感到满足和幸福。这种思维逻辑带来的后果是思想和行为越来越与既定现实相符合，人们关注的问题只能是具体的问题，比如我们要生产什么样的产品，如何生产。而丢掉了属于人的理性才有的对现实维度之外的种种可能性的思考及否定性、超越性的思考。人们处在现实的一体化中，就不能够跳出来思考本身这种一体化

---

① Herbert Marcuse：Some Social Implications of Modern Technology，*Philosophy and Social Sciences*，1941，(9)，p. 141.

有什么问题，会导致怎样的后果，进而失去了对现实的批判和反思。"商品与服务在不断增加，牺牲是日常开支，是通向美好生活的道路上的'不幸事故'，因此剥削是合情合理的。"① 这样，原本未曾负载人的主观价值的自然科学知识和技术应用本身，是作为解放生产力，改变生产方式的现实力量而存在的，但从发达资本主义社会的状况来看，科学技术似乎走向了另一个极端，从实现自由的前提条件——物质水平的极大丰富似乎正一点点得到满足，但这一条件并没有按预想那样为人类真正的自由创造条件，因为在这里统治者们的技术谋划被忽略了——成为统治者所用变成一种无形的统治手段，不仅是被统治的人，社会的全体（大多数人）都陷入了一种自以为实现的假"自由"状态。马尔库塞对此总结说："一切都联合起来把人的本能、意愿和想法转变成为工具存在而服务的各个系统。技术上的理性会很轻易就被放置在为这种控制的服务中：在'科学管理'的模式中，它就变成了高效专制的最有效手段之一。"② 马尔库塞始终将自己的理论限定在特定的社会形式分析中，通过这种社会形式，技术合理性被迫为控制的利益而不是自由服务。

马尔库塞指出，在韦伯对现代理性的划分中，他根据合理性在社会行为中强调手段与目的之间的不同区分了形式合理性与实质合理性，其中以能实现的目的为导向，重视手段的计算化和程序化以保证达到最终结果的合理性是形式合理性，以人的主观价值判断为导向，不管条件和结果如何都要实现人自己的意向的这种合理性是价值合理性。形式合理性是客观的，而价值合理性是主观的。他后来又在对形式合理性与实质合理性的区分基础上提出了工具理性和价值理性的划分，工具理性是将理性看作一种普遍的有效的手段来解决问题，而价值理性则更看重人的感情，人性的意义，是不可计算，没有普适的规律的。这样，追求、实现人自身的目的原本应是人的理性作用的最重要表现，而在发达工业社会中，作为主体的人的目的异化成了社会的统治的目的，理性变成了单

---

① Herbert Marcuse: Some Social Implications of Modern Technology, *Philosophy and Social Sciences*, 1941, （9）, p. 145.

② Herbert Marcuse: Some Social Implications of Modern Technology, *Philosophy and Social Sciences*, 1941, （9）, p. 145.

一的技术合理性，由此在发达工业社会，技术合理性的完全统治在一定程度上消解了理性的价值内涵。价值理性所涉及的领域和问题是无法在现实中回答的，它的观念是无法用科学方法来加以证明或推翻的，它们是非客观的，没有普遍有效这样的规定。人道主义、宗教、道德观点作为一种对抗现实的可能"理想"受到现有商业、制度的排斥，在技术合理性占据统治地位的前提下，这种非科学性、潜在的超越性特征必定会削弱甚至消失以保证一体化社会的和谐运作和维持。不仅体现在经济方面使人以物质的满足和享受作为幸福、自由的唯一标准，并且在精神领域试图给大众灌输一种同一的标准，文化工业正是其实现其在思想、意识领域的统治的方式。

面对"理性"分化带来的启蒙现代性困境有三种诊疗方案①：其一，走到理性对立面，强调意志情感和本能冲动等非理性活动，彻底否定理性，最终走向非理性主义，例如尼采提出的"重新估定一切价值"等；其二，对理性进行彻底批判和解构，强调碎片化、多元化，最终走向后现代主义，例如利奥塔提出的"重写现代性"等；其三，对理性进行批判，在此基础上进行理性重建并提出解决方案，如哈贝马斯提出的"交往理性"等。马尔库塞选择了第三种方案，在后期提出了"后技术理性"（post – technological rationality）概念，旨在深刻反思启蒙现代性的本意，重建作为现代性基石的"理性"概念。

马尔库塞在大致相同的意义上使用"后技术理性/后技术合理性""艺术的技术合理性/艺术的合理性"，"后"不是终结，而是意味着继续，是一种崭新的理性观念。他借用怀特海的命题，提出新理性的作用"乃是高扬生命之艺术"，由此理性就是"向生存环境冲击的指南"②，"理性只有作为后技术合理性，即技术在其中本身就是与自然和平相处的工具和'生命的艺术'的工具时，才能完成这个任务。这时，理性

---

① 张成岗：《从意识形态批判到"后技术理性"建构：马尔库塞技术批判理论的现代性诠释》，《自然辩证法研究》2010 年第 7 期，第 44 页。

② ［美］赫伯特·马尔库塞：《审美之维》，李小兵译，广西师范大学出版社 2001 年版，第 84 页。

的功用才凝聚为艺术的功用"①。如果说马尔库塞早期的"批判理性"尚且是一个带有黑格尔式的思辨色彩的过渡概念，意在凸显与"技术理性"的张力关系，那么这时的"后技术理性"概念则是"技术理性"的发展及其内在价值的深化，通过重新阐释艺术和技术的关系，来恢复"理性"的完整内涵。技术文明在艺术和技术之间建立了一种特殊的关系，这种关系表现在："艺术的合理性，即艺术'构想'生存的能力，艺术界定尚未实现的可能性的能力，都会被看作是确证着和推动着对世界的科学技术改造"，"艺术的改造触犯了自然对象，而这种被触犯的东西本身是压迫性的；所以，审美的改造就是解放"②。可见，在马尔库塞那里，艺术和技术融合成的"后技术理性"是一种替代性历史选择。

二　"后技术理性"与"美学还原"

马尔库塞围绕"后技术合理性"理论考察了新感性对于实现理性解放即人的自由的作用，阐述了技术的内在价值与艺术的救赎作用，指出只有艺术和技术相结合才能使发达资本主义文明从现有的困境中走出来。

1. 新感性——后技术合理性提出的基础

在发达工业社会中，人对于价值、目的等的理性思考被技术合理性的意识形态所取代，作为满足的合理性的感性被压抑在工具理性的统治之下，文明的进步将人的感性对于快乐、自由、幸福的本能需求置身于工具理性的操纵之下。一方面，人们满足于物质享受；另一方面，感性中个体对自由、幸福的追求被普遍化了。"在一个实际上把这些普遍性变成谎言的社会中，哲学不可能使这些普遍性返璞归真。"③ 对人类潜

---

① ［美］赫伯特·马尔库塞：《审美之维》，李小兵译，广西师范大学出版社 2001 年版，第 92 页。

② ［美］赫伯特·马尔库塞：《审美之维》，李小兵译，广西师范大学出版社 2001 年版，第 94 页。

③ ［美］赫伯特·马尔库塞：《现代文明与人的困境》，生活·读书·新知三联书店 1989 年版，第 197 页。

能的压抑在技术社会变成了一种需要，虚假的需要变得流行起来，感性变成对现实的一味接受。对这种虚假需要的认识和压抑才能使人们回归本能需要。在马尔库塞看来，价值理性应当以新感性的方式回归，而这种新感性代表了一种生命的需求。"生命的本能，在规划不同生产部门中的社会必要劳动时间的分配时，它将会找到自己的合理表达或升华，就会使选择和目标具有优先地位，即不仅在于要生产什么，而且还在于生产的'形式'。"① 感性的回归指引着人们从服从现实的困境中跳脱出来，去首先思考作为劳动主体的我们需要什么，将社会强加于我们之上的虚假需求在生命的本能的指导下转化为真实需求。对生命的需求这种真正需求的满足体现了新的满足的合理性。人将作为具有主体意识的不同个体依据自己的目的和价值判断，用不同的方式来满足这种新需求。在这个过程中可能会因为各自需求的满足发生冲突，但这种冲突"也有其力比多价值，因为它们浸透了满足的合理性。这种感性的理性包含着它自己的道德律"②。

同时，马尔库塞强调了感性的抵抗理性压抑性统治的作用。他指出，"从苟延残喘的剥削社会的强制和要求"脱离出的"自然的"感性经验是没有规律的、变化的，不受控制的。所以，即使在现实秩序下它处于被压抑的状态，在本质上，潜能方面它仍然能指向另一种可能性，这就是人类的自由，而自由在本质上就是对既定的历史和现实的超越。相比于技术统治阶段之前的人类丧失自由的是一种"免于匮乏的自由"，发达工业社会中人的自由的丧失表现为对现有秩序的屈服，将社会现实当作常态而不加思考的接受。

在马尔库塞看来，"人类自由就植根于人类的感性之中：感官不光'接收'给予他们的东西；在实践中，它们发现和能够靠自己发现崭新的事物的可能性和能力、形式和属性，并能够促使和引导这些可能性、

---

① ［美］赫伯特·马尔库塞：《审美之维》，李小兵译，广西师范大学出版社 2001 年版，第 98 页。

② ［美］赫伯特·马尔库塞：《爱欲与文明》，黄勇、薛民译，上海译文出版社 2005 年版，第 151 页。

能力形式和属性的实现"①。工具是人实现目的的手段，目的是人类理性的体现，所以工具本身是蕴含着人的目的性的，二者不是互相独立，对立的。马尔库塞说："今天，在反抗'消费社会'的斗争中，感性奋力于成为'实践的'感性，即成为彻底重建新的生活方式的工具。自由的社会必须植根于崭新的本能需求之中。"② 感性正为自由的解放提供了力量，感觉不仅是在认识论上构建现实的基础，而且也是为了解放的利益而对现实加以改造和颠倒的基础，使自由的观念既面对现实而又不失去其超越性的内涵。如何利用人的本质的生命需求，制定好人的目的就决定了工具的使用。通过感性的作用唤起目的理性，使人回归本质的、生命的需求，这样才能更好地利用科学技术作为走向解放，实现自由的手段和工具。

　　新感性不是被动地接受现实材料，而是对另一种可能性的追寻和表达，是对现实维度的超越。马尔库塞并不是要像近代唯理论和经验论一样去制造感性和理性的对立，他是将关注点放在人的存在和人类现实社会之中，认为理性和感性可以在艺术审美的领域中得到融合。在他那里，艺术表达了主体对自由与幸福的追求，而新感性则表达了对人的潜能实现的追求，这二者是一致的。"审美形式"的理想性、自主性都表达了艺术基于现实而又超越现实的特征。艺术品展现了艺术家独特的创造，表达了其所处的历史性情境，只要离开了艺术家的作品或被复制的作品同样可以体现该艺术品独特的艺术本质，那么它仍然是艺术作品。但一旦被复制的是复制和生产作品的形式，那作品就不再是独一无二的，也就失去了其艺术的本质。艺术不能丧失其形式，否则就会失去其把握现实本质，对抗现实，创造希望的作用。在商业化的艺术中或大众文化工业中，审美形式被消解，艺术对抗、超越现实的目标也会消失进而屈服于现实，无法把握本质与现实的区别，失去了艺术的真理性和政治价值。相反，只有艺术保持其独特的本质，保留其审美形式和超越现

---

　　① ［美］赫伯特·马尔库塞：《审美之维》，李小兵译，广西师范大学出版社 2001 年版，第 131—132 页。

　　② ［美］赫伯特·马尔库塞：《审美之维》，李小兵译，广西师范大学出版社 2001 年版，第 132 页。

实的目标，它才能向我们展现自由的希望，人们在艺术劳动中体验自由，走向自我的解放。马尔库塞说，"艺术将永远是这个世界的对抗性的组成部分"①，是对现实世界的反抗。

2. 新理性——理性的感性化

马尔库塞对感性的弘扬目的不在感性本身，而是理性的重建，这种新理性联合了幸福、本能、快乐等原则，从而这种称为"后技术理性"的新理性，也被称为"感性的理性"，艺术化的技术理性，或"满足的逻各斯"，在其中，技术本身就是"与自然和平共处的工具和'生命的艺术'的工具"，在这里，"理性的功能和艺术的功能会聚在一起"②。

后技术理性是指向自由的理性。马尔库塞把自由当作"理性的调节概念"，即自由引导着现实的实践去遵循其"理念"——它的内在潜能，使现实自由地达到真理。③ 理性作为人的普遍能力的抽象，是人的认知和改造能力，是衡量社会的标准，也是指导人与自然的关系的原则。理性体现了人之所以区别于其他生物的本质特征，不仅具有依据外界环境满足自己生存的外在尺度，还存在着一种内在的尺度，即追求人的潜能，实现自由、幸福的尺度。在资本主义社会，自由的新潜能的丧失已成为常态，因此"物化意识使得每个人的意志自由从属于社会的技术化结构和技术化操作的社会现实。"④ 在失去彰显自身主体意识的个性之后，人的理性行为也不再具有自由的意义，而是对现有秩序和合理的服从。自由并不意味着选择对象的增多，而是人能够意识到自己选择的是什么，实际上选择的是什么。认识到自由是实现自由的必要条件，它是人作为一个自我意识的主体所从事的活动。这样，通过自由这一概念，新感性与理性连接起来了，理性具有了感性性质。新理性既是

---

① ［美］赫伯特·马尔库塞：《审美之维》，李小兵译，广西师范大学出版社2001年版，第176页。

② Herbert Marcuse. *One-Dimensional Man：Studies in the Ideology of Advanced Industrial Society*，1964，214.

③ ［美］赫伯特·马尔库塞：《审美之维》，李小兵译，广西师范大学2001年版，第131页。

④ 傅永军：《新感性、新理性与解放之途——马尔库塞政治诗学思想解析》，《当代世界社会主义问题》2005年第3期，第24页。

一种理性又是一种本能。压抑性的文明对应于操作原则统治下的工具理性，非压抑性的文明则对应于一种"新理性"。

后技术理性是否定性的理性。后技术合理性中，新科学技术自身蕴含了价值因素，实现了理性对抗现实、超越历史的目的。技术的过程体现了价值的物质化，科学家和大众可以在科学技术的运用中以自己的主观价值倾向为指导对物质、精神资源进行构建、开发和利用，使人的潜能得以发展。科学家按照其自由的价值观和才能建造生产机器，大众按照价值指导合理运用技术。因此，在"后技术合理性"阶段，人们利用科学技术的方式不仅表现为实用性，效用性目的，更表现为赋予科学技术新的价值规定，完成了工具理性到历史合理性的转变。可见，"新理性是一种否定性思维，其本身就不断地自我否定，把已确立的合理性的现实转化为不合理，渐次实现历史进步。所以，根源于辩证逻辑的新理性必然以否定性为自己的本质特质而于工具理性区别"①。

后技术理性是以和平为目标的理性。后技术合理性中，新科学技术自身蕴含了价值因素，实现了理性对抗现实、超越历史的目的。技术的过程体现了价值的物质化，科学家和大众可以在科学技术的运用中以自己的主观价值倾向为指导对物质、精神资源进行构建、开发和利用，使人的潜能得以发展。科学家按照其自由的价值观和才能建造生产机器，大众按照价值指导合理运用技术。可见，在"后技术合理性"阶段，技术有了新的目的，不再是以前统治者所采用的技术谋划，人们利用科学技术的方式不仅表现为实用性，效用性目的，更表现为赋予人们如何和平地利用技术控制自然，以减少对自然的破坏、不合理的开发及滥用浪费资源，走出现代工业社会的生态困境，这样，"和平"成为技术的根本目的和内在逻辑。和平意味着对打破暴力的方式，减少因贪婪、无穷的物质欲望而产生的残酷行为和不幸结果。在价值理性的指导下将科学技术作为非暴力、非功利，为人类的幸福和自由提供强有力的手段和保障。这种技术构想仍需建立在现有的技术状态基础上，它为人们满足

---

① 傅永军：《新感性、新理性与解放之途——马尔库塞政治诗学思想解析》，《当代世界社会主义问题》2005 年第 3 期，第 27 页。

需求、消除劳役，走向自由提供了可能性。

3. "后技术合理性"具有"美学还原"特征

"后技术合理性"亦即"艺术的技术合理性"，具有"美学还原"特征。"美学还原"（aesthetic reduction）本是黑格尔《美学》中提出的一个概念，又称"审美还原"或"艺术还原"。在黑格尔看来，"其实真正适合我们这门科学的名词应该是艺术的哲学，更加准确地说，美是艺术的哲学"①。"美学还原"意味着"艺术能够把外在现象为保存自身而必需的构造加以还原——还原到这样的极限：在此，外在的东西也许会成为精神和自由的显现"②。马尔库塞这里借用"美学还原"这一概念，旨在以艺术和美的尺度来衡量事物，恢复技术与艺术的原初关联，恢复人的最根本的本性和需求，通过对压抑对象（包括人）的"审美改造"，从而达到对象的解放。"美学还原"是指在美学向度上对于所有压抑因素的一种重新安排和组织。③ 简言之，"还原"即是重构，这再清晰不过地表达了马尔库塞的技术建构思想。

"科学还原"与"美学还原"分属不同还原模式。④ 近代科学以还原论为预设，在此前提下，自然系统由相互分割的客体构成，客体可以还原为基本物质构件，构件性质和相互作用决定一切自然现象和过程。"科学还原"本质上是"工具理性"的思维方式，在 20 世纪这一"技术世纪"中更突出表现为技术理性的僭越和对发达工业社会的全面控制，在马尔库塞看来是理应加以批判的。思维中对自然整体性的支离分割，反映到技术物的构建和使用上，就是片面追求其单一功能，忽视其依存环境的现实或潜在破坏性影响，"过分强调科学方法，强调理性、

---

① ［法］马克·西门尼斯：《当代美学》，王洪一译，文化艺术出版社 2005 年版，第 18 页。
② ［美］赫伯特·马尔库塞：《审美之维》，李小兵译，广西师范大学出版社 2001 年版，第 94 页。
③ 丁国旗：《文化危机与美学还原——一种对马尔库塞思想的读解》，《福建论坛》（社会科学版）2005 年第 1 期，第 70 页。
④ 张成岗：《从意识形态批判到"后技术理性"建构：马尔库塞技术批判理论的现代性诠释》，《自然辩证法研究》2010 年第 7 期，第 47 页。

分析的思维方式，形成了一种根深蒂固的反生态的态度"①，"在约 200 年的时间内，工业生产方式对自然界造成的破坏，已经超过人类历史 200 多万年的总和"②。

对"现象学还原"的拒斥也促使马尔库塞转而选择了"美学还原"③。"现象学还原"即"悬置"使从属于自然观点的本质总命题失去作用，遵循"面向事物本身"的基本原则，使之进入本质的、"纯粹意识"的领域，这是从根本上由经验事实向本质的还原。胡塞尔最早在《欧洲科学的危机和先验现象学》中阐明了借助现象一元论和现象学还原方法，来纠正笛卡尔以来现象—本质二元论和科学还原方法。青年马尔库塞曾在胡塞尔和海德格尔指导下学习现象学和存在主义。他延续着胡塞尔"生活世界"概念和海德格尔寻求确定性的思路，把哲学的具体性突显出来，重返现存生活领域，但黑格尔主义的马克思的解读使他发现了存在主义的方法论局限。尽管在反技术理性的意义上，存在主义的德国乡土气息与马尔库塞的浪漫主义色彩具有亲和性，但由于理论分歧和政见对立，师生二人最终分道扬镳了。"对现象学的拒绝，再一次使马尔库塞明确了在 1933 年作出的断绝与海德格尔之间的师生关系的决定，他已经发现了另一条理解美和它对幸福的许诺方式。"④ 这就是后来逐步浮出水面的"美学还原"。

---

① ［美］弗里乔夫·卡普拉：《转折点——科学、社会、兴起中的新文化》，冯禹等译，中国人民大学出版社 1989 年版，第 31 页。

② 余谋昌、王兴成：《全球研究及其哲学思考》，中共中央党校出版社 1995 年版，第 193 页。

③ 范晓丽：《马尔库塞批判的理性与新感性思想研究》，人民出版社 2007 年版，第 55—56 页。

④ ［美］安德鲁·费恩伯格：《马尔库塞的技术美学》，陈凡、朱春艳译，收录于《全球化时代的技术哲学》，东北大学出版社 2006 年版，第 8 页。

第四章　马尔库塞技术美学救赎
方案的路径展现

从西方美学发展史看，马尔库塞技术的美学救赎思想有着第三次审美自觉的宏观背景①。西方第一次审美自觉发生在古希腊，它相应于艺术从实用"技艺"中的分化，而柏拉图借着苏格拉底之口说出"美本身"，并就此引出"什么是美"或者"美是什么"的发问为标志；第二次审美自觉发生于"美"脱开神学控摄而寻求独立的近代，它是由鲍姆嘉通提出"美学"（Ästhetik，又称"感性学"）范畴以指称一个全新的学科领域为标志，却是在康德的《审美判断力批判》那里才获得了经典的阐释；第三次审美自觉发生于西方文化危机由隐而显的十九世纪中后期，它是对前两次审美自觉赋予的时代感的回味，其标志乃在于"为艺术而艺术"这一唯美主义口号在诸多美学或文论流派那里的延续和嬗变。

本章将要回答"马尔库塞技术的审美救赎方案是如何展开的？"这一全书的核心问题。面对发达工业社会技术理性的全面控制这一病态现象，马尔库塞给出了以技术、自然和人性为建构对象，以"美学还原"为建构路径的审美救赎方案。在他看来，"只是在技术的中介中，人和自然才变成可以替换的组织对象。"② 因此，技术的审美救赎方案的展开，不仅要对作为物化重要工具的"技术"进行美学还原，还要对作

---

① 丁国旗：《马尔库塞美学思想研究》，社会科学文献出版社2011年版，"序一"第2—3页。

② ［美］赫伯特·马尔库塞：《单向度的人》，刘继译，上海译文出版社2006年版，第153页。

为技术最基本对象的"自然"，以及为技术理性所压制的"人性"进行美学还原。

第一节　技术的美学还原

技术的美学还原是以古希腊的技艺为参照，以"价值的物质化"为中介，最终生成的"新技术"是一种"审美的技术"，它是一种解除压抑、实现救赎的力量。技术的美学还原可以使压抑的生产方式获得解放，进而使建立在这种生产方式基础上的人与人之间、人与社会之间的关系达到和谐的状态。

一　从古代技艺到现代技术

人类的历史迄今已有几千年，这期间人类的技术也经历了从古代技艺到现代技术的变化。这种变化可以从多个视角进行考察，但其中最根本的变化是在于人和技术的关系发生的变化，以及由此带来的人类生存本身的变化，这构成马尔库塞"技术的美学还原"的认识论基础。丛含义上看，"艺术"和"技术"这两个现在看来根本不同的概念，但在古代，无论中国（技艺）还是西方（techné）它们基本上都出自一个共同的概念。关于这个问题，海德格尔通过对古希腊哲学的深入研究，考证了技艺（τεχγη，techné）的词源。从词源学上讲，古希腊的技艺（techné）一词是西方现代词语中技巧（technique）和技术（technology）的共同起源，被用来表达"产生""生成""科学""知识""能力"等诸多含义，"不仅是表示手工行为和技能的名称，而且也是表示精湛技艺和各种美的艺术的名称"[1]。技艺的"逻各斯"（logos）与主观性目的是结合在一起的，而且如柏拉图强调的那样必须包含善[2]，所以，技艺包含着目的（τελos）和意义，是一种充满价值指向的手工艺

---

[1]　［德］马丁·海德格尔：《演讲与论文集》，孙周兴译，生活·读书·新知 三联书店2005年版，第11页。

[2]　赵墨典、包国光：《古希腊哲学思想中"技艺"的涵义及其地位》，《自然辩证法研究》2018年第8期。

活动。这种制作活动，在满足功能性目标的同时，还要符合社会的道德和美学价值，这与我国古代手工艺在满足"巧"的要求的同时还要符合象数之学是一个道理。与之相比，海德格尔认为现代技术是一种"促逼"，这种促逼"向自然提出蛮横要求，要求自然提供本身能够被开采和贮藏的能量。"① 他以"座架"概念形象地表达了人类面对现代技术难以摆脱的命运。

西方思想史中的"技术"概念对马尔库塞思考现代技术问题产生了无法割舍的影响。马尔库塞这样看待技术和艺术的关系："希腊的艺术和技术具有姻亲关系的观念，可以作为一个初步的例证。艺术家拥有一些作为终极因而指导他进行艺术构造的观念，就像工程师拥有一些作为终极因而指导他设计机器的观念一样。比方说，为人提供一个居所的观念决定了建筑师关于一栋房屋的设计；大量出售核炸弹的设计决定了服务于这些目的的那些机械装置的设计。强调艺术和技术的本质关系，意在强调艺术的特殊合理性。"②

古希腊技艺向现代技术的转换伴随着传统社会向现代社会的转折，由此带来的理性的分化引发了真与善、事实与价值诸关系之间联结的断裂。与具有双向度的古代技艺相比，现代技术因其凸显了纯粹的工具理性而呈现出单向度特征。"纯科学的合理性在价值上是无涉的，它并不规定任何实践的目的，因而对任何可以从上面强加给它的外来价值而言，它都是'中立的'。但这一中立性是一种肯定性。"③ 在技术理性成为了社会上的统治理性之后，整个社会中的人和物就都成了现代技术体系中的组成要素。

二　审美价值的物质化

"价值的物质化"概念是马尔库塞对技术中性论批判的对应物，是

---

① ［德］马丁·海德格尔：《演讲与论文集》，孙周兴译，生活·读书·新知 三联书店2005 年版，第 12 – 13 页。

② ［美］赫伯特·马尔库塞：《单向度的人》，刘继译，上海译文出版社 2008 年版，第188 页。

③ ［美］赫伯特·马尔库塞：《单向度的人》，刘继译，上海译文出版社 2008 年版，第125 页。

其"技术的美学还原"的理论中介。在《技术社会的社会变革问题》（1961）一文中，马尔库塞首次提出了"价值的物质化（materialization of values）"概念以对抗技术的价值无涉说或技术中性论。他说："对技术进行批判的目的既不在于一种浪漫主义的回归，也不在于'价值'在精神上的复活。技术社会的压迫性特征并不在于过分的物质主义和技术主义。相反，问题的根源似乎更在于对物质主义和技术合理性的抑制，就是说，问题的根源在于限制价值的物质化。"① 可见，所谓的"中立的""价值无涉的"其实表达的是一定社会的意识形态，"其中立性则是通过这个社会并为了这个社会而确立的"②，正是在一定社会意识形态的支配下，技术才能把人和自然都当作物来对待，根本不尊重人类和客观对象的各自的内在规定性。正是以古希腊的技艺为参照，马尔库塞希望通过恢复价值在技术理性结构中的地位，从而使现代技术得到根本性救赎。

在马尔库塞看来，迄今为止的科学和技术发展所取得的巨大的历史成就使得将价值转移到技术工作中、即将审美价值赋予技术的过程成为可能，这个过程就是"价值的物质化"过程。既然现有的技术已成为破坏性政治的工具，那么，要想解决社会问题，就要重建技术基础，以新技术的进步促进未来社会的进步，因为社会的"质的变化毋宁说正是根植于这个基础的重建，也就是，根植于这个基础以另一种全然不同的目的为目的的发展"③。马尔库塞认为技术中包含了价值，因此重建技术基础并不是说用某种价值去补充对任何自然的科学与技术的改造，而是"以技术的方式重新界定价值，把价值看作是技术过程的因素"④，新技术的形成实际上是一个"价值的物质化"过程。可见，"技术的美

---

① Douglas Kellner ed. , *Towards a Critical Theory of Society*, *Collected Papers of Herbert Marcuse*, Vol. 2, London & New York: Routledge , 2001, p. 57.

② ［美］赫伯特·马尔库塞：《单向度的人》，刘继译，上海译文出版社 2008 年版，第 125 页。

③ ［美］赫伯特·马尔库塞：《审美之维》，李小兵译，广西师范大学出版社 2001 年版，第 87 页。

④ ［美］赫伯特·马尔库塞：《审美之维》，李小兵译，广西师范大学出版社 2001 年版，第 87 页。

学还原"过程包含了两个环节①：其一是美学理论转变成技术原理，即把价值转化为需求，创造出崭新的"需求体系"（这里应该是指从"虚假需求"到"真实需求"的转变，而这一需求体系应包括从剥夺人的统治中解放出来的感性、想象力和理性），把最终原因转换为技术可能性；其二是从技术需求转变成现实的技术，这是"价值的物质化"过程，也是马尔库塞所谓的从形而上的"道"变成形而下的"器"的过程，它使人类向更高的文明阶段过渡。这一过程中技术主体与艺术主体并不一致，且在构成上具有复杂性，因此将具有长期性。我国技术哲学"东北学派"的创始人之一、东北大学教授远德玉先生在分析科学向技术的转化过程时表达了与之相类似的观点，他把从科学向技术的转化过程形象地表述成三个阶段，简化为三个公式②，即：

（1）科学原理（自然规律性）＋目的性→技术原理（合目的的自然规律性）；

（2）技术原理＋功效性→技术发明（技术可能性实现）

（3）技术发明＋经济、社会性→生产技术（社会经济可行性实现）

这三个公式形象地表现出技术理性中既包含有纯粹的理性（科学理性），又包含有"不纯的理性"（价值成分），是对技术理性内涵的绝妙说明。

三　"新技术"的生成

技术的美学还原将最终导致"新技术"的生成。"在马尔库塞的乌托邦计划中，对'新技术'这一处于中心地位的概念的构想是十分重要的。"③ 他如此憧憬对技术的审美救赎，"当代反升华的艺术和反艺术在它的否定性中，'预见'到这样一个阶段，在这个阶段，社会的生产能力将可能对创造性的艺术能力表示友善；而艺术世界的建立将同现实

① 朱春艳、陈凡：《STS 视阈下马尔库塞社会批判理论解读》，东北大学学报（社会科学版）2010 年第 2 期。

② 陈昌曙主编：《自然辩证法新编》，东北大学出版社 1997 年版，第 277 页。

③ Douglas Kellner：*Herbert Marcuse and the Crisis of Marxism*，Berkeley，Los Angeles：University of California Press，1984，p. 337.

世界的重建携手，这也就是解放的艺术和解放的技术的统一。"① 马尔库塞在《爱欲与文明》中认为，一个新社会的出现有赖于"新技术"对压抑性劳动的消除，从而使劳动转变成消遣，性欲升华为爱欲。他在《单向度的人》又指出，对技术进行改造同时也是对政治的改造，但政治的变化只有达到它能够改变技术进步的方向、即发展出一种"新技术"的程度时，才会转变成社会的质变②。在对技术的改造完成以后，新的技术将是负载了价值的美学化的技术。这样，审美范畴就被物化到新生成的人与自然和平共处的技术之中，并将发挥这样的作用，即人们将以自由发挥其潜能的方式制作生产性的机械。③ 因此，一个"解放的社会"的概念必须加以扩充以包括"解放的技术"的概念：这种能确立人类解放的技术必须是一种"新"的技术，它拥有新的谋划（project），并以一种新的方式去对待自然。

同时，这里的"新技术"并非是凭空产生出一种从未有过的技术，而在于使原有技术在组织结构、服务目的、存在方式等各方面发生变化。在《乌托邦的终结》（1967）中，马尔库塞详细描绘了他的理论设计，这就是在新的社会形式中，使技术上全面地重新组织人类生活的具体世界的可能性，以及新的人际关系在这个组织中形成的可能性，而技术上的重新组织"意味着消除资本主义工业化和商品化的恐怖，全面重建和恢复被资本主义工业化的恐怖所抛弃了的大自然。"④这里马尔库塞并没有对原有的技术采取抛弃的态度，而是使之成为新技术形成的物质基础。正是在原有技术的基础上，技术与艺术结合在一起，得以超越自身而成为一种艺术。在这一过程中，资本主义扩大再生产追求超额利润的无序状态、大量资源的破坏、大量劳动力和劳动时间的浪费、商

---

① Herbert Marcuse. *An Essay on Liberation*, Boston: Beacon Press, 1969, p. 48.

② Herbert Marcuse. *One - Dimensional Man - Studies in the Ideology of Advanced Industrial Society*, Routledgy & Kegan Paul, 1991, p. 232.

③ ［美］赫伯特·马尔库塞：《审美之维》，李小兵译，广西师范大学出版社 2001 年版，第 94—95 页。

④ ［美］赫伯特·马尔库塞：《乌托邦的终结》，收录于上海社科院编《法兰克福学派论著选辑》（上），商务印书馆 1998 年版，第 599 页。

品表面繁荣所造成的人们的"虚假需求"和"虚假幸福"就会得到遏制。这里对"美学还原"中"美学"概念的使用是在其"感性学"的本来意义上的，换言之，"即是感官的感受形式和人类生活的具体世界的形式。从这方面看，美的概念表明了技术与艺术相结合及劳动和娱乐相结合的特点。"① 技术与艺术的原初关联的恢复使技术成为一种审美的技术，从而达到生产力健康发展的结果，使生产力的发展不仅是为生产财富，而且还是为了生产出人们的自由和幸福。在这个意义上，"生产力"概念的外延也更加宽广，不仅包括了物质生产力，还包括了精神生产力、艺术生产力。因此，技术的美学还原可以在人类获得基本的生存条件的基础上进一步发挥积极的作用，使人获得真正的自由和解放。

第二节　自然的美学还原

自然的美学还原是马尔库塞审美救赎思想中的又一重要内容，是马克思关于"按照美的规律来塑造对象性世界"论断的延伸。

一　马尔库塞对"自然"的理解及其理论来源

马尔库塞的"自然"（nature）概念同这个词的英文的一般含义没有差别，也是从两重含义——其一是人外部的自然界，其二是属人的自然（人性）——来理解。自然作为人外部的自然界，就是人的生存环境。人正是在与自然的相互对立又相互统一的"搏斗"中，从自然界中独立出来形成了人类社会；自然作为属人的自然（人性），这是就人的本性来说的，就是指"作为人的理性和经验基础的人的原初冲动和感觉"②，也就是人的本能和感官。正是在这个意义上，马克思把自然界称为人化的、属人的自然界，卢卡奇认为"自然是历史的一部分"，

---

① ［美］赫伯特·马尔库塞：《乌托邦的终结》，上海社科院编《法兰克福学派论著选辑》（上），商务印书馆 1998 年版，第 600 页。

② ［美］赫伯特·马尔库塞：《审美之维》，李小兵译，广西师范大学出版社 2001 年版，第 121 页。

马尔库塞也在前人基础上提出自然的解放即对自然的彻底改造，是对社会进行彻底革命的不可或缺的组成部分①。其实，与英文的"nature"一样，现代汉语的"自然"也有完全相应的两种意思，一是指"自然界"、"大自然"，一是指"自然而然"、"本性如此"，这也是东西方文化的相通之处。

卡西尔说："哲学概念一再表现为一个哲学问题，表现为一个永恒骚动着、然而又必须在思想的持续辩证运动中推陈出新的问题，当两千年前古希腊哲学家认识到这一问题、并以鲜明和尖锐的方式提出它后，我们依然处于这一运动之中。"② 要理解马尔库塞的"自然"概念的含义，需要追溯这个词在西方思想史的源头处——古希腊哲学中这个概念的规定性。古希腊早期自然哲学家的遗说口一般都标有"论自然"的名称，而这些先哲对"自然"概念的探究，又是在他们追寻"智慧"的过程中提及的。古希腊哲学对"智慧"的理解也不相同，按照传统的观点，古希腊哲学中苏格拉底之前研究的是自然科学，从苏格拉底开始了人类学的研究，这种说法最早见于亚里士多德的著作《动物的结构》。这与古希腊文中关于"自然"的含义是一致的。古希腊文的"自然"和"本性"是同一个词，其希腊文拼写为 άρείη（arete），意指任何事物之为该事物的特长、用处和功能，不仅人有其 arete，各种动物、自然物、乃至人造物也各有其 arete，"在当时的希腊人看来 arete 是每种事物固有的天然的本性。他们认为人的本性就是人的才能、优点、特长，这是任何人都一样的；arete 是从优点和特长方面去看的，所以是'好'和'善'。所谓'坏'和'恶'就是失去 arete，人如果失去人的arete 也就不成其为人"③。海德格尔对古希腊人关于"自然"一词的理解与我们的有关见解作了对比，认为古希腊时期的"自然"（φσις）与近代的"自然"有本质的区别，后者指物理实体以及生物的自然过程，

---

① ［美］赫伯特·马尔库塞：《审美之维》，李小兵译，广西师范大学出版社 2001 年版，第 120 - 121 页。

② ［德］恩斯特·卡西尔：《符号·神话·文化》，李小兵译，东方出版社 1988 年版，第 2 页。

③ 汪子嵩：《希腊哲学史》第 2 卷，人民出版社 1988 年版，第 168 页。

这是一种狭义自然，而希腊人的自然，是自身的展开、显现与升起，是自己显现自己的力量，简单讲，就是人的生活世界的全体，它不仅包括自然界，而且包括城邦与公民，指凡属"空间"的一切①。可见，在希腊文中"自然"并非我们现在使用的"自然界"意义上的自然，而是同时包含了"本性"、"德性""起源"、"本原"等的含义，维柯在考察希腊思想的起源时提出"起源即本性"，是正确的②。

马尔库塞对"自然"的理解是基于古希腊哲学对"自然"这一概念包含自然与本性两层含义的基础上来展开的。在他看来，既然"自然"概念本身就包含了自然界和人的本性两个方面，自然的解放就不仅仅是自然界的解放，还包括了人的解放；同样，人的解放也要包括自然的解放。这样，自然解放与人的解放就统一了起来，成为社会解放的两个不可分割的组成部分。

马尔库塞自然观的直接理论来源是马克思。1932 年马克思的《1844 年经济学——哲学手稿》一书出版，给正处于学术探索期的马尔库塞极大的震撼，他认为《手稿》当中蕴含着重要的自然解放的思想，与以往的革命理论从来不把自然纳入其中相比，马克思从一种历史的方法论出发审视自然的解放价值，由此"自然"终于明确了自己在革命理论中的位置③。马克思在本书中提出，在人与自然的关系上，一个最基本的关系是自然界给人类提供生活资料，这是人类生产和生存的前提，如果"没有自然界，没有感性的外部世界，工人什么也不能创造"④。这种关系表现在理论领域中，动植物、阳光、空气等，既作为自然科学的对象，也作为艺术的对象，"都是人的意识的一部分，是人

---

① ［德］马丁·海德格尔：《形而上学导论》，商务印书馆 1996 年版，第 15 - 16 页。

② 参见朱春艳、陈凡《"理念"概念的起源》，《东北大学学报》（社会科学版）2003年第 2 期。

③ ［美］赫伯特·马尔库塞：《审美之维》，李小兵译，广西师范大学出版社 2001 年版，第 125 页。

④ ［德］马克思：《1844 年经济学哲学手稿》，中共中央编译局译，人民出版社 2000 年版，第 53 页。

的精神的无机界,是人必须事先进行加工以便享用和消化的精神食粮"①;同时,这种关系表现在实践领域,人作为一种"类"存在物,与其他的类存在物的不同就在于,他是一种有意识的对象性的存在物,他能够把自己与自己的生命活动区别开来,从而能够把整个自然界"变成人的无机的身体"②。后来,列宁从马克思的这一思想中提炼出人类实践的"普遍性品格"③。

在马尔库塞看来,《1844 年经济学哲学手稿》中的这些思想表明马克思"把自然界当作是一种主体"。因为在马克思看来,自然界"它不仅仅是一种材料,不仅仅是一种有机物或无机物,而本身就是一种生命力,是主体 – 客体,奋力求生是人和自然界的共同本质"④。既然把自然视为与人并列存在的另一种主体,马克思必然会关注工业社会的无限发展对自然带来的破坏,必然要把人的解放与自然的解放联系起来。工业社会在以往的发展过程中,凭借掌握自然科学规律后获得的知识力量,不把自然界视为"有其自身存在权力的主体——一个应当共处于人性宇宙中的主体"⑤,而主要是把自然看作可以任意索取的材料库,看作"一个对象,看作人'与自然界的斗争'中的对手,看作更加合理地发展生产力的领域"⑥。在无节制地开发自然满足人类不断膨胀的物欲的过程中,导致了"空气和水的污染、噪声、工商业对空旷宁静的自然空间的侵害"⑦,从而使原本自在存在的自然界成了"商品化的

---

① [德]马克思:《1844 年经济学哲学手稿》,中共中央编译局译,人民出版社 2000 年版,第 56 页。

② [德]马克思:《1844 年经济学哲学手稿》,中共中央编译局译,人民出版社 2000 年版,第 56 页。

③ 《列宁全集》第 55 卷,人民出版社 2017 年版,第 183 页。

④ 复旦大学哲学系编译:《西方学者论 <1844 年经济学哲学手稿 >》,复旦大学出版社 1983 年版,第 150 页。

⑤ [美]赫伯特·马尔库塞:《审美之维》,李小兵译,广西师范大学出版社 2001 年版,第 121—122 页。

⑥ [美]赫伯特·马尔库塞:《审美之维》,李小兵译,广西师范大学出版社 2001 年版,第 123 页。

⑦ [美]赫伯特·马尔库塞:《审美之维》,李小兵译,广西师范大学出版社 2001 年版,第 122 页。

自然界、被污染了的自然界、军事化了的自然界"①。这种对自然的主体性的剥夺带来的"物质上的污染"是深重的自然危机，人类必须尽早清醒过来，同造成这种状况所依赖的制度进行斗争，同时改变原有的错误的自然观，回到康德那里，从他对艺术的"无目的的合目的性"特征出发，把自然看成没有目的的、没有"计划"和"意图"的主体。关于这个方面的观点，马尔库塞还借用了阿多诺的相关论述。阿多诺曾呼吁要帮助自然"睁开它的双眼"，去帮助它"在贫困的土地上成为那种它可能成为的东西"。② 同时，哈贝马斯也使用"对自然的兄弟般的关系"这一短语来描述马尔库塞把自然界当作是一种主体的观点③。

二　自然的异化及其现实根源

马尔库塞的自然观从总体上说是他的社会批判理论的组成部分，他始终站在同资本主义斗争实践的最前列，始终把对哲学、文化、意识形态理论的批判与对资本主义社会的现实状况的批判结合起来④。正如西方马克思主义的形成就是基于 20 世纪资本主义发展的新特征一样，离开资本主义在当代的发展及其所展现出来的矛盾，就不能理解马尔库塞对资本主义社会展开的哲学－美学批判，就不能理解他将社会的解放与自然解放联合起来考察的根本动力。

首先，当代资本主义社会把自然界看成是与价值无关的物质、原料，以一种攻击性的科学方式对待自然界，从而达到控制自然界的目的。

马尔库塞把西方发达工业社会对自然的态度与资本主义价值观结合起来进行考察，指出资本主义的价值观念决定了自然被置于客体的地

---

① ［美］赫伯特·马尔库塞：《审美之维》，李小兵译，广西师范大学出版社 2001 年版，第 121 页。

② ［美］赫伯特·马尔库塞：《审美之维》，李小兵译，广西师范大学出版社 2001 年版，第 127 页。

③ ［美］安德鲁·费恩伯格：《哈贝马斯或马尔库塞：两种类型的批判？》朱春艳译，《马克思主义与现实》2005 年第 6 期。

④ 360 百科"马尔库塞"，https：//baike. so. com/doc/6495563 - 6709277. html ［DB/OL］2021 年 11 月 5 日。

位，这一地位造成了在对待自然的态度上以主体利益为唯一目的，以一种攻击性的方式对待自然界，把自然界看成是单纯的生产资料，自然被客体化了，自然丧失了其本性，人也在这一过程中失去了自己的本性。最终结果就是，尽管马克斯·韦伯把新教伦理作为资本主义精神的基础，但在与自然的关系的理解上，"'资本主义精神'拒绝和嘲弄着解放自然界的观念，他们把这个观念贬斥为诗意的想象"①。

　　马克思主义哲学一方面承认了自然之于人的优先地位，同时也从人与自然的关系方面理解自然，把自然视为"人的无机的身体"。但是，在资本主义社会中，包括人在内的所有存在物都成为商品，自然同样成为商品。任何社会形态下的人类劳动都包括三个要素：劳动者、劳动资料、劳动对象。但是，只有在资本主义社会中，才实现了劳动者和劳动资料与劳动对象的分离，其中劳动者除了自己的劳动力一无所有，而劳动资料与劳动对象属于资本家，只有在资本主义的生产过程之中，才重新实现三者的结合，这就是资本家雇佣工人为他劳动，创造剩余价值的过程。这样，工人创出来的产品，归资本家所有，他的劳动过程也归资本家所有，他在劳动中就体会不到幸福，而只能感到不幸，所有这些都表现出资本家和工人之间的关系的对抗性。正是从马克思关于劳动异化的四个方面出发，马尔库塞提出在现存的社会中，控制自然"变成了用来控制人的另一个层面，成为社会延展出来的手臂及其对人的抗力。"② 这样的自然界，无论是在生态学意义上，还是在实存本身的意义上，都"切断了人的生命氛围"，"阻挠了人从环境中得到爱欲的宣泄（以及变革他的环境），剥夺了人与自然的合一，使他感到他在自然界之外或成为自然界的异化体。"③

　　其次，当代资本主义社会通过对技术理性的统治达到对自然和人的

---

① ［美］赫伯特·马尔库塞：《审美之维》，李小兵译，广西师范大学出版社 2001 年版，第 122 页。

② ［美］赫伯特·马尔库塞：《审美之维》，李小兵译，广西师范大学出版社 2001 年版，第 121 页。

③ ［美］赫伯特·马尔库塞：《审美之维》，李小兵译，广西师范大学出版社 2001 年版，第 121 页。

统治。

　　"理性"是西方哲学的一个古老的概念，在古希腊哲学时期，亚里士多德就提出"人是理性的动物"的命题。及至近代文艺复兴时期，"理性"又成为反对宗教神权的有力武器，处于新兴时期的资产阶级，正是高扬理性的旗帜，团结带领手工业者等劳动阶级，开始了反对封建等级制度、建立自由平等的现代社会的斗争。但是，随着科学技术的巨大发展，理性也开始了分化的过程，马克斯·韦伯把这种分化概括为"形式合理性"与"实质合理性"，后来的霍克海默进一步将这两种理性命名为"工具理性"和"价值理性"，而马尔库塞更在此基础上提出了"技术理性"的概念，用以表征在资本主义社会中单纯追求效率和利益的理性形态。马尔库塞始终把"工具理性"和"技术理性"在同等意义上使用。在他看来，在发达资本主义条件下人与人之间打交道时所处的自然界，是"一个为社会改造过的自然，是服从于一种特殊的理性的自然，这种理性在其程度上愈发成为技术的、工具的理性，并且屈从于资本主义的要求；而且，这种理性也被用作去压制人本身的本性，即他原初的冲动。"①技术理性引导下的人类实践势必不再尊重自然界固有的客观规律，不再爱惜自然环境，从而把自然变成纯粹为人类满足自身"虚假需要"的一个客体，在进一步恶化人与自然的关系的同时，也进一步压制了自然与人的本性，遏制了自然和人的解放。

　　生态运动的兴起成为马尔库塞自然解放论的时代背景，也是其自然解放论的现实诉求。19世纪末20世纪初，以保护森林、土地、矿藏等资源为主的第一次生态运动并没有唤醒民众的生态意识，即使设立国家公园也是为了人们的旅游、休闲、娱乐、度假等方面价值，设立国家森林更单纯为了经济目的。及至1960年代，欧美国家一系列重大环境公害事件相继爆发，尤其是美国海洋生物学家蕾切尔·卡逊的《寂静的春天》（1962）的出版引起了人们对环境问题的极大关注和争论，马尔库塞和许多造反青年也参与其中，助推了以反对各种污染为主的第二次

---

　　①　［美］赫伯特·马尔库塞：《审美之维》，李小兵译，广西师范大学出版社2001年版，第121页。

生态运动兴起。他在《单向度的人》《论解放》《从富裕社会中解放出来》，尤其《反革命与造反》第二章"自然与革命"论述了自然解放论的思想，主张新技术的目的是"人与自然的和平共处的存在"，并通过自然的美学还原，实现自然"主－客一体"性质的恢复，这实际上成为"可持续发展"理念的早期理论萌芽之一，众多的生态马克思主义者也是把马尔库塞作为他们的先行者。

三　"新自然"的产生

对自然的美学还原的结果是"新自然"的产生。这种自然恢复了自身的"主－客一体"性质，超越了对自然的单纯的占有关系，明确了人与自然的互主体性关系，目的在于实现自然的解放以及人与自然的和解。

马尔库塞的"美学还原"概念是从黑格尔哲学借鉴而来，就这个概念与自然的联系来看，马尔库塞是要借用"还原"的作用来"减少自然的蒙昧、野蛮及肥沃程度"①，减少在人类征服自然过程中对自然造成的破坏，是要恢复自然本来应有的样态，这是通过美学还原将征服与解放结合起来、将征服引向解放后美学还原对自然进行的技术改造工程。简言之，"自然的解放，就是重新恢复自然中促动生命的力量，就是重新恢复那种徒劳永无休止的竞争活动中不可能存在的感性的审美性能，正是这些审美的性质能揭示出自由的崭新性质。"② 在这里，马尔库塞坚持把自然理解为一个主体，并对马克思关于对"自然属人的占有"的思想做出了自己的理解。在他看来，只有把自然理解为主体的意义上，才能说明自然"就不仅作为一种原材料——有机的或无机的物质，还作为有其自身存在价值的生命力量，作为主体－客体而表现出

---

① ［美］赫伯特·马尔库塞：《审美之维》，李小兵译，广西师范大学出版社 2001 年版，第 94 页。

② ［美］赫伯特·马尔库塞：《审美之维》，李小兵译，广西师范大学出版社 2001 年版，第 122 页。

来"①，才能"把自然看成主－客体的统一：即看作一个本身具有其潜能、必然性和偶然性的世界"②，才能说明当人对自然的占有超出了自然的限度时，自然"可能会对人的占有作出反抗，在此情形下，二者的关系就是斗争"③。斗争这种活动是发生在主体之间的，如果自然只是人认识或者改造的对象，只是具有属人的性质，只是作为人的"无机的身体"而存在，那么自然就没有能力对人的肆意的掠夺进行反抗和斗争。

马尔库塞关于自然"主－客一体"性质的思想是他对工业革命以来环境恶化、灾难频发的历史的深刻关切。既然人是一种"对象性"的存在，自然是人的对象，同样人也是自然的对象，那么，人类就应该团结起来，采取一些审慎的措施减少人施于自然界的痛苦，使人与自然之间的斗争停止，与自然建立一种非剥削的关系，建立一个和平和愉悦的世界。同时应该看到，马尔库塞尽管借用的是自然解放的名义，但基于他在"自然"概念使用的两个维度的意义上，就不仅仅是自然主体性的恢复，还包括了人的主体性的回归，甚至后者才是他的理论的核心内容；就不仅指自然的解放，还包括了人的解放，从而和马克思的"全面生产"概念有相似的含义。在《1844 年经济学哲学手稿》中，马克思对"全面生产"作了阐发，指出"动物的生产是片面的，人的生产是全面的"，"动物只是按照它所属的那个种的尺度和需要来构造，而人懂得按照任何一个种的尺度来进行生产，并且懂得处处都把内在的尺度运用于对象；因此，人也按照美的规律来构造。"④ 这种理解明确了自然的主体性与人的主体性的区别。另外，既然人的解放的一个重要原则就是弱化原初的攻击性，那么资本主义社会中的男性与女性的不平

① ［美］赫伯特·马尔库塞：《审美之维》，李小兵译，广西师范大学出版社 2001 年版，第 126 页。

② ［美］赫伯特·马尔库塞：《审美之维》，李小兵译，广西师范大学出版社 2001 年版，第 130 页。

③ ［美］赫伯特·马尔库塞：《审美之维》，李小兵译，广西师范大学出版社 2001 年版，第 129 页。

④ ［德］卡尔·马克思：《1844 年经济学哲学手稿》，中共中央编译局译，人民出版社 2001 年版，第 58 页。

等的关系也是人的自然解放的内容。马尔库塞认为，资本主义社会组织的特有的压抑的特性使得人类在两性之间男性拥有过多的攻击性、女性拥有过多的接受性。人类的两性关系与自然相对照而言，是女性在根本意识上"包容"着和平、快乐和结束暴力的希望。由此，当下在全球兴起的妇女解放运动就是要超越社会中的攻击性需求、超越资本主义社会占主导地位的男权至上的社会组织和职能分工，所以已成为一种革命的力量。

　　马尔库塞重视自然的主体性质，但他并不是极端的自然主义者，正如马克思一方面强调自然的先在性、另一方面又强调人化的自然界一样，马尔库塞也是把自然看作一个历史范畴，从人类发展的历史进程中审视人和自然之间的关系。他由此提出技术发展要服从"人与自然和平共处的目的"的命题，并将其作为技术发展的规律（逻各斯），指出这种目的"正改变着技术与其最基本的对象——自然的关系。与自然的和平共处是以征服自然为前提的，这个自然现在是而且将来依然是与发展的主体相对的客体。"① 这些看似矛盾的论述其实是在反对资本主义社会的无限制、无底线的发展模式，是在倡导一种"有限的发展模式"，是要在新的"技术逻各斯"基础上在人与人、人与自然之间建构一种在性质上完全不同的关系领域。他反思资本主义的发展历史之后提出，"假如我们的目的是人与自然的和平共处，那么最发达的工业地区所达到的生活标准，并非是一个合适的发展模式"②。这里的关键在于，错误不在于物质状况的快速发展，而在于引导这种发展的模式。诚然，人类的幸福和自由离不开物质财富的积累和丰富，然而物质财富必然是为着人的自由和幸福时才是有意义的，如果对于它的追逐是以丧失人自身为代价，那么财富的增长也就不是值得庆幸的事情了。量的变化（技术的进步）和质的变化（人道的进步）对人类社会而言都是十分重要的，但"质的变化的前提，就在于生活的先进标准方面的量的变化，

---

① ［美］赫伯特·马尔库塞：《审美之维》，李小兵译，广西师范大学出版社2001年版，第90页。

② ［美］赫伯特·马尔库塞：《审美之维》，李小兵译，广西师范大学出版社2001年版，第96页。

也就是弱化过度发达。"① 只有这样，那种由于过分追求技术的发展和生产力水平的提高而造成的技术和生产力成为人的目的的状况也会得到改善，从而使得目的和手段不再颠倒。

随着外在的自然的原来面貌得以恢复，以及人的主体性的回归，人和自然之间的关系将会由现在的对立状态前进到一种新的融合状态。根据马克思的阐述，人类在改造对象世界的过程中，将自己的能动性作用于自然界，从而自然界"表现为他的作品和他的现实"，人的类生活的对象化的结果就是劳动的对象的产生，就是"自然的人化"过程。随着这个过程的普遍化，就形成了马克思所说的"人化的自然界"，而在这个过程中，人的"那些能成为人的享受的感觉、即确证自己是人的本质力量的感觉"② 也得以发展出来。马尔库塞把"感觉的解放"视为感觉"在社会的重建过程中成为有'实际作用的'东西，意味着它们在人与人、人与物、人与自然之间创造出新的（社会主义的）关系"③，表现出自然的美学还原带来了全新的人与自然关系。

第三节　人性的美学还原

人的"自然"就是人的本性。从这个意义上讲，对自然的解放也包括了人的解放，但马尔库塞并没有局限于此，他还借鉴精神分析学的"本能"概念，提出艺术要改变技术，实现自然的解放，最为关键的是要找寻物质技术基础之下的那个生物学基础，即人的本能结构及其功能的改变。在他看来，只有改变了这个最为根本的基础，单向度的人才能真正成为"新人"，单向度的社会才最终转变为新的社会。他将弗洛伊德式的马克思主义与德国古典美学思想相融合，把审美（艺术）视为

---

① ［美］赫伯特·马尔库塞：《审美之维》，李小兵译，广西师范大学出版社 2001 年版，第 96 页。

② ［德］马克思：《1844 年经济学哲学手稿》，中共中央编译局译，人民出版社 2001 年版，第 87 页。

③ ［美］赫伯特·马尔库塞：《审美之维》，李小兵译，广西师范大学出版社 2001 年版，第 125 页。

实现人的非压抑性升华的条件，通过美学还原实现人的本能结构及其功能的改变，从而走上一条审美救赎之路。

一　作为"社会主义的生物学基础"的本能

马尔库塞一直在寻找社会主义革命的基础，以寻求当代资本主义社会的根本变革。如果说马克思早期的著作使他开始关注人的感性的存在，开始关注劳动的本体论价值，黑格尔主义的马克思主义则使他从劳动经济基础走向了物质技术基础，而弗洛伊德主义的马克思主义则使他又进一步走向"基础之下的基础"，赋予了本能结构以生物学基础。人的本能结构的美学化成了马尔库塞社会主义革命的生物学基础。

在1930年代马尔库塞第一时间接触到了马克思的《1844年经济学哲学手稿》，对马克思在书中阐发的关于"劳动"的思想使得他开始关注到人的感性的存在，对此，他是积极肯定马克思的这一思想的。然而，时隔不久，1934年马尔库塞在《论经济学劳动概念的哲学基础》中就把资本主义社会中的异化问题纳入到了思考的范围，从而提出了劳动和游戏并重的观点。在他看来，劳动是一种特定历史的范畴，"一种人的此在作为一种历史此在的范畴"①　在资本主义社会中，劳动具有负担性、劳动本质上的物性和劳动根本上的消极性。与之相反，游戏则表现出"人的自我消遣、自我放松、自我忘却和自我恢复"②。在《爱欲与文明》（1955）一书中，马尔库塞把弗洛伊德精神分析学的革命潜能引入马克思的解放理论，从而提出了"爱欲解放论"。发达工业社会中的心理学范畴已经变成了政治范畴，尚未被驯化的本能领域，就成为马尔库塞关注的否定性原则和革命性原则的领域。弗洛伊德认为，"文化不仅压制了人的社会存在，还压制了人的生物生存；不仅压制了人的一

---

① ［美］赫伯特·马尔库塞：《现代文明与人的困境》，李小兵译，生活·读书·新知 三联书店1989年版，第241页。

② ［美］赫伯特·马尔库塞：《现代文明与人的困境》，李小兵译，生活·读书·新知 三联书店1989年版，第217页。

般方面，还压制了人的本能结构。但这样的压制恰恰是进步的前提。"①
马尔库塞发挥了弗洛伊德后期作为生命本能的"爱欲"概念，并在其
"基本压抑"、"现实原则"诸概念的基础上提出了"额外压抑"、"操
作原则"等概念。

在《论解放》（1969）中，马尔库塞总结法国巴黎"五月风暴"
的经验和教训，明确提出了"社会主义生物学基础"的问题，认为发
达工业社会已经通过技术合理性在意识形态上成功整合了整个社会，社
会革命仅从政治层面上不会解决问题，更应该关注的是意识形态之下的
人的本能危机。他在受压抑的本能中发现了革命的潜能，它能培养一种
人道的社会主义的"新人"。在他看来，20世纪中叶以来新技术革命带
来了生产力的巨大发展，不仅使西方各国迅速实现了战后恢复，而且实
现了物质财富的极大丰富，满足了人们对物质利益的追求，正是后者最
终使资本主义获得了承认。现行体制受市场主导，不断操纵人们追求新
的物质利益，让人们从内心接受现在所有的一切、从内心感到幸福，引
导人们对现有的体制框架、价值观念和道德伦理的认同，已经深入到人
的本能结构的"生物学"层次，并视其为人的"本性"的组成部分。
这样，对现行体制的反抗如果不深入到这个层次将始终是不彻底的，甚
至会"弄巧成拙"②，因为"工人阶级的激进活动已经被一种有意识的
社会工程抵消掉了，同时也被那些将被剥削者的奴役永恒化的需求的发
展和满足抵消掉了"③，现在的工人阶级保留下来的只是处在动物层次
上的本能需求，而对"那些能体现人是理性动物的人类所不可或缺的
本能需求"④ 已经消失殆尽了。由此，要实现从现存社会向自由社会的
转变，首先要进行的革命不是经济革命，也不是政治革命，而是"不
同的本能需求、不同的身心反应的改变"⑤，后者正是马尔库塞所认为

---

① ［美］赫伯特·马尔库塞：《爱欲与文明》，黄勇、薛民等译，上海译文出版社2008
年版，第3页。

② Herbert Marcuse. *An Essay on Liberation*［M］. Boston：Beacon Press，1969，p. 11.

③ Herbert Marcuse. *An Essay on Liberation*［M］. Boston：Beacon Press，1969，p. 16.

④ Herbert Marcuse. *An Essay on Liberation*［M］. Boston：Beacon Press，1969，p. 17.

⑤ Herbert Marcuse. *An Essay on Liberation*［M］. Boston：Beacon Press，1969，p. 17.

的以往的马克思主义理论所缺乏的对人类的生存维度、即"生物学的"维度的关注。在这些改变中，其中一个重要的方面是幸福观的改变。他提出，"幸福"概念并不只是表征一种主观感受，它更是一种客观的条件，"幸福的真实性有赖于'人'这个物种的真正的团结"①。对于人类而言，如果始终存在着"一切人反对一切人的战争"，如果一部分人的幸福总要以另一部分人的痛苦为代价，那么整个社会也是不幸福的。由此，马尔库塞构想了一种"乌托邦式的社会主义"观念，这种社会的建立要以"一种具有不同的感性和意识的人为前提：这些人说着不同的语言，打着不同的手势，遵循不同的冲动；这些人已经发展出了防止残酷、野蛮、丑陋的本能屏障。"② 马尔库塞并未止步于"本能革命"，还是进一步将目光投向使得发达资本主义社会工人阶级本能发生变化的物质富裕的生产过程，认为随着本能的改变，人们才能在生产过程中发挥他们的创造性，才会将社会引向自由，这与他一贯主张的艺术不仅是一种精神生产力、还是一种物质生产力的思想相一致的。在这里，马尔库塞和后来的哈贝马斯一样，都把乌托邦和空想进行区分，肯定了乌托邦在人类历史上"始终是一种伟大的、真实的、超越的力量"③。

至此，马尔库塞在劳动观上远离了马克思所理解的真正广泛意义上的"劳动"概念，把一般性的人类劳动视为人类的负担，而把艺术活动或审美活动视为一种创造性的非压抑劳动。不仅如此，他还批评马克思只关心人的外部自然，只"强调政治意识的发展，而不关心个体解放的根基。"④ 这里的"根基"就是指精神分析中"本能需要"或马尔库塞在马克思的理论基础上提出的"人的感性"，而"个体感官的解放"是普遍解放的起点。由此，真正有意义的劳动就是人的器官的自由消遣，人的解放的核心就是爱欲的解放，而爱欲解放的核心又是劳动的解放。这样，马尔库塞就走向了一种非压抑性文明理论。

---

① Herbert Marcuse. *An Essay on Liberation* [M]. Boston：Beacon Press, 1969, p. 14.

② Herbert Marcuse. *An Essay on Liberation* [M]. Boston：Beacon Press, 1969, p. 21.

③ Herbert Marcuse. *An Essay on Liberation* [M]. Boston：Beacon Press, 1969, p. 22.

④ Herbert Marcuse. *Counter – Revolution and Revolt*, Boston：Beacon Press, 1972, p. 62.

二　"新感性"的人产生

新感性观是马尔库塞后期社会批判理论的一个新的理论生长点，也标志着他从五十年代的"爱欲解放论"走向了七十年代的"艺术解放论"。他继承了德国古典美学传统，肯定了马克思的感性实践思想，同时吸收弗洛伊德的爱欲学说，由此建立了新感性观。鲍姆嘉通最早将人类凭借低级认识能力去认识感性事物这一行为，归结为美学（Ästhetik）的研究对象，从而将"美学"和"感性学"联系起来初步表达了"美学的根基在其感性中"① 的思想。这里的"新感性"并不是外加于人的，而是人的感性本身本来就有的，这里的"新"只是就它相较于人们在现实中感性的丧失而言的。"新感性"既是政治性范畴，也是一个审美范畴，它建立在发达工业社会技术理性批判的基础之上，又是未来社会主义新人的伦理原则。具有"新感性"的人是一种新的历史主体，是人道的社会主义的"新人"，是马尔库塞晚年"艺术解放论"的全部承载者。这个概念又创造性地继承了马克思早期的感性实践思想。在马克思看来，"说一个东西是感性的即现实的，这就是说，它是感觉的对象，是感性的对象"，"说一个东西是感性的，是说它是受动的"②。因此"感性"概念就获得了一个超越心理学意义上的本体论范畴的定义，感性的彻底解放意味着新型的人的诞生。马尔库塞在 1969 年出版的《论解放》中"新感性"作了经典的阐发："新感性，表现着生命本能对攻击性和罪恶的超升，它将在社会的范围内，孕育出充满生命的需求。以消除不公正和苦难；它将构织'生活标准'向更高水平的进化。"③ 这一阐述已经包含了上述诸种理论源头，以及他以前的精神分析美学和解放美学理论的痕迹。

---

① ［美］赫伯特·马尔库塞：《现代文明与之的困境》，李小兵译，生活·读书·新知三联书店 1989 年版，第 217 页。

② ［德］卡尔·马克思：《1844 年经济学哲学手稿》，中共中央编译局译，人民出版社 2000 年版，第 107 页。

③ ［美］赫伯特·马尔库塞：《审美之维》，李小兵译，广西师范大学出版社 2001 年版第 98 页。

　　在 1973 年写成的《反革命与造反》中，马尔库塞倡导一种"激进的感性"，用以发展人的内心深处的"激进的、非顺从的感受性"①，可以看作他的新感性思想的发展。"激进的感性"强调的是"感觉在构造理性时那种能动的、建构的作用"，而"构造理性"的含义，则是指"铸造那些借以去组织、经验、改造世界的范畴。"② 在这里，马尔库塞的目的就是要发挥感性能动地建构世界的作用。他基于早年对马克思《1844 年经济学哲学手稿》中"感性"概念的把握，不是从消极的被动的方面去理解感性，而是把它们当做人的能动的活动，具有建构世界的能力。感觉是人对整个世界的体验，包含了人对世界的感性的综合的认识和把握。人在把握世界的过程中，不仅可以如康德所说的那样，利用理性的先天综合判断达到对事物的认识，还可以通过感觉达成对世界的感性认识。这是因为，人不仅是理性的动物，更是感性的存在，人不仅有感官的感觉（眼耳鼻舌身），还有精神的感觉（喜怒哀乐情），人的感觉器官是在人类的自然进化和实践活动开展过程中的社会进化共同形成的，它一旦形成就对世界发生着能动的作用，也在这个过程中关照自身。"人不仅通过思维，而且以全部感觉在对象世界中肯定自己"③。但是，发达资本主义社会实行的控制是全方位的，"已深入到实存的本能层面和心理层面"④，造成了人的感觉的异化，因此，若要社会发生实质性的变化，就必须"彻底变革这种原初的经验本身，即彻底变革这种定性的、基本的、无意识的或者前意识的经验世界的结构。"⑤ 透过这种新的"激进的感性"的建立，人在资本主义压抑社会中被遏制

---

　　① ［美］赫伯特·马尔库塞：《审美之维》，李小兵译，广西师范大学出版社 2001 年版，第 124 页。

　　② ［美］赫伯特·马尔库塞：《审美之维》，李小兵译，广西师范大学出版社 2001 年版，第 124 页。

　　③ ［德］卡尔·马克思：《1844 年经济学哲学手稿》，中共中央编译局译，人民出版社 2000 年版，第 87 页。

　　④ ［美］赫伯特·马尔库塞：《审美之维》，李小兵译，广西师范大学出版社 2001 年版，第 124 页。

　　⑤ ［美］赫伯特·马尔库塞：《审美之维》，李小兵编译，广西师范大学出版社 2001 年版，第 124 页。

的"本能"、人所失去的"否定的、批判的、超越现实的"维度以及马尔库塞所讲的"爱欲"都获得了重建，人重新成为了一个具有"丰富的、鲜活的、全面的"特征的人。

在人的解放中最重要的一个原则就是：弱化了原初的攻击性。而在这种革命过程当中，妇女解放运动就其超越攻击性需求，就其超越整个社会组织和职能的分工而言，已成为一种革命的力量。马克思的理论把性的压迫看作是原初的、首要的压迫，而妇女的解放运动就在于反对把妇女贬低成"性的对象"。资产阶级——资本主义组织所特有的那种压抑的特性，使得在两性之间男性拥有过多的攻击性、女性拥有过多的接受性。而在性关系的本性当中，无论是男性还是女性都同时是主体和客体，性欲能量和攻击能量应该融合起来。我们看到，在两性关系上，存在着自然的对照：正是女性，在根本意识上"包容"着和平、快乐和结束暴力的希望，娇弱、消极被动、感性已成为妇女肉体的象征。在两性解放中，既要追求女性平等参加工作的权利，也不能完全克服女性的"本性"，而是要追求男性的"女性化"，即恢复人性中的感性力量，促进人的解放。

人性的美学还原过程就是通过美学（艺术）恢复人的感受性、否定性、批判性的过程，就是人从由单向度到双向度的转变过程，结果是"新感性"的人的产生。新技术、新自然、新人看似是各自独立的存在，都是通过美学还原完成的，但实际上三者之间关系密切，构成一个动态的系统。新技术的形成有赖于价值的物质化，新技术对新自然的形成至关重要，无论是技术的价值物质化（马尔库塞）还是近年来荷兰学者维贝克提出的"道德物化"都离不开行动主体问题，这个主体只能是人，是美学还原之后的人。由此，对人的改造即新主体的形成构成马尔库塞技术美学的核心议题之一，只有艺术生产力塑造的新人才有能力将价值物质化，进而以新技术修复被破坏的自然，而新技术和新自然又进一步促进新人的形成。在这个意义上，技术就成为与自然和平共处的工具和人的生命的艺术的工具。由此可见，"所有的快慰和幸福，都出自超越自然的能力。在这种超越中，对自然的征服本身，附属于人的存在的解放和人与自然的和平共处。所有的安宁，所有的快乐都是有意识的调解、自律和矛盾的结果。"①

三　审美教育的救赎方案

马尔库塞在理论形成的早期深受歌德、席勒等德国"狂飙突进运动"的代表人物的影响，他在晚年面对发达工业社会冰冷冷的工具理性，也回到早期的思想源头那里，以审美教育作为打破社会单向度特征的革命策略，建构起改变世界的主体力量。

审美教育之所以必要，就在于它事关人性的美学还原和主体的形成问题。在这一点上，研究马尔库塞的著名专家查尔斯·赖茨（Charles Reitz）的论述算是抓住了问题的关键。赖茨认为，"马尔库塞强调艺术的教育价值，是因为他发现那些由艺术想象力生产的多维的知识思想，与那些由成就、实施和统治等被控制和受压抑的合理性而生产的单维的知识之间有质的差异。"② 从马尔库塞的博士论文《德国艺术家小说》开始，审美教育就一直是马尔库塞理论关注的一大主题。在这篇论文中，马尔库塞一如他的精神导师歌德，把艺术看作变革世界的武器，认为审美教育"使人获得美好的灵魂"③。"灵魂"一词最早并不是出现在哲学中，而是出现在文艺复兴时期的文学中，用来表达尚未发现的人的内在的主体性。此后这个概念进入哲学领域，康德、黑格尔等人都有提及，如黑格尔提出灵魂的根本特性就在于它尚未成为精神。马尔库塞在黑格尔基础上进一步指出，"即便是在最完备的理性主义体系中也没有灵魂的独立的位置"④，更遑论发达工业社会中理性已经发生分化、工具理性大行其道、价值理性已无处立足的状况。在这样的社会中，现实的状况就是"理性与灵魂的疏远化"，资产阶级的肯定文化也正是在

---

① ［美］赫伯特·马尔库塞：《审美之维》，李小兵编译，广西师范大学出版社 2001 年版，第 92 页。

② Charles Reitz. *Art, Alienation, and the Humanities*, Albany: State University of New York Press, 2000, p. 9—10.

③ 丁国旗：《马尔库塞美学思想研究》，社会科学文献出版社 2011 年版，第 9 页。

④ ［美］赫伯特·马尔库塞：《审美之维》，李小兵译，广西师范大学出版社 2001 年版，第 18 页。

这个意义上把灵魂当成了逃避现实的必然所。马尔库塞综合了哲学理论中的"潜能"概念、"自然"概念双重含义（内在本性与外在的自然界）以及美学中审美作为"感性学"的理论基础，以及精神分析学派的"本能"理论等诸多理论和概念，在构建他的美学思想的过程中提出了审美教育问题。

马尔库塞把教育作为培养新的主体意识的根本手段来看待，提出如果说美学还原是消除技术与人、技术与社会等异化的必然之途，那么审美教育就是发掘人的潜能、让人性回归、让人成为"人"而不是"某种人"的唯一路径。这就是说，真正的解放必然是从主体内心产生的，所以激发人长期以来被压抑的感性的能力、重新培养人的学习、观察、思维等能力显然非常重要。马尔库塞在构建审美教育理论的过程中，充分发掘了康德和席勒的美学思想的重要的理论阐释力，对康德在理论理性和实践理性基础上的人类判断的能力极为欣赏，揭示出康德"无目的的目的性"和"无法则的法则性"两大范畴的"真正非压抑性秩序的本质"[1]，并在此基础上阐述了"为艺术而艺术"这一艺术的自律性特征。他赞同席勒的说法，"为了解决政治问题，'美学是必由之路，因为正是美导向自由'。"[2] 席勒提出要使"感性冲动"和"理性冲动"（形式冲动）结合起来，从而唤起一种新的具有调节作用的"消遣冲动"（游戏冲动），而消遣冲动则是这种解放的工具。马尔库塞在此基础上强调提出他的美学（艺术）理论的关注点不在美学本身，而在"政治斗争的必要性"，因而"不要以艺术为目的"[3]。这两个层面构成他晚年写成的长文《审美之维》的核心议题。

马尔库塞的审美教育思想作为他的美学的重要组成部分，有着浓厚的对全人类前途和命运的忧虑。他针对发达工业社会把教育当成批量生

①　［美］赫伯特·马尔库塞：《审美之维》，李小兵译，广西师范大学出版社2001年版，第46页。

②　［美］赫伯特·马尔库塞：《审美之维》，李小兵译，广西师范大学出版社2001年版，第33页。

③　［美］赫伯特·马尔库塞：《审美之维》，李小兵译，广西师范大学出版社2001年版，第215页。

产的车间、只生产满足社会当下需要的专门人才的弊病，缅怀康德那个时代对教育的理想建构："不仅应该教育青年适应于人类目前的状况，而且应该教育青年适应人类未来可能的美好状况，这就是说，适应人类的思想意识及其全部使命。"① 由此，一种新型的审美教育要把艺术所具有的解放潜能引入现实，就"必须包括身与心、理性和想象力，智力需要和本能需要，因为我们的整个存在已经成为政治的和社会工程学的主客体。"② 同时需要注意的是，马尔库塞虽然主张通过艺术走向人的解放之路，但又反对把艺术与现实直接联系起来的做法，一再强调艺术不能直接改变世界，不能代替政治革命，它所能做的只是"改变男人和女人的意识和冲动，而这些男人和女人是能够改变世界的。"③ 也就是说，发挥艺术主体性特征，通过艺术革命改变的人的意识和思维，由改变了意识和思维的人的具体的实践来推动现实社会的变革。在这里，艺术就不是直接面对现实，而是经由作为主体的人为中介，间接地改变世界。

将人性的解放诉诸于审美教育，是马尔库塞在晚年回归美学后做出的一个谨慎答。纵览马尔库塞一生的学术路线，他由早年追随马克思的早期的劳动哲学，到意识到异化的劳动者不足以承担起变革社会的能力，从而转向对被异化了的人的改造，着眼于物质基础下面的"基础"即人的本能结构的改变。然而，在人文精神逐步被工具理性所排挤的教育体制中，审美教育的救赎方案何以可能？谁堪担当审美的教育主体，或者如何培养众多未来的审美教育主体？这很容易再度陷入一种新的"恶性循环"困境："环境是由人来改变的，教育者本人一定是受教育的"④，而这正是马克思所批判、而马尔库塞所依据的"教育专政"理

---

① ［美］赫伯特·马尔库塞：《工业革命和新左派》，任立编译，商务印书馆1982年版，第101页。

② Douglas Kellner ed. , *The new left and the 1960s*, *Collected papers of Herbert Marcuse*, Volume 3, London; New York: Routledge, 2005, p, 85.

③ ［美］赫伯特·马尔库塞：《审美之维》，李小兵译，广西师范大学出版社2001年版，第212页。

④ 《马克思恩格斯文集》第1卷，人民出版社2009年版，第500页。

论。对此，赖茨评价说马尔库塞的哲学抽象包含了非马克思主义，甚至反马克思主义的倾向①。但是，赖茨从总体上对马尔库塞的教育思想给予了高度的评价，认为"马尔库塞的声音打破了美国学术界对对传统的哲学和教育问题的沉默。他通过向学生介绍社会科学和人文学科、甚至法兰克福学派的马克思主义观点为他的读者们提供一种新的理论方向。在这个国家中，如果没有马尔库塞，他们是学不到这些东西的。"②马尔库塞的审美教育思想对于美国的高校和学术界的冲击是巨大的，这种冲击延续至今，形成了美国马克思主义的蓬勃发展势头，包括生态马克思主义在美洲的兴起以及安德鲁·费恩伯格的技术批判理论的形成，都和马尔库塞关系密切，生态马克思的代表人物威廉·莱斯和安德鲁·费恩伯格本人就是马尔库塞的学生。不仅如此，审美教育作为我国继德智体之后的教育第四个方面的内容，已经较长时间得到国内各层次公众的接受，这固然是现实的需要，但也与改革开放以来对包括马尔库塞在内的国外马克思主义的审美教育思想的传播和研究是分不开的。

---

① Charles Reitz. *Art*, *Alienation*, *and the Humanities*, *Albany*：State University of New York Press, 2000, p. 8.

② Charles Reitz. *Art*, *Alienation*, *and the Humanities*, *Albany*：State University of New York Press, 2000, p. 223 – 224.

第五章　马尔库塞技术美学思想的理论实质

　　马尔库塞技术美学思想的理论实质，是和他的法兰克福学派的同行们如阿多诺所设想的那样，看到了美学和艺术具有推动社会进步的生产力功能。他也和阿多诺一样，提出了"艺术生产力"思想，这一思想不仅最终把马尔库塞放到了马克思主义的阵营，而且回答了西方马克思主义的理论实质是对资本主义社会单纯追求物质生产力的批判，揭示出这一现象的最终限制在资本主义制度本身，从而诠释出社会主义核心价值观的世界意义。

第一节　马尔库塞对"艺术生产力"概念阐述及解读

一　艺术的内涵及性质

　　"艺术"在西方语义学中的原义为"人工造作"。认识论认为，艺术是外在和内在现象在人脑中的"反映"，是一种意识形态；实践论认为，艺术是一种劳动生产活动和劳动产品，它需要人对自然进行一定的加工改造。在马尔库塞的论述中，艺术是人类以感性、想象和理性作为特性的把握世界的一种审美创造活动，它可以再现现实和表现情感理想，在想象中实现审美主体和审美客体的互相对象化，在理性中实现对真、善、美的追求。总体来说，艺术是人们对现实生活和精神世界形象的反映，也是艺术家知觉、情感、理想、意念综合心理活动的有机产物，作为一种社会意识形态，艺术可以满足人们多方面的审美需要和精神需要，从而在社会生活尤其是人类精神领域内起着潜移默化的作用。马尔库塞的艺术涉及广义的艺术形式，不仅指"绘画、雕塑、建筑戏剧、影视等视觉艺术，还包括文学和音乐等各种表现形式。反客观性的、抽象的绘画和雕塑，意识流的文学和形式主义的文学，十二音阶的曲式，布鲁斯乐和爵士乐"①，都是马尔库塞推崇的具有生产力功能的艺术形式。

作为以感性、想象力和理性来把握世界的方式，感性、想象力、理性在艺术中相互联系成一个有机的整体。其中，想象力是艺术最重要的要素，但是想象力要受到感性和理性的制约，而且还受制于感性的经验内容。马尔库塞认为，崭新的生活方式的最大胆的想象仍然是由概念指导的，仍然遵循着代代相传的，根植于思维发展中的逻辑历史。感性和理性都被纳入想象力的构想之中，因为感官的世界是一个历史的世界，而理性是对历史世界在概念身上的把握和理解，只有感性与理性在想象力的沟通之下达到有机结合，艺术才能实现真、善、美的追求。

马尔库塞认为艺术具有双重性质、双重维度，即肯定性质和否定性质或和解的维度和解放的维度。艺术的肯定性质是其最基本的性质，艺术中包含着赎还与和解的力量。这种肯定的力量具体表现是，"在审美的天地里，快乐和完满找到了它们与痛苦和死亡并驾齐驱的真正位置，万物的秩序又重新恢复，起诉被取消，甚至敌意、侮辱、嘲弄这些在艺术中表现出的极端的否定也在这个秩序面前都安分守己时，形式也就完成了宣泄，即现实的恐惧与快慰都被净化了。但是这种净化所达到的审美效果是虚幻的、虚假的、虚构的，它依旧滞留在艺术维度上，停留在艺术作品中。在现实中，恐惧和失望依旧有增无减地持续着"②。从形式上看，"艺术对质料的宁静征服和对象的变形依然是非现实的——就像感知中的革命依旧是非现实的一样"③。艺术的这种和解的、压抑的维度还表现在，它不能充分地表现出真实的人类环境条件；它脱离现

① ［美］赫伯特·马尔库塞：《审美之维》，李小兵译，广西师范大学出版社2001年版，第110页。

② ［美］赫伯特·马尔库塞：《审美之维》，李小兵译，广西师范大学出版社2001年版，第115页。

③ ［美］赫伯特·马尔库塞：《审美之维》，李小兵译，广西师范大学出版社2001年版，第116页。

实，因而它创造出一个美的幻象的世界、诗的正义的世界、艺术和谐秩序的世界。这些东西正和解着那不可能被和解的东西，辩护着那不可能被辩解的东西。在这个幻象的和解的世界中，那些作为解放力量的生命本能的能量、肉体感性的能量和物质的创造力被压抑了。而且正是因为这些特点，审美形式就成为压抑社会中起稳固作用的因素；正是由于直接的"生活性质"，使得这种艺术及其吁求面临毁灭。这种艺术的代表就是古典的和浪漫的艺术，它"似乎是一种行将就木的东西，它似乎失去其真理和意义"①。

艺术虽然有其和解的力量，但同时也拥有解放的力量和否定的性质，艺术的否定性质寓于肯定性质之中。"艺术的肯定性质的根基，并不在于它从现实的逃离，而在于它应同能与现实和解的哪个东西和睦相处；也就是把现实作为它的背景，把现实教诲和体验作为自由而又有所赏赐的价值，作为使高级的社会秩序及受教育的人与大众区别开来的财富。"② 但是，艺术的肯定力量同时也是否定这种肯定的力量。尽管艺术可用作阶级符号，用作纯粹的消遣，用作高雅的东西，然而，艺术仍然与作为艺术本源的现存现实是疏离的。这种异化将艺术和社会联系起来，它保存了艺术的阶级内容，并使它成为透明的东西。马尔库塞认为，艺术通过对现实这两个对立层面的综合，也就是使事物现存的秩序与从中解放出来的可能性和不可能性综合在一起，才使得艺术超越其个别的意义，从而能够包容整个世界。同时，在综合活动本身中，感性、想象力和知性达到统一，"内在于艺术中的这种解放和认知的力量表现于艺术所有的风格和形式中"③。

二　艺术生产力的概念及解读

艺术的生产与再生产问题是马克思关注的一个理论问题，也是20

---

① ［美］赫伯特·马尔库塞：《审美之维》，李小兵译，广西师范大学出版社2001年版，第161页。

② ［美］赫伯特·马尔库塞：《审美之维》，李小兵译，广西师范大学出版社2001年版，第156页。

③ ［美］赫伯特·马尔库塞：《审美之维》，李小兵译，广西师范大学出版社2001年版，第155页。

世纪以来西方社会理论的一个新的理论生长点。

马克思关于艺术的思想不是很系统，零散地出现在《1844 年经济学哲学手稿》《1857—1858 经济学手稿》等著作中，其主要思想包括：（1）把艺术视为人类生产的一个方面。马克思在《1844 年经济学哲学手稿》中关于"全面生产"问题的阐述中，明确提出"宗教、家庭、国家、法、道德、科学、艺术等等，都不过是生产的一些特殊的形式，并且受生产的普遍规律的支配"①；（2）艺术与社会经济发展水平的不平衡性：古希腊的艺术很发达，而经济发展方面处于奴隶社会时期；资本主义社会尽管经济取得了长足发展，但艺术方面落后了，是不正常的发育阶段；（3）艺术对个人全面发展的意义。《1857—1858 经济学手稿》中提到，为了解决资本中游离出来的那一部分，不仅要去研究自然物的其他作用，还要进一步挖掘、培养人的多方面的能力，包括消费的能力，以满足解决剩余资本和人的自由时间（剩余时间）的问题。他的这一观点，在马尔库塞的文本中，多处体现出来。比如，在 1937年的《文化的肯定性质》中他从无产阶级和资产阶级的新的对立提到资本主义阶级对抗的不可调和性质，提出唯有将现存制度打碎才能解决问题。同样是在《文化的肯定性质》中，马尔库塞一再强调艺术所生产的是人的幸福和自由，他提到了"灵魂"问题，是他的著作中少有的把意识形态、艺术和文化结合起来进行考察的文本。在《单向度的人》等著作中，他也提出由于资本的唯利是图本性，不可能彻底实现人的全面发展，在这里，艺术的作用始终受到制度的限制。马尔库塞是一个坚决的马克思主义者，他一生信仰马克思主义，笃信马克思的理想信念，相信社会要彻底打破才能实现人的全面发展与自由幸福。

马尔库塞的"艺术生产力"理论与德国启蒙主义时期的古典美学有很大的渊源关系。18 世纪的德国古典美学由于受到当时德国古典哲学的影响，试图重新调解感性与理性的关系。基于这样的理论诉求，康德、席勒等人对审美和艺术中的感性与理性提出了各自不同的综合途

---

①　马克思：《1844 年经济学哲学手稿》，中共中央编译局，人民出版社 2000 年版，第82 页。

径，形成了多种比较完善的美学理论。这些试图结合感性与理性的美学理论给予已认识到发达工业社会工具理性片面发展而压抑感性问题的马尔库塞重大的启示。以康德为例，康德的艺术思想集中体现在他的《判断力批判》一书中，他认为，艺术既不是认识也不是理论，艺术不属于概念、范畴、原理为基础的规定性判断，而是一种直观的反思判断，不属于纯粹理性判断也不属于实践理性判断，而属于判断力批判。实践理性在道德目的本身给予的道德律下建构起自由；理论理性在因果律下建构出自然。然而，主体的自律仍会在客观现实中具有某种"效果"，并且，主体为自己确立的目标必须是真实的东西。因而，自然的王国必定会"感受到"自由的立法；在两者相会的地方，必定存在着一个调解者的层面；在理论理性与实践理性之间，必有"第三种能力"即判断的能力允执其中。心灵的三种能力各司其职："理论理性提供着认识的先验原则，实践理性提供着欲望的先验原则，而判断力，借助于对快乐和痛楚的感受介于二者之间为中介。当与快感结合时，判断是审美的，而这种判断的运用领域便是艺术"①。艺术在主体与客体、感性与理性、实践理性与理论理性之间所起的连接与沟通作用便是审美的功用，而美因为能直观地显现出自由而成为自由王国的象征，马尔库塞亦在其中发现了审美之维的中心地位。这就为马尔库塞的艺术生产力导向自由的思想提供了理论支持。在马尔库塞看来，"审美之维是作为自然借以与自由产生感应，与自律具有必然联系的媒介"②。

马尔库塞在 20 世纪 30 年代便有了"艺术生产力"思想的萌芽，他在《文化的肯定性质》中提出，"在社会生活的整体化中，只有在艺术中，即在理想美的处所里，幸福才有可能作为一种文化被再生产。哲学与宗教，这两个在其他方面与艺术一样表现着理想真理的文化领域，

---

① ［美］赫伯特·马尔库塞：《审美之维》，李小兵译，广西师范大学出版社 2001 年版，第43 页。

② ［美］赫伯特·马尔库塞：《审美之维》，李小兵译，广西师范大学出版社 2001 年版，第44 页。

都不能再生产作为一种文化的幸福"①。及至 60 年代，这一思想得以进一步凝练，得以趋向成熟，他在《论艺术的永恒性》② 中写道，"艺术是与生产劳动具有质的差异的生产力，艺术在根本上的主体性质，使它不同于严酷的阶级斗争的客观性。艺术应当不仅在文化上，并且在物质上都成为生产力。作为这种生产力，艺术会是塑造事物的'现象'和性质、塑造现实、塑造生活方式的整合因素"③。马尔库塞这句话包含四层意思：1. 艺术本身即是生产力；2. 艺术生产力不同于物质生产力；3. 艺术生产力具有主体性，不同于阶级斗争的阶级性和客观性；4. 艺术生产力的功能和目的在于塑造人的新感性和新的生活方式、思维方式，塑造美好的、自由的社会。

　　生产力是人类认识世界，改造世界，进行生产活动的能力，它是人们进行物质生产和精神生产的基本物质基础条件，是社会发展的内在动力基础。生产力按照主体性质的不同可以分为自然生产力和社会生产力，按照客体性质的不同可以分为物质生产力和精神生产力。艺术生产力不同于物质生产力是因为物质生产力生产的是物质生产资料和生活资料，而艺术生产力作用于人的思维和审美意识，生产的是精神产品，艺术生产力也不同于物质生产力能够直接改造外在世界，它更多地是改造人的主观世界。艺术生产的精神产品即艺术作品，可以使渴望暂时得到满足，让感受者体验到幸福的东西。马尔库塞认为，"感受者在艺术的快感中，总能重新创造出这种幸福"④。艺术生产力因其主体性而不同于阶级斗争。艺术生产力的主体性表现在艺术家通过充分运用和发挥想象力创造艺术产品来改造人的思维和审美意识。马尔库塞的"艺术生产力"是艺术生产作品的能力，只不过他的初级艺术作品是新的感性、

---

　　① ［美］赫伯特·马尔库塞：《审美之维》，李小兵译，生活·读书·新知三联书店 1989 年版，第 29 页。

　　② 中译本书名为《审美之维》，最早由生活·读书·新知三联书店 1989 年出版，2001 年由广西师范大学出版社再版。

　　③ ［美］赫伯特·马尔库塞：《审美之维》，李小兵译，广西师范大学出版社 2001 年版，第 215 页。

　　④ ［美］赫伯特·马尔库塞：《审美之维》，李小兵译，广西师范大学出版社 2001 年版，第 30 页。

新的人，他的终极艺术作品是新的社会。

艺术生产力也不同于劳动生产力。马尔库塞明确指出艺术生产力与劳动生产力的差异性，即艺术生产力具有主体性质，而劳动生产力则具有阶级性。劳动生产力是指具体劳动的生产能力，劳动生产力的提高对人类生存发展具有特别重要的意义。一方面，劳动生产力的不断发展会促进社会物质财富的不断增加，从而满足人民的物质文化需要；另一方面，劳动生产力的发展将会减少每个人劳动的时间，从而增加每个人的自由时间，为人的自由全面发展提供机会。这些都可以为逐步过渡到共产主义社会创造条件。因此，劳动生产力是新制度战胜旧制度，社会主义战胜资本主义的有力保障，在这个意义上说，劳动生产力具有阶级性。而在马尔库塞看来，艺术生产力并不是新制度战胜旧制度的武器，它只是培养人的新感性、新思维方式、生活方式，促进社会不断进步和完善的手段，因而，艺术生产力并不具有阶级性。同时，劳动生产力还具有客观性，它必须遵循社会生产力发展的客观规律。而艺术生产力因为作用于人的精神世界而远离物质世界，与社会现实保持了一定的疏离，尽管艺术生产力同样要遵循社会生产力发展的规律，但是它因为自身的主体性质而能够先于（或落后于）劳动生产力的发展，成为社会变革的先导。

这样，马尔库塞对于艺术生产力的定义可以总结为：艺术生产力是艺术本身所具有的改善人的审美能力、感受力、思维能力，培养人的新感性，进而使得具有新感性的人建立自由社会的能力。

这个定义与西方马克思主义者伊格尔顿和本雅明对艺术生产力的理解有所不同。在伊格尔顿的艺术生产理论中，主要分析艺术生产与一般生产的区别与联系，而马尔库塞则更加注重艺术生产的自身规律和独特功能。本雅明同布莱希特在艺术生产的结构和要素方面观点相似，他把艺术创作看作一个生产的过程，在这个过程中，"艺术家是生产者，艺术作品是产品或商品，读者和观众是消费者；艺术创作是生产，艺术欣赏是消费"①。需要注意的是，本雅明尤其强调艺术技巧，他认为艺术技巧是艺术发展的动力和源泉。同时，他也强调了新的艺术生产力在改善社会关系、最终实现改革社会的重要作用。马尔库塞的艺术生产力与本雅明有很多相同之处，虽然马尔库塞并未将艺术生产力按照生产力与生产关系、经济基础与上层建筑的关系去理解，但是马尔库塞在艺术的生产力功能，在艺术改造社会的目的方面还是与本雅明比较相似的。

三　艺术能够发挥生产力功能的原因

马尔库塞认为艺术本身即生产力，而艺术之所以本身即是生产力，马尔库塞认为是因为艺术具有异在性，而艺术之所以具有异在性，是因为艺术具有其自身的自律性，正是自律性形成了审美形式本身。

艺术的异在性是艺术发挥生产力作用的前提。马尔库塞在《审美之维》中详细论述了艺术的异在性，即艺术异化。在单向度的社会中，不幸意识被压抑和调和，非升华的认识方式取代了升华的认识方式而只对发达工业社会表现出顺从功能，人们沉溺在虚假的幸福感中，丧失了对不合理社会的反抗和否定的意识及能力。唯有艺术依然保持着对现存秩序的否定功能和对现存社会的异在性。艺术的这种异在化特质"即使在为现实形式涂脂抹粉的时候也对抗着这些形式"，它可以使人们从"被操纵了的舒坦和刺激之沉沦中复活起来"②。艺术的这种对现实的异化表现在很多方面。异化的艺术即是大拒斥，它们依靠想象力的虚构反抗现存本身，倾覆日常经验，揭示出日常经验的支离破碎的虚伪，从而切断和超越日常经验。当意识形态宣扬现存秩序之合理性时；当人们普赞社会之和谐、幸福、繁荣、民主时；当人们沉浸在文化工业和大众传媒之虚假中时；当人们的思维行为被实用主义、实证主义所主导而走向狭隘的单向度思维方式时，黑人文化和先锋派艺术等异化的艺术却淋漓尽致地展现了与现实不和解的相反的维度。在马尔库塞看来，艺术的异

---

① 李雷：《瓦尔特·本雅明"艺术生产"理论述评》，《泰山乡镇企业职工大学学报》2005 年第 4 期。

② ［美］赫伯特·马尔库塞：《审美之维》，李小兵译，广西师范大学出版社 2001 年版，第 63 页。

化就是对现存秩序的倾覆力，而它们的倾覆力就是艺术的生产力。马尔库塞运用弗洛伊德的本能理论，认为现代社会是压抑人的本能的社会，而艺术的异化即是人的本能的升华和释放，由此艺术的异化便构成了艺术发挥生产力作用的前提。

马尔库塞认为，正因为艺术的异在性，"艺术只是作为一种否定的力量才发挥其魔术般的作用，它只有在拒绝和否定现存秩序的想象力充满活力时，才能述说它自身的语言"①。艺术对于现存的不合理的社会具有根本超越性，它是一种反抗和解放的力量，艺术可以通过改变人的意识来改变世界。因此，艺术也是一种能够推动社会进步和历史革新，实现人的解放和自由的生产力。艺术生产力和物质生产力在最终目的上是一致的，当发达工业社会中，物质生产力得到片面、畸形、过度的发展而变成压抑人的力量之后，就需要艺术生产力的解放和否定的力量来保证继续推动社会进步。因此，马尔库塞认为，在当代工具主义和操作原则支配下的发达资本主义社会，"艺术应当不仅在文化上，并且物质上都成为生产力。作为这种生产力，艺术会是塑造事物的现象和性质、塑造现实、塑造生活方式的整合因素"②。

艺术的异在性取决于艺术的自律性。艺术的自律性是指艺术作品创建的关于本身的界域和目标，它的方式在于把互不相关的组成部分按照其自身的规律联系在一块，"这些法则构成悲剧、小说、奏鸣曲和绘画的'形式'"③。只有艺术坚守着自身的自律性，才能形成独特的审美形式，才能保持艺术对现存现实一贯的异在性。艺术的自律性是艺术的审美形式、艺术的异在性的决定因素。从一开始，新的艺术就恪守着自身根本性的自律，"审美秩序就其本身的要求看是自律的"④。在此基础

---

① Herbert Marcuse, *One-Dimensional Man*, Routledge & kegan Pall, 1991, p. 65.

② ［美］赫伯特·马尔库塞：《审美之维》，李小兵译，广西师范大学出版社 2001 年版，第 105 页。

③ ［美］赫伯特·马尔库塞：《审美之维》，李小兵译，广西师范大学出版社 2001 年版，第 114 页。

④ ［美］赫伯特·马尔库塞：《审美之维》，李小兵译，广西师范大学出版社 2001 年版，第 114 页。

上，艺术可以作为独立的力量发挥生产力功能，实现对人类与社会的改
造。在马尔库塞看来，"审美形式是使作品具备自己的构造和风格的各
种和谐、节奏、对比诸性质的总体"①。美的不同含义似乎皆归诸于
"形式"这个概念。马尔库塞认为，"形式就是否定，它就是对无序、
狂乱、苦难的把握"②，因此艺术因其审美形式而能够打破"无意识的、
虚假的、自发的、无人过问的习以为常性"③。这种习以为常性贯穿在
社会实践的每一个领域，是一种反对感性解放的社会操纵的经验。

第二节　艺术生产力功能的目标及实现途径

马尔库塞认为，艺术生产对世界的合理改造，表现在直接目标和终
极目标两个层次，直接目标发生在人的审美的也即感性的领域，这样才
能让人们的潜能和欲望得到真正表达，进而使得这些潜能和欲望成为现
实的一部分，因此艺术生产的直接目标是培养人的"新感性"，恢复感
性的人的本能特征。终极目标则是个体自由与幸福。

一　艺术生产力的直接目标及实现途径

在柏拉图那里，"情欲""物欲""占有欲"成为感性的代名词，
感性被当作灵魂的低级部分因其低于理性而受到柏拉图的贬斥。在柏拉
图看来，感性的直观认识是变动不居、不可靠的，是对事物表面肤浅的
认识，不能认识到事物的本质。而艺术和美与理性和灵感有关，与感性
无关，他理想状态的审美并不是一种感性活动，而是一种理性尽可能超
越感性的追求，"而柏拉图对美的定义的寻求过程也正是一个层层剥离

---

① ［美］赫伯特·马尔库塞：《审美之维》，李小兵译，广西师范大学出版社 2001 年版，
第 141 页。

② ［美］赫伯特·马尔库塞：《审美之维》，李小兵译，广西师范大学出版社 2001 年版，
第 114 页。

③ ［美］赫伯特·马尔库塞：《审美之维》，李小兵译，广西师范大学出版社 2001 年版，
第 111 页。

对象的感性特征而达到最后的观念形态的过程"①。

马尔库塞的新感性不同于柏拉图的感性，他在继承了感性的传统涵义的同时吸收、融合了弗洛伊德本能学说对于感性的定义和态度。马尔库塞借助弗洛伊德的本能理论，将爱欲的所有性质转化为"新感性"。新感性也就是人们对他们的生活和事物产生的新的感受，即用一种新的方式去看、去听、去感受事物，它是一种广义的非暴虐，它可以消除社会塑造的自我，它意味着人的本能不再受到历史的限制而得到解放从而塑造真正的自我。新感性"反对现代文明的苦役、剥削、攻击性等对人与自然的压抑现象；它赞颂人的游戏、安宁、美丽、接受性质"②，"表现着生命本能对攻击性和罪恶的超升，它将在社会范围内孕育出充满生命的需求，以消除不公正和苦难"③。只有借助于这种新感性，人与人的关系、人与自然的关系才能够达到和谐融洽。

在马尔库塞这里，感性不再等同于"情欲""物欲"，而成为人所固有的"爱欲""激情""灵性""本能"，是人需要发展和释放的正常生理与心理需求，是使人成为有血有肉有感情的保证。马尔库塞一改传统哲学对感性的贬抑，试图以心理学为基础，借助艺术生产力作用恢复备受现存社会秩序及工具理性压抑的新感性的地位和价值，实现新感性与理性的统一。

在马尔库塞看来，资产阶级的物质文化专注于把物质性的内容看作个人生存的价值，并用宗教和伦理加以约束，"旨在于再生和灌注这些功利目标的极权制教育"④。这种限制人们自由发展的社会必须要进行变革，由于发达资本主义社会对人的控制已经深入了各个方面，"所

---

①　薛富兴：《情与理：作为西方文化原型的柏拉图美学》，《思想战线》1999 年第 1 期。

②　［美］赫伯特·马尔库塞：《审美之维》，李小兵译，广西师范大学出版社 2001 年版，第 12 页。

③　［美］赫伯特·马尔库塞：《审美之维》，李小兵译，广西师范大学出版社 2001 年版，第 98 页。

④　［美］赫伯特·马尔库塞：《审美之维》，李小兵译，广西师范大学出版社 2001 年版，第 143 页。

以，发展激进的、非顺从的感受性就具有非常重要的政治意义"①。也就是说，马尔库塞希冀利用对感性进行变革而让这些感觉经验和接受性从对人有害的生产力中得到解脱。因此，马尔库塞所试图推动的革命不是马克思所主张的政治经济革命，而是一场感性的革命，一场启发人们用新的方式去听、去看、去感受事物的革命。他借鉴了弗洛伊德的"本能"、马克思的"感性"，所以马尔库塞的思想也被人概括为"本能革命论""感性解放论"。马尔库塞对马克思的《1844 年经济学哲学手稿》非常熟悉，但他后来又认为马克思的"感性"不足以完成社会的人的质变，因为整个社会已经异化了，"劳动"无论如何也不能替代游戏，于是，德国启蒙思想中关于美学即感性学的观点给他以启发。

在马尔库塞看来，整个社会已经深深陷于残害人、压迫人的心理氛围，只有与这个世界定向的感性决裂，与攻击性和剥削的连续体决裂，才有可能从根本上改变这种压抑性状况。因此必须恢复人的爱欲、想象、激情、灵性、直觉等感性之维，在感情上、审美上、情趣上培养出与传统感性完全不同的新感性，才能在理智上建立新的世界观。个体感官的解放成为马尔库塞寻求普遍解放的起点和基础。"自由社会必须植根于崭新的本能需求中。"② 因而，马尔库塞提出了建立新感性的主张。即，社会主义的前提在于具有新感性的"新人"。

因此，马尔库塞艺术生产力发挥作用的具体目标是培养人的新感性。

培养新感性与运用新感性发挥艺术的生产力功能是一个连续循环不断的过程。新感性是艺术生产的直接和初级的目标，同时也是实现艺术生产之最终目的的手段和途径，因此新感性在艺术发挥生产力功能，创建新社会的进程中有着重要的中枢功用。马尔库塞认为，感性革命是推动社会解放革命的必备条件，革命不光是促进社会物质方面的变革，更兼具有知识方面的重塑，革命带来的将是审美氛围彻底变革。"知觉革

---

①　［美］赫伯特·马尔库塞：《审美之维》，李小兵译，广西师范大学出版社 2001 年版，第 124 页。

②　［美］赫伯特·马尔库塞：《审美之维》，李小兵译，广西师范大学出版社 2001 年版，第 132 页。

命"也就是"对新的感性中枢的需求。"①

　　新感性能够促使科学技术成为艺术，使得艺术在科学技术的帮助下更好地发挥其生产力功能。"新感性能够充分调动起形式与质料的潜能，极大地推动科学技术的发展，从而使得科学技术在保护生命和造福生命中自由地发现并实现人和事物的可能性。"② 当科学技术借助新感性克服审美能力、感受力、思维的单维性，去自由地发现并实现人和事物的多维可能时，科学技术也就成为艺术。马尔库塞希望通过技术与艺术的结合来塑造男人和女人的新感性，从而使得男人和女人的行为和思想能够摆脱对父辈文化的认同化，把父辈和子孙一代代连在一起的锁链打碎。

　　在《审美之维》中，马尔库塞有一句话简明扼要地概括了艺术生产力发挥作用的方式。这句话就是："艺术不能改变世界，但是，它能够致力于变革男人和女人的意识和冲动，而这些男人和女人是能够改变世界的。"③ 艺术生产力就是持久的审美倾覆，艺术不能直接去改变世界、创造世界，艺术只能通过改变人的审美意识，改变人的主观世界来间接地改变客观世界。

　　首先，培养新感性需要借助艺术的力量，即艺术生产首先要生产出人们的新感性，这就需要对人们进行审美教育，重视艺术和美学的作用。马尔库塞提出，要改变现实这种"以市场为中介"，"建立在竞争的剥削或恐惧的基础上的人际关系的天地，需要一种感性，这种感性摆脱了不自由社会的压抑性满足，这种感性受制于只有审美想象力才能构织出的现实所拥有的方式和形式。"④ 古典的美学在强调感性、想象力、理性在美中的和谐统一时，同样执着于美的客观（本体的）性质，这

---

　　① ［美］赫伯特·马尔库塞：《审美之维》，李小兵译，广西师范大学出版社 2001 年版，第 109 页。

　　② Herbert Marcuse, *Negations: Essays in Critical Theory*, Boston: Beaeon Press, 1968, p. 24.

　　③ ［美］赫伯特·马尔库塞：《审美之维》，李小兵译，广西师范大学出版社 2001 年版，第 212 页。

　　④ ［美］赫伯特·马尔库塞：《审美之维》，李小兵译，广西师范大学出版社 2001 年版，第 101 页。

些本体的性质作为人和自然在其中安身立命的形式，而这些形式就是完满。而且，逻辑的规律就是美的规律的对象，"对艺术家来说，美是轻松自如地把握对立面……借助于这些性质，审美之维可作为一种对自由社会的量度"①。

其次，要想培养新感性，就必须要消除那种把人类历史变成控制和奴役的历史的根源，即政治经济的根源。资本主义社会的政治经济"已经塑造了人的本能和需要，因此，任何经济和政治的变革都不能使这一历史中断，除非这些变革是由那些身心都摆脱剥削和暴力、去经历人和事的人进行的"②。

再次，艺术能够复活那些已死的观念、词语和现有社会秩序中的形象，要形成新的感性就必须一方面"与控制人的锁链决裂"；另一方面同时"与控制人的词汇决裂"③。当所有的交往都被"单面性的社会"垄断和确定后，对现存体制的革命性否弃和新意识的交往，必定更加依赖于它们自身的语言了。艺术所复活的这种"革命的诗性的"语言被马尔库塞称为"新语言"。新语言能够恢复它原有的表达情感、表达个体的需求的功能，在马尔库塞那里，这种新语言包括诗的语言和黑人语言。

马尔库塞在诗的语言中发现了革命的语义学成分，他认为诗人才是完全的不妥协者的超现实主义纲领。超现实主义纲领拒绝把物质的东西从文化的发展中孤立出来，因为这种孤立会使文化屈从于物质，这便会导致解放可能性的锐减。解放的可能性属于诗的想象，它们在诗意的语言中形成，并在诗意的语言中表达出来。"诗的天地与政治的天地之间的距离如此之大，诗意的真理和想像力的合理性的中介过程如此复杂，

---

① ［美］赫伯特·马尔库塞：《审美之维》，李小兵译，广西师范大学出版社 2001 年版，第 101 页。

② Herbert Marcuse, *Negations: Essays in Critical Theory*, Boston: Beaeon Press, 1968, p. 25.

③ ［美］赫伯特·马尔库塞：《审美之维》，李小兵译，广西师范大学出版社 2001 年版，第 106 页。

以至于沟通这两类现实之间的任何途径，对诗歌都是至关重要的。"①
诗的语言对现实的超越性、异在性使得它可以表达出被压抑的情感和理
想，从而能够培养人们的新感性。另外，黑人语言同样具有革命的力
量，同样能够塑造人的新感性。在黑人的语言运用中，出现了与传统语
言运用截然不同的景象，语言被放到了完全相反的语境之中，"放入对
现存语境的否定中"②。因此，黑人战斗的语言是一个更具倾覆性的
天地。

最后，培养新感性还须要依赖不妥协的年轻人。在马尔库塞看来，
"青年人对现实压抑性文化的反抗混杂着路障、舞蹈的地板、爱的嬉戏
与极乐主义，在语言中和歌曲中爆发出来，他们用迷你裙反对官僚机构
中的懦夫，用摇滚乐冲击'苏联的现实主义'"③。这些具有反叛性的年
轻人用实际行动反抗着资本主义的压抑性文化，表达着对感性解放的诉
求，他们的努力会促进更多的人敢于追随自己的内心、释放本性，给人
们带来不同的感受性，从而能够推动培养新感性的进程。以上反对资本
主义压抑性文化的种种表现形式都有助于培养人们新的感受力和审美能
力，从而塑造人们的新感性。

二　艺术发挥生产力的终极目的及实现途径

艺术生产的终极目标是个体自由与幸福，它想把新的社会当成一件
艺术作品生产出来。这种作为艺术品的新社会具体表现在自然的解放和
人的解放两个方面，其中，自然的解放包括人的本性的解放和人与自然
的和谐，而人的解放意味着劳动不再具有奴役的性质，从而使人的潜能
得到充分发挥。

一是自然的解放。马尔库塞认为人的解放首先是通过自然的解放实

① ［美］赫伯特·马尔库塞：《审美之维》，李小兵译，广西师范大学出版社 2001 年版，
第 106 页。

② ［美］赫伯特·马尔库塞：《审美之维》，李小兵译，广西师范大学出版社 2001 年版，
第 108 页。

③ ［美］赫伯特·马尔库塞：《审美之维》，李小兵译，广西师范大学出版社 2001 年版，
第 100 页。

现的。一方面，人的解放依赖于自然的解放；另一方面，自然的解放是人的解放的工具。

艺术生产力对自然的解放包括两个方面：一是解放属人的自然即人的本性，二是"解放外部的自然界：人的实存的环境。"① 第一种自然是从心理学的角度来说的。马尔库塞认为，人的自然本性即他原初的冲动因屈从于资本主义的要求而受到长久地、严重地压抑。艺术生产力就是要解放这种人的自然属性，从而使人的非攻击性的爱欲和潜能都可以得到自由的发挥和实现。第二种自然就是指外部的自然界。现在的自然界充满着商业化的气息，人类对自然无止境地索取已经将自然和地球弄得满目疮痍，频频出现自然资源浪费和各种可怕的环境问题。艺术生产要改变这种不和谐的人与自然的关系，取消这种对自然界的剥夺和侵犯，重新恢复自然中促动生命的力量，使人们注重生态学的发展，实现人与自然的和谐相处。

二是人的解放。在人的解放问题上，艺术生产力所要建立的是自由的王国，而不是顺从必然王国、劳动王国。在劳动王国中，人类受制于不是他们本身的并且不让他们能力和欲望自由游戏的目标，人类的行为取决于理性而非自由，劳动对人来说是非人的、机械的和日复一日的琐碎活动，这样的劳动不可能成为自身的价值和目的，人类在这种社会中不可能充分发挥其个体性。在艺术生产力所创立的自由王国中，游戏取代劳动成为人类的生存、生活方式。在自由王国中，生活必需品的占有和获得是其前提，因此人类的劳动便没有了其强迫性和压迫性而成为人和自然自由地发展其潜能的游戏。基于此，艺术生产力的目的就是要"建构出全然不同和对立的现实"。而"创造出如是环境的可能性本身，有赖于对现存社会进行整体变革：有赖于一种崭新的生产方式和生产目的，有赖于一种作为生产者的新型的人，有赖于废除人在既定社会劳动分工和劳动与享乐的分工中扮演角色的状态"②，从而建立自由王国。

---

① ［美］赫伯特·马尔库塞：《审美之维》，李小兵译，广西师范大学出版社 2001 年版，第 121 页。

② ［美］赫伯特·马尔库塞：《审美之维》，李小兵译，广西师范大学出版社 2001 年版，第 187 页。

另外，从理性的角度来说，在这个具有审美性质的社会中感性、想象力、理性达到了和谐统一，工具理性和操作原则对人的压抑被取消，人获得自由而全面发展。

可以说，马尔库塞毕生都对人的解放与自由这个课题进行研究。尽管他的哲学经过三次转向，他吸收哲学、政治经济学、心理学、美学，但他吸收这些思想理论都以寻求人的解放与自由，改变资本主义的压抑状态为出发点。马尔库塞在晚年转向审美领域，提出艺术生产力思想的出发点的最终目的也在于为自由、和谐社会的建立寻找良方。

在艺术发挥生产力功能实现自由社会的途径问题上，马尔库塞认为，艺术生产的最终目的是把生活变成艺术活动。这种新的社会不能被看作一套新的社会制度的简单结果，而只能出现在创立一个新的社会环境的集体实践中：在物质和知识的生产中，一步步、一层层地创造。

现如今，物质的文化，社会的现实，仍然落后于理性和想象的进步，而且还把人的这些潜能贬弃为非现实的、虚幻的、虚构的东西。艺术尚未成为重建现实的一门技术，感性依旧被压抑着，经验仍然遭受着肢解。"然而，那种反抗着压抑人的理性的抗议，那些欲图在新的感性中释放出被束缚的审美力量的抗议，在艺术中也变得剧烈、彻底起来，艺术的价值和功用正经历着根本的变化。"① 艺术要改变它在社会中的传统地位和功用，就必须要使艺术不仅在文化领域发挥生产力功能，更要让艺术深入物质经验领域、现实领域继续发挥生产力功能，让艺术世界的建立与自由社会的重建携手并行。艺术必须让自由的力量贯彻在工作与生活、思想与行为的方式中，必须克服经验的习以为常性。作为这种艺术生产力，它会重新塑造事物的"现象"和性质，塑造现实，塑造新的生活方式。"……也就是说，给予事物以既不破坏它们的内容，又不破坏它们的感觉的'形式'。这样，就把形式上升为一种必然性的存在，上升为超越了趣味和通感等所有主观多样性的普遍性东西。"②

---

① ［美］赫伯特·马尔库塞：《审美之维》，李小兵译，广西师范大学出版社 2001 年版，第 110 页。

② ［美］赫伯特·马尔库塞：《审美之维》，李小兵译，广西师范大学出版社 2001 年版，第 105 页。

马尔库塞认为想象力和科学技术在艺术生产力构建新社会中发挥着重要作用。

想象力是沟通感性与理性的桥梁，想象力一方面依赖于提供经验材料的感觉，受制于感性的秩序；另一方面它还受制于人的理性。现代发达资本主义中，"工具主义理性摧残着感觉经验，压抑着想象的自由，但正是在这种压抑的总体框架中，想象力才能超越现实的限制，成为反常的和倾覆性的东西，而且，在重大的历史性革命中，它可以在短时间内被释放出来，并自由自在地进入新的社会道德和新的自由制度的构想中"①。想象可以成为沟通感性同理性和实践的中介，而这种感性与理性的和谐统一是艺术的显著特质。缺乏否定性的社会之基础的生产力已经禁锢了人的自由，只有艺术的想象力才能帮助人们从剥削的桎梏中解放出来，"这就意味着它在现实的重构中可以成为一种指导力量"②。

但是，想象力要想成为"实践的"，去真正改造世界而不只是在观念中改造世界还离不开科学技术的发展。在《论新感性》中，马尔库塞指出，现存社会的所有成就，尤其是它们在科学和技术方面的成就是自由社会建立的首要条件。艺术和技术都是立足于现存的客观世界，"创造出思想和实践的另一天地"③，两者有着一定的共性。然而，同技术世界截然不同的是，艺术世界是具有幻象性的、表现为外在的天地。艺术本身是不具备实现它构想的生活的能力的，但是它可以通过对尚未实现的可能的生存的构想来确证和推动着对世界的科技改造。

伴随着现代设计和技术美学的发展，实用性技术越来越多地加入了审美要素，马尔库塞由此设想一种人与自然和谐相处的技术，通过技术与艺术的完美结合来发挥艺术生产力的解放作用。艺术生产力功能的发挥需要借助现存物质生产力的所有成就和科学技术的所有成果，但是这些只是基础的物质条件，艺术要想更好地发挥生产力功能，就要打破艺

---

① Herbert Marcuse, *An Essay on Liberation*, Boston Press, 1969, p. 45.

② ［美］赫伯特·马尔库塞：《审美之维》，李小兵译，广西师范大学出版社2001年版，第104页。

③ ［美］赫伯特·马尔库塞：《审美之维》，李小兵译，广西师范大学出版社2001年版，第93页。

术"幻象、外观、显象"的无力感,"在艺术和技术之间建立一种特殊
的关系",即"在对世界的科学和技术改造的基础上,倒转历史发展的
三阶段规律,以及重新确立形而上学的合法性。"① 这就需要"将价值
转移到技术工作中"②,成为技术的内在要素,让技术和技术产品不仅
具有实用性功能,还能向人们传递一种价值观,给人们带来精神享受。
当技术一旦具有艺术的特质,当技术按照美的尺度造物时,技术便会在
自由的氛围中,在"生产—创造"的过程中,将艺术主观的想象力转
化为客观的形式,即转化为现实。由此,艺术便可以去塑造现实。

第三节　马尔库塞"艺术生产力"思想的理论指向

马尔库塞、阿多诺等西方马克思主义者的"艺术生产力"思想
都是在对资本主义社会的技术问题、技术理性批判的基础上提出来
的,这样,如何评价西方马克思主义的社会批判理论、进而评价他
们提出的艺术生产力思想,就成为需要面对的问题。这直接关涉到
如何看待马克思的社会批判理论和西方马克思主义的社会批判理论
的关系问题。

一　问题的提出

在马克思的社会批判理论和西方马克思主义的社会批判理论之间的
关系上,国内有一种较为流行的观点,是认为在马克思那里生产力是中
性的,马克思是从生产关系入手展开对资本主义社会的批判,从而提出
了资本主义社会必然灭亡、社会主义社会必然胜利的科学社会主义理
论,由卢卡奇所开启的西方马克思主义把马克思的生产关系批判推进到

---

① ［美］赫伯特·马尔库塞:《审美之维》,李小兵译,广西师范大学出版社 2001 年版,
第 93 页。
② ［美］赫伯特·马尔库塞:《审美之维》,李小兵译,广西师范大学出版社 2001 年版,
第 87 页。

生产力批判，在推进社会批判理论的同时也使这一理论本身陷入了困境①。比如，张一兵提出，卢卡奇的物化理论看似是延续了马克思对资本主义社会的拜物教批判，其实却是着眼于完全异质的韦伯的物化逻辑。在他看来，马克思和韦伯之"关键的异质性在于，马克思对物役性物化的分析是从生产关系着眼的，而韦伯则是从生产力本身入手的"②，而如果分析一下卢卡奇的物化理论，会发现青年卢卡奇是在与上述马克思意义上的物化完全不同的基础上提出的另一种物化，即"在工具性的合理化进程中，生产过程中的客体与主体都发生了重要变化"③，就是说，青年卢卡奇讲的是"生产过程中工具性对象化导致的量化和可计算性的物化"④，用他自己的话说，就是"资本主义社会的人们受生产力奴役的情况"⑤。仰海峰基本上认同张一兵的观点，并从理论上给予了更为全面的阐释。他指出，马克思对资本主义社会的批判在理论上可以分为两个层次：其一，是"作为显性层面的商品批判，从中看出商品体现的是物化了的人与人之间的关系"；其二，是"直接的商品交换批判进入到生产方式的批判，并将生产方式的批判定位为对生产关系的批判"⑥。与马克思相比，卢卡奇将对资本主义社会的批判则是从生产关系批判推进到了生产力批判。生产力批判不仅"构成了卢卡奇物化理论的基本内容，也是后来西方马克思主义理论转向的重要

---

① 相关文献主要有：张一兵：《文本的深度耕犁——西方马克思主义经典文本解读》（第一章，中国人民大学出版社，2004年）、仰海峰：《从生产关系批判到生产力批判：卢卡奇对马克思思想的逻辑推进及其内在困境》（《中共南京市委党校南京市行政学院学报》，2006年第1期）、李志祥：《从生产关系批判到生产力批判》（《当代世界与社会主义》2014年第5期）。

② 张一兵：《文本的深度耕犁——西方马克思主义经典文本解读》，中国人民大学出版社2004年版，第56页。

③ 张一兵：《文本的深度耕犁——西方马克思主义经典文本解读》，中国人民大学出版社2004年版，第56页。

④ 张一兵：《文本的深度耕犁——西方马克思主义经典文本解读》，中国人民大学出版社2004年版，第56页。

⑤ 张一兵：《文本的深度耕犁——西方马克思主义经典文本解读》，中国人民大学出版社2004年版，第56页。

⑥ 仰海峰：《从生产关系批判到生产力批判：卢卡奇对马克思思想的逻辑推进及其内在困境》，《中共南京市委党校南京市行政学院学报》2006年第1期。

开端"①。可以看出，这些文献的基本思想是认为西方马克思主义将马克思的生产关系批判推进到了生产力批判，但却使理论陷入困境之中。

应当说，这种观点看到了形成于 20 世纪 20 年代的西方马克思主义与形成于 19 世纪 40 年代的马克思、恩格斯对资本主义社会的批判所关注问题的不同，把握到西方马克思主义理论存在局限性，其见解确是准确的。问题在于，如果我们承认马克思的社会批判理论和西方马克思主义的社会批判理论在研究对象上存在差异，也会引出两个问题：一是如何看待马克思主义的逻辑一致性问题？具言之，"马克思主义"究竟只是一个"家族相似"的概念，还是有其逻辑的一致性？如果是后者，二者之间的相同之处（"异中之同"）何在？换言之，如何理解西方马克思主义对马克思主义理论的继承和发展？从马克思到西方马克思主义的这种"推进"关系是如何形成的？二是西方马克思主义的局限性在哪里？是其代表人物的理论先天不足，还是外部环境注定其失败？具言之，是代表人物的理论水平不够高明、理论视野不够深邃，从而对时代问题把握不够准确，还是西方马克思主义的存在环境如社会制度限制了其思想的现实化（实现）？与之相关联的更为深层的问题是：西方马克思主义生产力批判的实质是什么？毕竟，西方马克思主义的理论家们也都是应时之需提出了各种解决社会问题的方案，仅仅将这些理论归结为乌托邦不仅有处理方式上的简单化之嫌，也无济于变革现实的实践。

要解决这两个问题，不能仅仅停留在生产力—生产关系的二元对立状态，而要前进一步，深入马克思"生产"概念的本质规定中去，把这一概念纳入现代性的历史演变中去，在把握马克思"全面生产"理论的基础上达到对生产力、生产关系之间关系的辩证理解，进而把握西方马克思主义生产力批判的实质。国内现行的马克思主义哲学体系中仍止步于论述生产力、生产关系结合而成的生产方式构成人类社会发展的最终决定力量，对作为这一理论基础的"生产"概念本身却并未纳入理论体系之中，学术界相关专题研究起步也较晚。相比较而言，国外

① 仰海峰：《从生产关系批判到生产力批判：卢卡奇对马克思思想的逻辑推进及其内在困境》，《中共南京市委党校南京市行政学院学报》2006 年第 1 期。

20 世纪中期就开始关注这个问题，如海德格尔认为马克思主义把"生产"概括为"社会之社会性生产（gsellshaftliche Produktion der Gesell-shaft）—社会生产其自身—与人作为社会存在体（soziales Wesen）的自身生产"，并认为由此可以说明，在当今进行统治的就是"人的自身生产与社会的自身生产"①。马尔库什把语言与生产看作 20 世纪哲学研究的两种范式②，尤其鲍德里亚《生产之镜》（1973）的出版引起众多学者为马克思辩护，这在客观上促进了对马克思生产理论研究的深入，国内相关成果基本上受益于此（相关成果主要有：张盾把"生产"问题视为马克思的六个经典问题之一③；冷梅对马克思的"生产"概念进行了专题研究④；这些学者几乎都是从批评鲍德里亚开始学术探讨。俞吾金把马克思的哲学解读为"全面生产理论"⑤；田鹏颖、孙承叔也注意到马克思"社会关系的生产"的理论价值⑥等）。从国内外已有成果看，尚不多见把对马克思"生产"概念的研究与对他的"生产力""生产关系"概念的研究结合起来，尤其未和西方马克思主义的社会批判理论结合起来。

二　马克思"全面生产"理论的形成过程

马克思的"全面生产"理论的阐发经过了一个逐渐具体化的过程。如果说他在《1844 年经济学哲学手稿》中提出了"全面的生产"的概念，在《德意志意识形态》中对"生产"概念给予全面的类型学考察，那么到《资本论》及系列手稿中才逐渐完成。这个过程也就是马克思的唯物史观从提出到完善、从设想到科学的逐渐成熟过程。尽管可以从

---

① ［法］F. 费迪耶等辑录：《晚期海德格尔的三天讨论班纪要》，丁耘摘译，《哲学译丛》2001 年第 3 期。

② ［匈］马尔库什：《语言与生产：范式批判》，李大强、李斌玉译，黑龙江大学出版社 2011 年版。

③ 张盾：《马克思的六个经典问题》，中国社会科学出版社 2012 年版。

④ 冷梅：《马克思生产概念的当代阐释》，华中科技大学出版社 2012 年版。

⑤ 俞吾金：《作为全面生产理论的马克思哲学》，《哲学研究》2003 年第 8 期。

⑥ 相关文献主要有：田鹏颖：《社会工程视域下"社会关系生产"的新形态》，《中国社会科学》2012 年第 10 期；孙承叔：《一种被忽视的生产》，《学习与探索》2007 年第 4 期。

更早的文本中找到马克思对"生产"问题的关注，但他真正把生产作为问题研究则是始于《1844 年经济学哲学手稿》。在本书中，马克思将"生产"视为"人的能动的类生活"①，提出只有通过这样的生产，自然界才表现为人的作品和人生活于其中的人的现实的存在状况。他把"动物的生产"和"人的生产"进行比较，阐发了"动物的生产是片面的，而人的生产是全面的"观点②。此后经过《德意志意识形态》《哲学的贫困》，到《1857—1858 年经济学手稿》等系列手稿，马克思对生产的总过程进行了概要式的阐发。他提出，由于"人类始终只提出自己能够解决的任务，因为只要仔细考察就可以发现，任务本身，只有在解决它的物质条件已经存在或者至少是在生成过程中的时候，才会产生"③，在不同的社会形式下占优势地位的生产类型也不尽相同。这就是说，"在一切社会形式中都有一种一定的生产决定其他一切生产的地位和影响，因而它的关系决定其他一切关系的地位和影响。这是一种普照的光，它掩盖了其他一切色彩，改变着它们的特点。这是一种特殊的以太，它决定着它里面显露出来的一切存在的比重"④。由此，"统治阶级的思想在每一个时代都是占统治地位的思想。这就是说，一个阶级是社会上占统治地位的物质力量，同时也是社会上占统治地位的精神力量。支配着物质生产资料的阶级，同时也支配着精神生产资料，因此，那些没有精神生产资料的人的思想，一般地是隶属于这个阶级的"⑤。在这里，马克思明确提出了"精神生产"问题，相应地，也就提出了"精神生产力"的判断和评价问题。

三　西方马克思主义生产力批判的实质

从表面上看，西方马克思主义产生的原因在于列宁领导的十月革

---

① ［德］马克思：《1844 年经济学哲学手稿》，中共中央编译局，人民出版社 2012 年版，第 58 页。

② ［德］马克思：《1844 年经济学哲学手稿》，中共中央编译局，人民出版社 2012 年版，第 58 页。

③ 《马克思恩格斯全集》第 31 卷，人民出版社 1998 年版，第 413 页。

④ 《马克思恩格斯全集》第 30 卷，人民出版社 1995 年版，第 48 页。

⑤ 《马克思恩格斯文集》第 1 卷，人民出版社 2009 年版，第 550 页。

命取得了胜利，而东欧的无产阶级革命却均以失败而告终，卢卡奇痛定思痛，就失败的原因进行深刻反思的结果；但从深层次上看，西方马克思主义产生的社会根源在于西方社会在现代化进程中的生产力发展的不平衡问题。具体地说，就是在物质生产力高度发展的同时，精神生产力发展受到极大的限制，这种限制就在于资本主义社会中"以资本为基础的生产"。生产力发展的这种不平衡性在20世纪20年代初期表现为西方社会的文化危机，当时西方出现的多种文化思潮都指向于此。中国新文化运动期间，国内学者出国复归者不少将西方的这场文化危机描述为西方社会的"物质富裕而精神痛苦"，甚至在20世纪20年代引发了一场"科玄论战"，或者这应该是国内最早的东西方文化比较的运动。

　　包括卢卡奇在内的西方马克思主义者对发达工业社会的批判，同样是对西方20世纪以来生产力发展不平衡的反思。他们的社会批判理论一直都是围绕着对现代性的核心概念"理性"的批判展开的，无论是意识形态批判、工具理性批判、极权国家批判、现代性批判、文化产业批判、启蒙精神批判还是后来的生态批判，其核心问题都是理性的分化导致的整个社会的全面异化。从某种意义上说，这些问题的出现，都和西方自工业革命以来科学技术的发展相关联，由此可以说，西方马克思主义是在生产力的层面上展开对资本主义社会的批判。但是，西方马克思主义的理论旨趣并不是去批判物质生产力，而是对发达资本主义社会物质生产力与精神生产力发展不均衡的批评，是去批判西方资本主义的社会制度阻碍了精神（文化）生产力发展的可能性，唤起与物质生产力并存的精神（文化）生产力，是对马克思的"全面生产"理论的继承和发展；在西方马克思主义的理论中是内含着生产关系批判的，西方马克思主义在其生产力批判中，揭露出资本主义制度的局限，这充分表现在这些理论家的社会批判理论中内含的、以或显或隐的方式对资本主义制度的深刻批判。换言之，西方马克思主义的生产力批判并不与马克思的生产关系批判相对立，或者二者只可能选择其一而放弃另一方，不存在究竟是属于"生产力批判"还是属于"生产关系批判"之间的两难选择，而是随着社会发展进程的深入，社会矛盾的逐渐展开，需要从哪个层面来提出问题并解决问题的问题。西方马克思主义的生产力批判隐含的一个理论前提，恰恰是对资本主义社会的生产关系批判，尤其是对资本主义生产关系阻碍了生产力发展，包括精神生产力和生态生产力发展的生产关系（社会制度）进行了激烈的批判。西方马克思主义之所以是马克思主义的理论而不是其他的一般的社会批判理论，其根本标志就是继承了马克思的对资本主义的生产关系批判。这些内容我们以前重视得不够，而西方的批判理论并不是都属于马克思主义阵营，这一点大家还是认可的。多数西方马克思主义的代表人物对资本主义制度进行了激烈的批判，提出了以新的社会制度取而代之的良好愿望，其中卢卡奇对阶级意识的强调，对无产阶级意识的探索，成为新时期马克思主义者探索社会变革要以一种新的社会制度取代资本主义制度的一个新的契机。但是，这些西方马克思主义的代表人物，多数也看不到变革社会的主体在哪里，从而对这个社会的变革陷入悲观的心境。

实际上，马克思关于社会发展的"三形态说"是整个西方马克思主义社会批判理论得以展开的理论出发点。马克思在考察资本主义社会发展历程的基础上，以资本主义经济关系为依据，从人和人之间社会关系的角度把整个人类历史发展分成"人的依赖性关系"即前资本主义阶段、"物的依赖性基础上的独立性"即资本主义阶段、"自由个性"即未来共产主义社会三大历史阶段，描绘了人类社会所呈现出的"自然联合体""经济联合体""自由联合体"不同历史分期。其中"人的依赖关系（起初完全是自然发生的），是最初的社会形式，在这种形式下，人的生产能力只是在狭小的范围内和孤立的地点上发展着。以物的依赖性为基础的人的独立性，是第二大形式，在这种形式下，才形成普遍的社会物质变换、全面的关系、多方面的需要以及全面的能力的体系。建立在个人全面发展和他们共同的、社会的生产能力成为从属于他们的社会财富这一基础上的自由个性，是第三个阶段"①。卢卡奇、马尔库塞等人和马克思一样对资本主义社会"物的依赖性关系"展开批判，也是在这一理论的基础上建构起自己的理论

---

① 《马克思恩格斯全集》第 30 卷，人民出版社 1995 年版，第 107—108 页。

学说。比如，卢卡奇在《历史与阶级意识》中详细阐发的物化理论和生产力的全面性问题，马尔库塞在《反革命与造反》中引用了马克思《政治经济学批判》中的原话"关于艺术，大家知道，它的一定的繁盛时期决不是同社会的一般发展成比例的，因而也决不是同仿佛是社会组织的骨骼的物质基础的一般发展成比例的"①，来阐述艺术革命的社会意义，致力于推进和发展精神（文化）生产力研究，尤其以艺术生产力为基本内容的文化生产力，以生产出人的自由、独立和幸福。这是对资本主义社会物质生产力高度发展的新时期人的全面发展的新要求，是对马克思"全面生产"理论的新发展。究其缘由，正如马尔库塞分析的那样，在资本主义形成发展的上升时期，由于资产阶级和无产阶级有着共同的反对封建主义的斗争，从而他们能够联合起来，这使得他们的运动真的具有争取自由、平等的意义。及至资产阶级革命胜利，资本主义社会中社会不同阶层之间的关系发生了变化，资产阶级取得了统治地位，无产阶级成为被统治阶级，在"物的依赖性关系"基础上的独立个体被纳入到资本主义的劳动过程之中，个体的需要也被抛入市场之中，而"物质的进程仅仅是由'我思'的一部分即技术理性所完成的"②，灵魂并没有进入社会劳动过程，"即使在最完备的理性主义体系中，也没有灵魂的独立的位置"③。这样，即使"肯定的文化用灵魂去抗议物化，但最终也只好向物化投降"④。于是，"在资产阶级时代开始时作为实践主体登台的抽象个体，在社会权力重新分配的基础上，又成为一种新的幸福之要求的承载者。"⑤而马尔库塞的"艺术生产力"理论所揭示的，也是这样一个"真

---

① 《马克思恩格斯全集》第30卷，人民出版社1995年版，第51页。

② ［美］赫伯特·马尔库塞：《现代文明与人的困境》，生活·读书·新知三联书店1989年版，第134页。

③ ［美］赫伯特·马尔库塞：《现代文明与人的困境》，生活·读书·新知三联书店1989年版，第136页。

④ ［美］赫伯特·马尔库塞：《现代文明与人的困境》，生活·读书·新知三联书店1989年版，第138页。

⑤ ［美］赫伯特·马尔库塞：《现代文明与人的困境》，生活·读书·新知三联书店1989年版，第121页。

理"："这个世界的变革不可能是修修补补的，唯有整体打碎"①。

　　然而，我们也的确看到，国外马克思主义的批判理论看上去确实未延续马克思对资本主义社会的社会制度展开的淋漓尽致的批判，也看似未提出以暴力革命推翻资本主义统治的思想。不仅如此，比如关于"无产阶级意识的生成"这个在卢卡奇那里陷入困境的问题，后来者尽管提供了多种方案，也都在此问题上陷入了困境的同时将整个理论陷入乌托邦的境地。相比较哈贝马斯重建历史唯物主义，以交往理性补充技术理性，试图在恢复理性的完整内涵的过程中解决这一理论难题的方式，马尔库塞等早期法兰克福的代表人物，在艺术中找寻解决问题的出路，其中最突出的当属本雅明和马尔库塞的"艺术生产力"理论，但他们的理论也都以一种悲观的局面而告终。由此，如何评价西方马克思主义在马克思主义发展史上的地位就成为一个理论难题，目前国内外甚至就西方马克思主义的社会批判理论究竟是属于文化批判还是意识批判一直难有定论。或许，从分析西方马克思主义产生的社会根源入手，能为分析这一理论难题提供适当的切入点。

---

① ［美］赫伯特·马尔库塞：《现代文明与人的困境》，生活·读书·新知三联书店1989年版，第124页。

第六章 马尔库塞技术美学思想的当代价值

马尔库塞的技术美学直面发达工业社会的现实，具有积极的实践性品格，在问题丛生的当代社会成为多个社会理论的理论来源。按照马克斯·潘斯基、道格拉斯·凯尔纳、罗尔夫·魏格豪斯和拉里·希克曼等人宽泛意义上理解的社会批判理论及其代际划分，我们可以把深受马尔库塞影响的威廉·莱易斯、本·阿格尔和安德鲁·费恩伯格作为第三代批判理论家①，分别关涉马尔库塞理论中的自然和技术问题。这种影响即是"批判继续，建构转向"：两位加拿大学者莱易斯、阿格尔汲取了马尔库塞的"自然解放论"的精髓，继续着生态维度的技术批判，开创了北美生态学马克思主义（Ecological Marxism in North America）的先河；而费恩伯格则从马尔库塞与哈贝马斯的技术论争出发，引入了社会建构论的技术研究方法，构建了独具特色的技术批判理论（Critical Theory of Technology）。同时，进入新时代以来，我国教育领域加强五育并举、培育社会主义事业建设者和合格接班人的理论和实践也有着与马尔库塞提出的以美学和艺术重建人的心理基础培育"新人"的思想具有异曲同工之处。

第一节 生态学马克思主义：生态维度的技术批判

生态学马克思主义是伴随环境保护运动的兴起，而在 20 世纪 70 年代出现于北美的一股新马克思主义思潮，与欧洲的生态社会主义遥相呼

---

① 颜岩：《第三代批判理论家与批判社会理论》，《国外理论动态》2009 年第 7 期。

应，共同构成了当代环境社会政治理论三大流派①（"红绿""深绿"和"浅绿"）之一。马尔库塞对马克思《1844 年经济学哲学手稿》的阐发以及对发达工业社会的批判性反思，直接影响甚至可以说催生了"生态马克思主义"这一学术研究领域。②威廉·莱易斯、本·阿格尔等代表人物发挥了马尔库塞后期生态维度的技术批判，把焦点放在更富于经验性的迫切问题上，从而确立了生态学马克思主义从资本主义制度内部分析生态危机的研究范式。

一　生态马克思主义的主要代表人物

莱易斯是马尔库塞十分器重的学生，是北美生态学马克思主义的创始人，其生态危机理论主要体现在《自然的控制》（1972）和《满足的极限》（1976）两部著作中。《自然的控制》的核心命题是"控制自然和控制人之间的不可分割的联系"③，深化了马尔库塞的"对人的统治是通过对自然界的统治实现的"命题④，指出控制自然的观念是导致生态危机的意识根源，揭示控制自然的本质是控制人，因而控制自然应该重新解释为对人和自然之间关系的控制。莱易斯把解放界定为一种"非压制性的控制"，认为人的解放主要是要终止技术的控制。与马尔库塞强调以"艺术的技术合理性"指导技术的使用，从而实现自然的解放不同，他将解放自然的主旨归结为"伦理的或道德的发展，而不是科学和技术的革新"，因为"伦理进步作为影响一切个人的普遍现象，是科学和技术革新的一个基本前提"⑤。可以看出，虽然莱易斯深受马尔库塞"自然解放论"的教诲，但他在出路探索上摒弃了恩师技术的审美救赎方案的大部分观点。《满足的极限》进一步发挥了马尔库

---

① 郇庆治：《发展的"绿化"：中国环境政治的时代主题》，《南风窗》2012 年第 2 期。

② 周金华：《马尔库塞生态社会主义思想的源流》，《马克思主义哲学研究》2008 年第 3 期。

③ ［加］威廉·莱易斯：《自然的控制》，岳长岭等译，重庆出版社 2007 年版，"中译者序"第 2 页。

④ ［美］赫伯特·马尔库塞：《审美之维》，李小兵译，广西师范大学出版社 2001 年版，第 122 页。

⑤ ［加］威廉·莱易斯：《自然的控制》，岳长岭等译，重庆出版社 2007 年版，第 168 页。

塞的"虚假需要"说，尖锐地批判了把需要的满足等同于无休止消费的观念，"数量众多的新商品，在承诺满足需要的同时也相对从前的商品提升了不满足的感觉。需求和商品的令人眩晕的相互作用带给个人的是一系列持续变化的满足和不满足感"①。本书着重论述摆脱异化和危机的途径，即要实行约翰·穆勒意义上的"稳态经济"，即缩减资本主义的生产能力，扩大其调节作用，重新评价人的物质要求；面对能源短缺，自然界的不断萎缩和生态系统的日益相互依存，还需要发展一种新的人与自然的关系。

阿格尔是马尔库塞和法兰克福学派研究专家，也是生态学马克思主义的初步完成者。他在《论幸福和被毁灭的生活》（1975）和《西方马克思主义概论》（1979）中，进一步发展了莱易斯的思想，系统阐述了生态学马克思主义理论。首先，他提出生态危机理论，"历史的变化已使原本马克思关于只属于工业资本主义生产领域的危机理论失去效用。今天，危机的趋势已（从生产领域）转移到消费领域，即生态危机取代了经济危机"②。其次，将异化消费指认为生态危机的深层根源是阿格尔的一个重要论断，"异化消费是指人们为补偿自己那种单调乏味的、非创造性的且常常是报酬不足的劳动而致力于获得商品的一种现象"③。这明显受到了马尔库塞思想的影响，所不同的是，阿格尔的理论具有强烈地付诸实践的欲求，强调通过生产和社会变革来解决"异化消费"问题。最后，他的具体解决办法是从生产领域和消费领域双管齐下，"过度生产将通过分散工业生产和降低工业生产的规模来克服；过度消费将用向人类提供有意义的、非异化劳动（这种劳动是小规模的、民主管理的生产者联合体的劳动）的办法来

---

① William Leiss, *The Limits of Satisfaction: An Essay on the Problem of Needs and Commodities*, Kinston and Montreal: McGill - Queen's University Press, 1988, p. 7.

② ［加］本·阿格尔：《西方马克思主义概论》，慎之等译，中国人民大学出版社1991年版，第486页。

③ ［加］本·阿格尔：《西方马克思主义概论》，慎之等译，中国人民大学出版社1991年版，第494页。

克服"①。

此后的生态学马克思主义者沿着莱易斯、阿格尔的研究进路继续前进。詹姆斯·奥康纳（James O'Connor）在《自然的理由：生态学马克思主义》（1998）中通过考察生产关系的第二重矛盾，把自然与文化线索引入历史唯物主义，进而开启了历史唯物主义的生态视阈；而约翰·福斯特（John Foster）在《马克思的生态学：唯物主义和自然》（1999）通过对马克思主义著作的文本学研究，发掘历史唯物主义中的生态之维，对资本主义制度与生产方式进行生态的批判。

二　生态马克思主义对马尔库塞自然观的继承发展

（一）对"自然"概念理解的延续性

现实环境的恶化使得生态马克思主义学者们不断挖掘前人包括马尔库塞在内的学者的自然观思想，以解决现实存在的生态问题。马尔库塞的自然观思想本身就包含自然界和人的本性两个层面，生态马克思主义学者们正是从这一理论基础上展开自己的自然观学说，探讨人与自然的关系问题的。

威廉·莱易斯在其著名的《自然的控制》一书中指出，要认清"控制自然"的观念是当代最有影响的意识形态。他分析了"意识形态"这个概念的含义，提出"意识形态"一词在这里用来指"一种具有双重能力的观念网络，它既是揭示的概念，又是隐藏的概念；既是解释性的概念，又是批判性的概念。"② 在莱易斯看来，控制自然的观念在当代是有影响的意识形态，控制自然的观念成为统治集团获取自身利益的工具和法宝，它以普遍的形式遮蔽着控制自然和控制人性之间的联系。因为控制自然被说成是为了使人类从困境中解救出来的手段，它是为了全人类的利益服务的。然而，事实并不是这样，控制自然和控制人的矛盾越来越使人们担忧，控制自然也并不是为了全人类的利益服务的

---

① ［加］本·阿格尔：《西方马克思主义概论》，慎之等译，中国人民大学出版社1991年版，第420－421页。

② William Leiss, *The Domination of Nature*, Kinston and Montreal：McGill - Queen's University Press，1994，p. 167－198.

而是为了满足统治阶级控制人的私欲服务的。控制自然的观念作为一种意识形态也极力批判过去自然主义的一切方式，并一味追求扩大生产力以达到满足人类的消费需求。在资本主义社会里，这种意识形态一方面揭露自然的价值和人的伟大，另一方面却掩盖其欺骗性。在利益的驱使下，统治集团的利益被指染成每一个人的利益，对自然资源进行破坏性的掠夺和占有，给生态环境带来了巨大的破坏。

可以看出，在莱易斯"控制自然"的理论当中，所强调的是资本主义社会对于自然界和人的本性两个方面的控制，资本主义意识形态通过不断制造消费需求，既控制了自然界，又控制了人的本性。这种对"自然"概念的理解延续了马尔库塞"自然"概念的基本内涵，包含了对自然界和人的本性两层含义，很明显是借鉴了马尔库塞自然本体论的基本思想。

（二）对自然异化现象的认同

生态马克思主义的自然观理论继承了马尔库塞自然异化论的一些相关理论，其中包含了以下几个方面分别予以吸收借鉴。

首先，将资本主义制度作为异化的根源进行抨击。生态马克思主义认可马尔库塞把自然异化的根源归结为资本主义制度的理论。他们认为，以追逐利润为扩张动力的私有制为基础的资本主义大机器工业化生产，只顾眼前利益，不考虑长远后果，借助意识形态和科学技术"登峰造极"地表达了征服自然倾向，结果以追逐利润为目的的"过度生产"使技术规模越来越庞大，能源需求越来越多，生产与人口越来越集中，职能越来越专业化；进而诱使人们以消费为荣去"过度消费"。而"过度消费"又有两方面的后果：一是刺激异化生产，使资本主义积累和再投资得以继续，从而无限扩张；二是通过消费消除工人对异化劳动的不满，使整个社会的消费越来越膨胀，延长资本主义的寿命。其结果是加重了自然界的负担，污染了环境，超过自然界所能承受得起的限度，导致大自然的生态系统失去平衡，生态危机成为当代资本主义的主要危机和重要特征。

其次，批判人与自然关系的异化。莱易斯敏锐地认识到"控制自然也是当代有影响的意识形态"①。他认为，控制自然的观念和生态危机的出现有着密切的联系，所以他反对把环境问题仅仅看作一个经济代价核算问题，把环境质量看作可以合适价格购得的商品之类的生态商品化错误认识。由于控制自然的意识形态在 20 世纪已经成为人类社会发展的基本意识形态，人类把为满足物质需要而发展生产力作为自己的首要任务。莱易斯显然是看到了人类利用自然的性质转变带来了两个灾难性后果："广泛威胁着一切有机生命的供养基础，生物圈的生态平衡，以及不断扩大的人类对于一个统一的全球环境的激烈斗争。每一灾难或两者都会造成这个星球现在形成的一切生命的毁灭或剧烈的变化。"②生态马克思主义者继承了马尔库塞关于人与自然关系异化的观点，认为人不应该以一种主体的优越感对待自然界，批判人与自然界关系的异化。

（三）对自然解放道路的借鉴

马尔库塞和生态马克思主义者都对资本主义社会弊端进行了揭露和批判，都在对资本主义社会人与自然的关系异化和生态危机的存在进行探讨，也都在探索解决生态危机的途径，他们在实现自然解放的途径方面有许多相似之处。

首先，他们都认识到解决生态危机的途径在于实现人的解放。在对资本主义时弊进行揭露和批判时，都认为资本主义社会现存的一切都没有丝毫的理性。繁荣带来了异化，科学技术进步带来了人们对自然资源盲目的、无节制的破坏。在他们看来，只能从人的解放和健全的方面来进行革命，重建一个肯定人的意义和价值，使人性得到改善和完美的人道主义的健全社会，才能从根本上解放自然，消除生态危机，建立人与自然的和谐关系。

其次，他们都认为要依靠科学技术来解决生态危机。生态马克思主义的另一位代表人物安德烈·高兹在其著作《作为政治学的生态学》

---

① ［加］威廉·莱易斯：《自然的控制》，岳长岭等译，重庆出版社2007 年版，第148 页。

② ［加］威廉·莱易斯：《自然的控制》，岳长岭等译，重庆出版社 2007 年版，"序言"第 6— 7 页。

中认为要在两种技术之间做出选择①：一种是指以资本主义逻辑为标志的技术，建立在对工人对自然进行统治的合理性上面的技术。例如，核技术就代表了一种独裁主义的政治选择，就其本质来说，它是一种具有巨大工厂设备的高度集中的技术，它导致决定权集中到少数人手里，而且由于所包含的安全危机，核力量还要求政府对人民有更大的控制；另一种技术是温和的技术，"后工业的技术"，它抛弃统治并创造建立在个人间合作和同自然的合作上面，尊重工人和自然的韵律，是实现人类解放的必要的和主要的前提，例如，阳光、潮汐、风力这样的可以再生的能源就是使用权力分散的技术，它服从于大家的控制。而马尔库塞也提出以一种建立在"后技术理性"基础上的"新技术"来服务于解放人和自然。

第二节　技术批判理论：社会建构路径的引入

马尔库塞的技术美学（将技术美学化）反对技术决定论，开启了建构论的技术研究的路径，后来的研究者把社会建构论和技术研究结合起来，提出了当今社会批判理论的重要分支——技术批判理论，其中美国技术哲学家安德鲁·费恩伯格（Andrew Feenberg）就是这一领域的代表人物。费恩伯格是马尔库塞的忠实弟子，在 20 世纪 60 年代后期曾就学于马尔库塞。他是当代法兰克福学派在美国的主要代表以及当代很有代表性的技术哲学家，他把传统法兰克福学派的社会批判理论与社会建构论的技术研究结合起来，把批判理论延伸至技术领域，从技术批判的视角拓展了法兰克福学派的思想。费恩伯格对技术的设计批判和过程批判都以马克思劳动过程理论为基础，直接应用了马尔库塞技术美学的基本观点，提出了"工具化"理论（初级工具化、次级工具化）、技术编码理论、可选择的现代性理论等，在他代表性的"技术批判三部曲"《技术批判理论》（1991 年、2002 年新版本《改造技术》）、《可选择的

---

① 参见俞吾金、陈学明《国外马克思主义哲学流派新编》（西方马克思主义卷，下册），复旦大学出版社 2002 年版，第 594—595 页。

现代性》（1994）和《追问技术》（1999）中，构建了独具特色的技术批判理论体系。

一　费恩伯格对马尔库塞的继承和反思

费恩伯格深受马尔库塞的思想和研究方法的影响，主要继承了恩师以下三个方面的思想①：

1. 理性形式的多样性和结构的多层次性。马尔库塞认为，"纯粹"理性是一种对某个历史主体的生命过程的抽象，那种过程必然包含价值，等价值实现后它就成为合理性的一部分，因此必须在一般的合理性和具体的合理性即特定社会的理性化过程之间进行区分。在资本主义社会中，技术理性就必然负载有一定的政治内容，技术合理性变成了政治合理性，从而技术成为一种意识形态。费恩伯格非常赞同马尔库塞的这种思想，但他感到不满的是这种思想在马尔库塞那里是以抽象、模糊的形式表现出来的，他自己则借助于技术研究的最新成果——社会建构论的思想和方法，提炼出"技术编码"范畴来包容技术理性的丰富内涵，并以之为基础开始了他的改造技术理性，使技术民主化的理论建构。

2. 技术合理性的两面性。在马尔库塞那里，技术的合理性不等于效率和形式上的控制，而且包含了特定的社会目标指向。他认为："虽然技术性谋划的成就包括同流行的合理性的破裂，这一破裂的满足反过来又取决于技术基础自身的存在。因为正是这一基础使需要的满足和辛劳的减轻成为可能——它也是人类自由的各种形式的基础。质变就在于重建这种基础，即是说，就在于向不同的目标发展……由此可见，成问题的是用技术术语把价值准则重新定义为技术过程的要素。作为技术目的的新目的将在谋划和机器的建构中，即不止是在其应用中发生了作用，进而，新的目的甚至在科学假说的建构中，在纯科学的理论中也可以占有一席之地。"② 由此他进一步

---

① 朱春艳：《费恩伯格技术批判理论研究》，东北大学出版社 2006 年版，第 40—41 页。
② ［美］赫伯特·马尔库塞：《单向度的人》，刘继译，上海译文出版社 1989 年版，第208 页。

提出："自由的确在很大程度上依赖技术的进步，依赖科学的进展。但是，这一事实很容易混淆必要的前提：为了要促进自由，科学和技术必须改变它们现在的方向和目标；它们必须被重建以与一种新的感性——对生命的本能的要求相一致。"① 换言之，技术的合理性中浓缩了技术的文化视域，它是功能效率和社会意义的统一体，否则，何言"技术的合理性"已变成"政治的合理性"？费恩伯格为此专门分析了技术中性论的抽象性，指出"手段只有处于那些被设计用来服务于一定的目标范围（goal-horizon）的目标之间时才是'中性的'"②，并引入了"两重性"（ambivalence）的该你爱你，以战略性地"引导那些在资本主义社会发展起来的制度、设备和技术朝向新的形式。"③ 他关于技术本质的"工具化理论"④，从初级工具化和次级工具化两个层面来理解技术的本质，给出了技术朝向不同方向发展的可能性，也是"两重性"理论的进一步应用。

3. 技术本质的社会决定性。马尔库塞提出技术在很大程度上是由社会决定的，由此当社会发生变化时，就有可能出现新型的、合乎人性需要的技术。这种新的技术会在人和自然之间搭建起新的桥梁，从而出现新的、感性的自然。这在法兰克福学派史上第一次提出社会的进步和技术进步的密切关系。20 世纪 80 年代以来，技术的社会建构论通过经验的描述方法，充分地肯定了这一点。遗憾的是，马尔库塞也只是以抽象的形式表达了这一思想，而未将其富有成效地展开。

尽管费恩伯格的思想受到马尔库塞的思想和研究方法的影响，在他们之间仍存在重要差异，这种差别就在于，马尔库塞和费恩伯格生活于不同的时代，这种时代背景的不同导致了他们在不同的理论视域中思考

① Herbert Marcuse：*An Essay on Liberation*，Boston：Bescon Press. 1969，p. 19.

② Andrew Feenberg，*Transforming Technology：A Critical Theory Revisited*，Oxford University Press，2002，p. 53.

③ Andrew Feenberg，*Transforming Technology：A Critical Theory Revisited*，Oxford University Press，2002，p. 54.

④ Andrew Feenberg，*Transforming Technology：A Critical Theory Revisited*，Oxford University Press，2002，pp. 175 – 185. 参见朱春艳《费恩伯格技术批判理论研究》，东北大学出版社 2006 年版，第 88 – 92 页。

问题。比如，他们的一个主要差异在于对"自然"的态度上。马尔库塞把自然作为一种理想化的东西，认为自然是主体，费恩伯格不同意他这种自然主义的观点，希望尽可能保持他原有的理论精华。同时，费恩伯格也认为他的理论是马尔库塞理论的一种持续，并认为他们之间最根本的差别是，与马尔库塞相比，费恩伯格所研究的东西更具体，费恩伯格了解技术而马尔库塞不了解。

社会建构论的引入为费恩伯格的技术批判理论提供了牢固的方法论基础，成为他理论研究的首要方法。① 人们一般把《技术系统的社会建构》（1987）一书作为技术的社会建构论开始的标志，这既与对技术决定论的批判有关，又有赖于 20 世纪七八十年代以来科学知识社会学（SSK）的出现。国内学者将技术系统方法（SYS）与行动者—网络理论（ANT）、社会建构技术理论（SCOT）并列作为社会建构论的三条分析框架。② 费恩伯格坦陈在其治学过程中，社会建构论不仅提供了方法上的支持，也提供了一定的理论基础，使其思想经历了从"后马克思主义"向"批判的社会建构论"的思想转变③。从《可选择的现代性》（1995）起，他就开始借用 SCOT 方法和 ANT 方法，对技术和社会的关系进行新的阐释；在《追问技术》（1999）中，他更是系统运用社会建构论的方法论原则，从技术的本质观、理性观、民主政治观以及现代性问题等多方面展开对技术的追问。由此，他发展了马尔库塞的技术理论，这种发展主要体现：其一是从技术统治论到技术政治学，为马尔库塞的技术理论找到了一条现实的出路；其二是从技术实体论到技术整体论，从理论上分析了马尔库塞技术理论走向无出路状态的原因。④ 总之，社会建构论的技术研究对处于技术乌托邦（utopia）和技术敌托邦

---

① Andrew Feenberg, *Brief Summary of My Approach to the Study of Technology*, http：//www‐rohan. sdsu. edu/faculty/feenberg/Method1. html.

② 邢怀滨：《社会建构论的技术观》，东北大学出版社 2005 年版，第 24 页。

③ ［美］安德鲁·芬伯格：《技术理性批判理论》，韩连庆等译，北京大学出版社 2005 年版，第 3 页。

④ 叶晓璐：《从意识形态批判到技术批判理论——马尔库塞和芬伯格技术理论的比较》，《当代国外马克思主义评论》2008 年第 1 期，第 190 页。

（dystopia）两难困境中的技术哲学提供了可资借鉴的研究方法，它导引了欧美技术哲学的经验转向，使技术哲学研究发生了从本质主义到建构主义的范式转换。① 可以说，正是以社会建构论的技术研究为中介，技术哲学在寻求经验基础的过程中，向跳脱经典技术哲学决定论的渊薮迈出了坚实步伐。

二　费恩伯格技术批判理论的含义

技术理论是对技术的整体认识和系统观点。学术界存在多种技术理论，如技术本质论、技术工具论、技术价值论、技术统治论、技术乐观主义、技术悲观主义，等等。这些理论相互交叉，其侧重点又各有不同。费恩伯格接受了当代美国技术哲学家阿尔伯特·伯格曼（Albert Borgmann）在《技术和现代生活的特征》（1984）一书的分类方法，把以往的技术理论归纳为两类：技术工具论和技术实体论。前者是现代政府和政策科学中所依赖的占统治地位的观点，后者是雅克·埃吕尔、海德格尔等人的思想。② 他从对这两种技术理论的批判为切入点，在分析这两种技术理论不足的基础上引出他自己的技术批判理论。

1. 价值目标：人的自由和解放

费恩伯格同法兰克福学派的其他思想家一样，把马克思作为批判理论的开山，并在整个国际共产主义运动不景气的形势下宣布自己是"新马克思主义者"。在他看来，马克思主义一以贯之的目标就是"人类解放"③，而他在对技术的批判中始终贯彻了经典马克思主义的这个价值目标。

这种理解与马克思哲学的传统是一致的。人的解放是马克思终生为

---

① 朱春艳、陈凡：《社会建构论对技术哲学研究范式的影响》，《自然辩证法研究》2006年第 8 期。

② Albert Borgmann，*Technology and the Character of Contemporary Life*，University of Chicago Press，1984，p. 9.

③ 这里"解放"与"自由""人的全面发展"是在同等意义上使用的。在西方传统文化中，自由和解放原是相同或相通的。而在马克思主义理论中，"人的全面发展"更是摆脱必然性的束缚即获得自由后的独立个体才有可能达到的境界。

之奋斗的目标。在马克思那里，尽管"任何解放都是使人的世界即人的关系回归于人自身"①，但"人类解放"绝不仅仅是"政治解放"，它不仅仅使人成为"物的依赖关系"下的自由个体，而主要是指人类最终摆脱心灵的束缚和阶级压迫后的全面的解放。在《论犹太人问题》一文中，马克思批判了当时把"人类解放"等同于"政治解放"的观点，认为"政治解放"只是从形式上获得自由，而"人类解放"则包括摆脱思想束缚，打碎精神枷锁，因此，"政治解放"只是资产阶级革命的任务，而要实现"人类解放"则必须消灭私有制，从而获得建立在个人的全面发展和他们共同的社会生产能力成为他们的社会财富这一基础之上的自由个性。不仅如此，马克思还提出人类解放的物质武器和精神武器及其关系问题。在马克思看来，物质的和精神的因素的关系是这样的：哲学——"宣布人本身是人的最高本质"的哲学——把无产阶级当做自己的物质武器，同样，无产阶级也把哲学当做自己的精神武器；解放的头脑是哲学，它的心脏是无产阶级；哲学不消灭无产阶级，就不能成为现实；无产阶级不把哲学变成现实，就不可能消灭自身②，突出了思想对行动的指导作用，这也正是哲学的"改造世界"的功能。

马尔库塞等第一代法兰克福学派继续了马克思关于"人的解放"的思想，对在高度发达的工业社会中全面表现出来的人对物的依赖关系展开了激烈批判。他通过总结 20 世纪 60 年代末期学生造反运动的经验教训，系统阐述了他的"革命新理论"③。在他看来，革命的根本目的就是人的实现和人的解放，"马克思的基本观念是人的实现，由此才产生无产阶级的革命理论"。但传统的马克思主义把革命的目的看作改变下层大众的贫困生活状况，使工人获得今天资本家所拥有的财富，而在马尔库塞那里，革命是要解放在工业社会中被压抑的人的否定向度，使人不再成为单向度的人，恢复原本属于人的本能的方面，恢复人的全面的个性，从而改变人的需要及其满足的性质，建立一种全新的生活方

---

① 《马克思恩格斯文集》第 1 卷，人民出版社 2009 年版，第 46 页。

② 参见《马克思恩格斯文集》第 1 卷，人民出版社 2009 版，第 17－18 页。

③ 俞吾金、陈学明：《国外马克思主义哲学流派新编·西方马克思主义卷》（上、下册），复旦大学出版社 2002 年版，第 315—322 页。

式。由于马尔库塞的革命的动因不同于传统马克思主义，他的革命理论
中也就有着不同于前者的革命主体和革命道路，从而具有了乌托邦
性质。

费恩伯格直接继承了法兰克福学派的价值理念，明确提出他的技术
批判理论目的在于"在一个近乎单向度的技术世界中找寻一种识别并
解释内在张力的方式"①，以使工业社会发生激进的变革，实现在资本
主义社会中被压抑的人的潜能。具体说，就是通过技术编码的解构与重
构，发挥技术的解放潜能，使那些受到压抑的人的利益得以实现，这
样，费恩伯格的技术批判理论就从技术哲学转向技术政治学，从技术的
民主化引出社会的民主化和人的发展的全面性问题。

2. 理论内核：民主的理性化

尽管技术成为现代问题之源，但技术问题的始作俑者却是理性的分
化导致的技术理性对现代社会的统治，由此对理性的批判不仅是法兰克
福学派理论家共同的主题，而且是整个西方马克思主义甚至是整个现代
西方人文主义思潮的批判主题。法兰克福学派的霍克海默、阿多诺、马
尔库塞等人受韦伯的影响，对"理性"基本上持消极态度，使"理性"
概念处于分裂的状况也一直未得改变，而哈贝马斯关于"技术理性"
和"交往理性"的二分法也未能从根本上解决问题。

对"理性"的批判与改造在费恩伯格那里同样处于基础地位。正
是从对"理性"批判与重建出发，费恩伯格建构起他的技术民主化的
政治理论，提出了"可选择的现代性"理论。他提出，传统技术哲学
认为技术理性只关注效率，从而人为地造成客观理性与主观理性、技术
理性与价值理性的对立。其实，现实世界的丰富多彩注定了理性的分化
具有相对性。他借鉴了社会建构论的技术研究方法，打开技术"黑
箱"，揭示出技术的设计过程中如何在纯粹的理性中沉淀社会的价值，
指出技术理性并非只包含效率的内容（单纯是科学理性，或康德意义
上的纯粹理性），而是包含了社会意义和文化视域两个方面，技术并非

---

① Andrew Feenberg, *Critical Theory of Technology*, Shenyang Lectures, 2004. 该文汉译本收
录于陈凡、朱春艳主编《全球化时代的技术哲学》，沈阳出版社 2005 年版，第 105—120 页。

既定的事实，而是等待确定的未成事物，它既可能保护等级制度，也可能用来建立民主的制度，费恩伯格把后者称为"民主的理性化"或"颠覆的理性化"①，以借此表达他的理论对现实社会的否定与颠覆作用。在费恩伯格看来，这种否定与颠覆恰是理性的本质功能，这与马尔库塞所说的技术理性的"单向度"形成鲜明的对比。"民主的理性化"始于技术本身的后果，始于围绕技术媒介而推动人口的各种方式。正是这种动力坚持技术民主化的许诺。技术政治学预示了这样一个世界，在其中，技术作为影响我们生活的各个方面的一种社会"法规"，将从这些新型的公众的协商中产生。"民主的理性化"是实现那些被系统忽略或拒绝了的技术潜能的附属的方案的结果，为使技术民主化提供了可能性。

在费恩伯格看来，所谓"技术的民主化"就是扩大技术行为参与者的利益范围，要求对那些缺乏金融资本或文化资本或政治资本的社会角色开放技术设计过程。民主的技术政治的本质在于改进"被征服者的知识"（subjugated knowledge）和来自计划者和执行者的占统治地位的知识之间的沟通关系。技术的民主化表现在两个方面：一个是技术设计上的民主化；另一个是在技术行为中的外行和专家、客体和主体之间的权力分配上的民主化。费恩伯格称其为"深层民主化"②，以区别于在法律程序中仅仅是形式上的变化，而不改变技术领域中现实的权力关系的变化。

从"民主的理性化"的"技术的民主化"是一个从理论到现实的过程。"民主的理性化"是在技术的设计过程中，对技术理性（技术编码）的修正与改造，这是思想上的改造，而"技术的民主化"则是技术方案的实施过程，是把理论物化的实践过程，是具有民主特征的技术定型的过程。理论的先在性反映出人类行为的能动性、目的性。

　　3. 方法论框架：社会建构论的技术研究方法

---

① Andrew Feenberg, *Subversive Rationalization*：*Technology，Power and Democracy*，http：// www‐rohan. sdsu. edu/faculty/feenberg/Subinq. htm.

② Andrew Feenberg, *Questioning Technology*，New York：Routledge，1999，p. 142.

费恩伯格高度评价了社会建构论的理论方法对人文主义的技术研究有着非常不同的意义，认为自 20 世纪 70 年代和 80 年代建构论的转向以来我们在技术观上发生了整个的改变，并坦陈在其治学过程中，社会建构论不仅提供了方法上的支持，也提供了一定的理论基础。费恩伯格从 1995 年出版的《可选择的现代性》起把建构论的方法放到了主要位置。在这部力作中，费恩伯格主要借用了社会建构论中的 SCOT 方法和ANT 方法，对技术和社会的关系进行新的阐释。在 1999 年出版的《追问技术》一书中，他更是系统运用社会建构论的方法论原则，从技术的本质观、理性观、民主政治观以及现代性问题等多方面展开了对技术的追问。美国学者、圣弗朗西斯大学的教授戴维·J. 斯顿普（David J. Stump）认为，《追问技术》一书的主要创新点就在于，费恩伯格使用了社会建构论论述科学技术的各种成果来重新思考技术哲学。①

社会建构论为费恩伯格的批判理论提供了牢固的方法论基础，成为费恩伯格理论研究的首要方法。② 他主要从两个方面阐述了社会建构论的技术研究对技术批判理论的意义。

第一，有助于批判技术决定论。技术决定论由于强调技术对社会的决定作用，从而陷入乐观与悲观、正效应与负效应只可取其一的两难境地，摇摆于乌托邦（utopia）与敌托邦（dytopia）的两极之间，在技术的本质问题上表现为技术本质论，在技术的社会作用问题上表现为技术统治论。建构论则看到了技术的不确定性，认为就社会对技术的形成的作用看，技术是"待确定的"。技术的形成有赖于带有一定意向性的设计者，技术的进一步完善更离不开使用者的需要，而这些设计者和使用者都是存在于一定的社会文化背景中的。这似乎表现出建构论坚持的是社会决定论观点。在社会建构论发展初期确有这种倾向，但其后续研究逐渐改变了这种极端的态度，开始突出技术与社会相互建构或形塑的观

---

① David J. Stump, *Socially Constructed Technology*：*Comments on Andrew Feenberg's Questioning Technology*, http：//www - rohan. sdsu. edu/faculty/feenberg/symposia. html.

② 费恩伯格在谈到自己的治学方法时曾提到四点：1. 解释学的建构论；2. 历史主义的研究方法；3. 技术的民主；4. 对技术的形上（元理论）研究，表现出社会建构论的技术研究对他的技术理论中的重要作用，见 Andrew Feenberg（2）。

点，强调的重点由原先的"社会"转向了"建构"，表明它虽然批判技术决定论，但并非就是社会决定论。

第二，建构论可能会有助于对各种权力形式的研究，这些权力形式在传统社会中，是基于迷信、宗教和各种强制力量之上的，如今则是以控制技术和信息技术为基础，它也可以为福柯和马尔库塞的技术的政治批判提供支持。既然技术是"待确定的"，是在社会关系中形成的，因此可以对技术进行重新设计，产生适合自然和人性需要的"新技术"，从而在经验层次上为法兰克福学派的批判理论找到了更好的理论基础。同样，既然技术是可以选择的，以技术为物质框架建立起来的现代性就不是唯一的，而是可以选择的，这样，当前的工业文明形式就不具有绝对性，可以通过改变技术而进入到另外一种新的文明形式。这就在现代性理论和技术研究之间架起一座桥梁。

值得提及的是，费恩伯格并未完全依赖社会建构论的理论，而是对其作了严格剖析。他提出建构论中存在狭隘的经验论倾向（如 SCOT 方法只关注技术的设计阶段）和不重视宏大的概念如阶级、政党等问题的不足，并对这种方法也作了改进。一方面，他把解释学的理论运用到建构论的理论中去，提出了"解释学的建构论"概念；另一方面，他针对社会建构论的狭隘的经验论、对宏观社会学概念的抵制以及拒绝思考现代性问题等不足进行了政治学的改造，并以改造后的"政治学的建构论"①（他也称之为"批判的建构论"）为基础，借用弗朗西斯·塞杰尔斯蒂德（Francis Sejersted）提出的技术哲学发展的"技术决定论—社会建构论—技术的政治学"三阶段的思想②，提出了民主的技术政治学理论，并要求技术哲学为过渡到技术政治学过好准备。他的《追问技术》在很大程度上就是要解决改造技术的政治意义这一重大问题。他还把微观政治学的抵抗合并到建构论对技术的理解中去，对技术本质论和社会建构论进行了整合，提出了联结现代性理论和技术研究之间鸿沟的方案，表现出微观研究的宏观意义。

---

① Andrew Feenberg, *Questioning Technology*, New York：Routledge, 1999, p. 12.

② Andrew Feenberg, *Questioning Technology*, New York：Routledge, 1999, p. xvi.

4. 批判主题：告别敌托邦

费恩伯格的技术批判理论肩负着一个重要使命，这就是在东欧巨变和因特网在全球的兴起这样的时代背景面前，探索工业社会进行激进变革的可能性。换言之，以往的批判理论对技术的理解基本上属于一种敌托邦的观点，它们对技术持太悲观的态度，从而出现"渴望成为原始人"的文化病症①。费恩伯格提出，不能从技术之外去寻找走出敌托邦的途径，因为如今技术无所不在，技术已构成我们的生活方式，"必须从技术文化的内部向前"才能推进这个问题的解决。②

他在思考 20 世纪 70 年代马尔库塞和哈贝马斯的那场关于技术作用的争论中感觉到，既然马尔库塞在论战中失败有其理论自身的原因，要想把法兰克福学派的批判理论发扬光大，与其退回到马尔库塞的理论，不如结合新的历史条件对它加以改造。80 年代以来社会建构论对技术的经验研究为费恩伯格提供了这样的机会，使费恩伯格意识到应当对技术理性的生成过程进行经验分析，才能准确把握它的构成和本质，进而重新思考技术发展的内容和方向问题。这正是费恩伯格提到的他从一种"后马克思主义"的立场转变到"批判的建构论"立场的过程。

费恩伯格通过分析"利益"概念指出，技术活动中不同的参与者有其不同的利益要求，这些要求对技术的形成都应产生影响。这样，在众多可能的构成基础能够产生出有效履行其职能的作业装置的意义上，技术是待确定的。包含在设计中的不同行为者的利益表现出细微的差别，因此效率不是一个能够解释所有可选择设计的成果或失败的标准。那么是什么制造了差异呢？答案是在问题的界定及解决中的社会选择干预。技术具有社会相关性，技术选择的结果是一个支撑一种或另一种有影响的社会集团生活的方式的世界。这样，技术理性不仅包含了普遍性的因素，还有特定历史时期的具体内容，这正是马尔库塞想表达的，"技术理性"的概念不能等同于效率和控制的形式概念（"技术图

---

① ［美］安德鲁·芬伯格：《可选择的现代性》，陆俊、严耕等译，中国社会科学出版社 2003 年版，第 65 页。

② Peter Kroes. *The Empirical Turn in the Philosophy of Technology*, Netherlands：Elsevier Science Ltd, 2000, p. 77.

景"），而必须有一种作为一个特定社会的目标指向模式的内容（"社会图景"）。这两个方面构成了技术理性，即技术编码。技术的社会内容因不同的社会而异，从而理性化的普遍原则是不存在的。"特定的理性化一直受到偶然的利益而不是普遍原则的推动。它是从不同的理性延续下来的，而且理性化总是可能的。就是说，理性化在当前社会中采取的形式并非它们的唯一的形式。"①

既然技术的效率原则本身不足以确定一个技术设计，社会利益在技术发展中起到持续的作用，因而其他的设计选择也是可能的，甚至在一个物质的设计完成之后亦然。随着社会的变化，技术编码也会不停地与社会相整合，它导向不同的使用，甚至可能导向对材料的重新设计。费恩伯格由此提出了"民主的理性化"理论，要求对那些缺乏金融资本或文化资本或政治资本的社会角色开放技术设计过程，使更多的技术活动者参与到技术的设计和再设计中去，扩大利益的范围，在对技术的改造基础上实现民主化，这就是技术民主化。在费恩伯格那里，工人和其他人从一开始就卷入到技术的设计中是对技术进行改造以向社会主义过渡的关键。它包括一个复杂的工业文明的民主改造过程，导致一种新型的理性化。

技术编码就是技术（合）理性。费恩伯格通过打开技术黑箱，不仅揭示了技术理性的现实根源，还揭示了"技术理性"成分的多样性，从而可以批判传统技术哲学将"理性"抽象化、神秘化的不足，重新阐释"技术理性"的内涵，并为改造技术、使技术民主化提供了可能。这同样意味着，要改造技术，必须首先改造技术理论（"技术编码"），而要改造技术编码，首要的是使设计技术的人的思想发生改变。因为技术是人设计、使用的，反映的是特定历史时期的特定集团的人的利益。

第三节 社会主义核心价值观：灵魂关照的制度之维

当我们把视角投射到当下中国语境，会发现 2000 年以后的中国社

---

① Philip Brey. *Feenberg on Modernity and Technology*, http://www-rohan.sdsu.edu/faculty/feenberg/brey.htm. [2013-05-09].

会对文化问题的关注超越以前社会发展的各个时期，尤其是当今中国，增强文化软实力、促进文化大发展大繁荣、培育和践行社会主义核心价值观，成为时下中国最受瞩目的主题，究其缘由，核心问题就是改革开放 30 年以后物质生产发展到一定程度以后，公众的精神世界如何跟上物质发展速度的问题，换言之，物质发展太快，灵魂跟不上了，正如习近平指出的，"培育和践行社会主义核心价值观，有效整合社会意识，是社会系统得以正常运转、社会秩序得以有效维护的重要途径，也是国家治理体系和治理能力的重要方面"①。

一　社会主义核心价值观的生产力意蕴

国内对社会主义和价值观关系问题的关注可追溯至改革开放之初，于光远先生在 1981 年就探讨了社会主义建设要关注群众的生活方式、价值观和个人成长问题②，王锐生 1990 年发表的《关于社会主义的价值和价值观》等文章开启了社会主义价值观研究，1992 年邓小平南方谈话关于社会主义本质的界定、市场经济体制的逐渐确立以及 2000 年以后国家层面上对文化发展的顶层设计都带动并加速了对这一问题研究的步伐，2006 年党的十六届六中全会召开、党的十八大报告明确提出"倡导富强、民主、文明、和谐，倡导自由、平等、公正、法治，倡导爱国、敬业、诚信、友善，积极培育和践行社会主义核心价值观"的科学命题都推动了对这一问题的研究。2013 年 12 月 23 日和 2015 年 4 月中央办公厅分别印发的《关于培育和践行社会主义核心价值观的意见》和《培育和践行社会主义核心价值观行动方案》，要求把培育和践行社会主义核心价值观融入国民教育全过程，落实到经济发展实践和社会治理中，要加强社会主义核心价值观宣传教育，开展涵养社会主义核心价值观的实践活动，加强对培育和践行社会主义核心价值观的组织领导，并提出了包括爱国主义教育活动、群众性精神文明创建活动、学雷

---

① 《习近平谈治国理政》，外文出版社 2014 年版，第 163 页。

② 于光远：《社会主义建设与生活方式、价值观和人的成长》，《中国社会科学》1981 年第 4 期。

锋志愿服务活动等在内的十五项重点活动项目来推动社会主义核心价值观建设。

国内理论界对社会主义核心价值观这一概念的内涵、理论来源、理论和现实意义、理论溯源，以及社会主义核心价值观大众化的系列问题，包括社会主义核心价值观大众化的意义、机制、途径、方式方法等问题进行了广泛探讨。正如韩庆祥教授指出的，培育和践行社会主义核心价值观的实质是"重建中国人的精神世界"①。相应地，在笔者看来，精神世界重建的实质，则是与马克思的全面生产理论相一致，在物质生产发展到一定程度的基础上，人的精神生产对人的幸福生活和全面发展的关注。社会主义核心价值观提出的理论依据之一，正是马克思的全面生产理论，而党的十八大提出的"五位一体"的治国理念正是中国人现代性重建的道路选择。

根据人的需求层次理论，人最基本的需要是吃、穿、住等生活的基本需要。在满足了基本的温饱之后，人会进一步考虑生活的更为舒适以及相应的精神层面的需求。从社会发展来说，前工业时代由于生产能力的限制，社会一直处于物质匮乏的状态。资本主义的发展刺激了生产力的巨大进步，从而在不到一百年的时间里，创造了比以往所有时期都还要多的物质财富。然而，资本主义社会的私有制特征注定了它只能是人类历史进程中的一个阶段，随着资本主义制度的最终确立，资产阶级取得了统治地位，从而在资产阶级革命之初提出的"自由平等博爱"的价值观难以具体化，而只能成为抽象的观念存在，相应地，无产阶级在协助资产阶级取得了统治地位以后，又面临着再一次争取自由平等的斗争。这集中体现在 20 世纪初期西方马克思主义所批判的西方世界中"物质富裕、精神痛苦"的矛盾境地，要解决的是资本主义制度对社会发展的制度性限制，以社会主义制度取而代之。

同时，将"价值观"与"社会主义"联系起来，也表现出中国马克思主义对"社会主义"内涵的新的认识。对"社会主义"含义的探讨是马克思主义的一个基本理论。以往人们多是从理论、制度和运动三

---

① 韩庆祥：《核心价值观与中国人精神世界重建》，《光明日报》2015 年 2 月 5 日第 11 版。

个层面对"社会主义"这一概念进行解读。随着世界上人类整体的进步以及社会主义国家社会的物质生活条件的进一步发展，我们越来越理解了 20 世纪初期西方社会的文化危机发生的社会根源，也理解了一个社会所不可缺少的价值观层面对社会的重大的作用①。正如马克思主义指出的，人类社会的发展，社会形态的更替，说到底是人类价值观的演进。从个人来讲，社会主义价值观追求的是人的精神世界的重建和提升；从社会层面来讲，社会主义核心价值观追求的是社会的整体进步，从而社会主义核心价值观就对社会起到凝魂聚气、强基固本的作用。

二　以文化人，培育和践行社会主义核心价值观

中国共产党一贯高度重视文艺和文艺工作，早在 1942 年，毛泽东《在延安文艺座谈会上的讲话》就指引了一大批文艺工作者的创作方向，时间转移到 21 世纪的中国，在经历了改革开放 30 年以后、综合国力有了很大提升，全党全国各族人民致力于全面建成小康社会的时代背景下，对文化、文艺的关注更是提到了日程。2014 年 10 月 15 日，习近平总书记在北京主持召开了文艺工作座谈会，并发表了重要讲话。

这个讲话全文谈了五个问题：第一个问题"实现中华民族伟大复兴需要中华文化繁荣兴盛"，谈的是文艺的重要社会作用；第二个问题"创作无愧于时代的优秀作品"，谈的是对文艺作品的质量和文艺工作者的素质的要求；第三个问题"坚持以人民为中心的创作导向"，谈的是社会主义文艺的本质是人民的文艺；第四个问题"中国精神是社会主义文艺的灵魂"，谈的是文艺在培育和弘扬社会主义核心价值观方面具有独特作用；第五个问题"加强和改进党对文艺工作的领导"，谈的是文艺发展的领导和组织问题。这些问题立足于我国经济社会发展的实际，着眼于全面建成小康社会的愿景，为我国的文化事业发展、文艺创作工作指明了方向。

从我国的现实实践来说，改革开放以来，我们从最初的尚未解决温

---

①　参见吴向东《重构现代性——当代社会主义价值观研究》，北京师范大学出版社 2009年版。

饱问题的状况到实现经济软着陆，开始建设小康社会，进而在新千年提出了建设和谐社会的目标，党的十八大又提出了建设"美丽中国"的治国理念。在这期间，社会发展的目标从最初的物质文明、精神文明两个文明一起抓，到建设政治文明、生态文明，最终提出了"五位一体"的治国纲领。这种演进折射出的是我国社会经济发展的递进性质，表现出对人的需求层次的科学把握，着眼于整个社会的整体进步以及对整个世界文明正在作出和将要作出的贡献。然而，正如习近平总书记在《在文艺工作座谈会上的讲话》中指出的，建设和发展市场经济的过程也是中国社会转型的过程，期间各种文化、各种观念、各种思想相互碰撞、冲突和交融，出现了不少问题。其中比较突出的一个问题就是"一些人价值观缺失，观念没有善恶，行为没有底线，什么违反党纪国法的事情都敢干，什么缺德的勾当都敢做，没有国家观念、集体观念、家庭观念，不讲对错，不问是非，不知美丑，不辨香臭，浑浑噩噩，穷奢极欲"①。价值观缺失是社会诸多问题产生的病因。如果这方面的问题得不到有效解决，改革开放和社会主义现代化建设就难以顺利推进。

同时，随着经济发展水平的提高，国家在逐渐变得富强起来，人民的生活正在走向富裕，这一方面表现在社会消费方式和消费结构的变化；另一方面也表现在个人的闲暇时间即"真正的由个人自由支配的时间"② 开始增多，从而"正确引导消费"和"用好闲暇时间"就成为两个越来越突出的问题。这是因为，新的消费需求不仅是消费资料的增加，也意味着社会上的人具有消费的能力，这就需要培养社会的人的一些属性，使其成为具有尽可能广泛需要的人，具有高度文明的人。马克思在《资本论》及相关手稿中，也提到过由于生产力的发展，"游离出来50资本和相应的必要劳动"③，前者创造出了的新的消费需求，后者则为个人才能的发展提供了属于他自己的自由时间。我国著名经济学家、哲学家于光远先生以此为起点研究休闲和消费的关系问题。他把休

---

① 习近平：《在文艺工作座谈会上的讲话》，《光明日报》2015年10月15日第2版。
② 朱春艳、陈凡：《于光远休闲哲学论纲》，《自然辩证法研究》2015年第4期。
③ 《马克思恩格斯全集》第30卷，人民出版社1998年版，第389页。

闲作为一种社会文化现象，提出"休闲是个哲学问题，归根结底是认识人的问题"①，并在时间维度上把"休闲"界定为"对可以自由支配时间的一种利用"②。但在更为根本的意义上，他是把休闲作为人的一种生活方式来看待，并痛心于社会上那些从事休闲业的人只顾及自己的财源忘记了去研究这种生活方式。对"休闲"本质的这一理解和于光远对经济问题的关注相关联。于先生是一位著名的经济学家，他在研究经济问题的过程中，一直很重视人民群众生活水平的提高，始终将关注点落脚于人们的现实生活。他从20世纪80年代初期就多次提出要关注百姓的生活问题，并将人民群众的生活水平、生活方式同社会主义制度的本质联系起来考察，提出关心人民群众的生活是社会主义的特征所决定的。在他看来，"社会主义建设——包括社会主义生产及其他活动——都是为了改善劳动者的生活"③，从而发展生产的指导思想就是研究劳动者的需要。他指出，当今社会发展的一个不足，是能够赚钱成为生产的压倒一切的指导思想，劳动者的生活问题、劳动者的需要没有引起各级领导部门的足够的重视，更很少列入党政机关的议事议程。正是对人民群众生活水平的关注，使于先生得以在20世纪90年代中期我国开始实行五天工作制、人们的闲暇时间开始增多的现实情境中，开始思考一个普遍有闲的社会中人的生活方式的改变，休闲问题由此提到了日程。他还借鉴了恩格斯的三种消费品（生存、享受和发展）理论，提出了他的"四种消费品"理论④，阐述了发展消费和促进人的全面发展之间的内在关联。这四种消费品分别是生存资料、享受资料、近现代交通工具和近现代通信工具和教育、科研等，其中前三种的特点是从外部提高社会生产力，第四种的特点是从内部直接提高社会生产力。"四种消费品"理论借鉴了马克思和恩格斯的相关思想，又在中国的时代背景下发展到新的高度。这就要求以正确的价值观和幸福观导引人们用

①　朱春艳、陈凡：《于光远休闲哲学论纲》，《自然辩证法研究》2015年第4期。

②　于光远：《论普遍有闲的社会》，中国经济出版社2005年版，第6页。

③　于光远：《把研究当地劳动者的生活问题经常列入议事议程》，马惠娣"于光远休闲思想及文献回顾"，http://www.chineseleisure.org/2013n/2013-10-01.files/frame.htm。

④　于光远：《关于我的"四种消费品"理论》，《自然辩证法研究》2003年第11期。

好闲暇时间，学会珍视休闲，这同样为文艺发展提出了新的要求。

在《讲话》中，习近平明确提出，文艺是铸造灵魂的工程，文艺工作者是灵魂的工程师。以往国家领导人的讲话，多数谈到的是精神和思想的问题，谈灵魂在国家领导人的讲话中是不多见的。这个"灵魂"概念与马尔库塞在 1937 年写的《文化的肯定性质》中所提到的"灵魂"问题是一致的。在那篇文章中，马尔库塞针对资本主义市场经济条件下全面物化的氛围中，个体的发展已经转化为经济的竞争，从而"把他的需求的满足，抛入市场中。肯定的文化用灵魂去抗议物化，但最终也只好向物化投降"①。他借用斯宾格勒关于"灵魂一词，赋予高贵人一种内在生存的感受"的观点，把"灵魂"和"精神"区分开来，提出灵魂具有个体性、内在性、零散性、非系统性、非成熟性，而精神则具有公开性、社会性、体系性等特征。在资本主义制度下，灵魂在现实中是被排斥的，"只有在艺术中，资产阶级社会才会容忍他的理想，并一本正经地把这些理想作为一种普遍的要求"②。这里所用的"灵魂"一词，在马尔库塞的后期著作中，成为他使用精神分析理论来解释的"本能"，也正是他要解决的物质基础下面的那个基础。马尔库塞提出了物质富裕的社会中人的精神境遇的问题，这意味着在满足了基本的物质生活需要以后，人的精神世界的需求如何满足的问题。一定社会的道德标准、文化导向、文艺作品都是这种需要的体现。不仅如此，他也看到了资本主义制度下人的全面发展的局限性，他提出"资产阶级社会使个体得到解放，但是作为活生生的人，他们不得不使自己处于枷锁之中"③。而个体的单子式孤立状态的克服意味着真正的相互联合的建立，而且"其前提条件为：应当以用高级的社会存在形式来代替个体主义

---

① ［美］赫伯特·马尔库塞：《现代文明与人的困境》，李小兵译，生活·读书·新知三联书店 1989 年版，第 139 页。

② ［美］赫伯特·马尔库塞：《现代文明与人的困境》，李小兵译，生活·读书·新知三联书店 1989 年版，第 146—147 页。

③ ［美］赫伯特·马尔库塞：《现代文明与人的困境》，李小兵译，生活·读书·新知三联书店 1989 年版，第 148 页。

的社会"①。

习近平总书记继承了邓小平同志"两个文明一起抓"的思想和邓小平同志关于"两个文明都搞好才是中国特色社会主义"的治国理念，提出在经济发展的同时，一定要重视社会风气、社会精神的建设。他提出要在全社会大力弘扬和践行社会主义核心价值观，使之像空气一样无处不在、无时不有，成为全体人民的共同价值追求，成为我们生而为中国人的独特精神支柱，成为百姓日用而不觉的行为准则，提出要通过各种途径，使社会主义核心价值观内化为人们的精神追求、外化为人们的自觉行动。他借用古人"凡作传世之文者，必先有可以传世之心"之语，指出好的文艺作品就应该像蓝天上的阳光、春季里的清风一样，能够启迪思想、温润心灵、陶冶人生，能够扫除颓废萎靡之风，勉励广大文艺工作者在思想道德修养上追求卓越，身体力行践行社会主义核心价值观，充分认识肩上的责任，把社会主义核心价值观生动活泼、活灵活现地体现在文艺创作之中，用栩栩如生的作品形象告诉人们什么是应该肯定和赞扬的，什么是必须反对和否定的，做到春风化雨、润物无声。

在文艺作品的内涵建设上，习近平总书记在讲话中明确提出爱国主义和追求真、善、美的标准要求。其中，爱国主义是社会主义核心价值观中最深层、最根本、最永恒的主题。这一主题常写常新，最能感召中华儿女团结奋斗。他要求文艺工作者"要把爱国主义作为文艺创作的主旋律，引导人民树立和坚持正确的历史观、民族观、国家观、文化观，增强做中国人的骨气和底气"。同时，他又提出，追求真善美是文艺的永恒价值。他谈到艺术的最高境界问题，认为艺术的最高境界就是让人动心，让人们的灵魂经受洗礼，让人们发现自然的美、生活的美、心灵的美。

在文艺作品的内容方面，习近平总书记提出"文艺创作不仅要有当代生活的底蕴，而且要有文化传统的血脉"。中华民族五千年来的文化传承，是涵养社会主义核心价值观的重要源泉，也是我们在世界文化

---

① ［美］赫伯特·马尔库塞：《现代文明与人的困境》，李小兵译，生活·读书·新知三联书店 1989 年版，第 142 页。

激荡中站稳脚跟的坚实根基。他批评社会上某些"以洋为尊""以洋为美""唯洋是从",把作品在国外获奖作为最高追求,跟在别人后面亦步亦趋、东施效颦,热衷于"去思想化""去价值化""去历史化""去中国化""去主流化"的不健康现象,明确指出这样的作品没有发展前途。他饶有风趣地谈到好莱坞拍摄的《功夫熊猫》《花木兰》等影片,希望我国的文艺工作者面对中华民族优秀传统文化要增强文化自觉和文化自信。而文化自觉和文化自信,是坚定道路自信、理论自信、制度自信的题中应有之义。

正是在 2014 年 10 月的文艺座谈会的基础上,国家就推进教育体制改革出台了一系列重要文件,2015 年 9 月 15 日教育部出台了《关于全面加强和改进学校美育工作的意见》,2020 年又先后就全面加强新时代大中小学劳动教育和全面加强和改进新时代学校美育工作提出意见、进行具体指导。这些政策文件在时间上先后相继,在精神上相互映现,表现出我国在改革开放三十年综合国力大幅度提高到基础上对公民精神发展的关注和引导,这是社会主义制度的应有之义,是培育和践行社会主义核心价值观的需要,也充分彰显出增强人民精神力量这一社会主义文化建设的目标所在,从根本上体现了中国共产党对历史唯物主义关于人的自由全面发展命题的深切思考,以及基于执政党的根本任务而对这一命题的积极落实。

参考文献

中文

［德］卡尔·马克思：《1844 年经济学—哲学手稿》，人民出版社 2018 年版。

［德］尤尔根·哈贝马斯：《作为"意识形态"的技术与科学》，李黎、郭官义译，学林出版社 1999 年版。

［美］赫伯特·马尔库塞：《单向度的人》，重庆出版社 1988 年版。

［匈］乔治·卢卡奇：《历史和阶级意识——马克思主义辩证法研究》，张西平译，重庆出版社 1989 年版。

［德］K. 拉普：《技术哲学导论》，刘武等译，辽宁出版社 1983 年版。

［德］恩斯特·卡西尔：《人论》，甘阳译，上海译文出版社 1985 年版。

［德］马丁·海德格尔：《形而上学导论》，商务印书馆 1996 年版。

［德］麦克斯·霍尔海默：《批判理论》，李小兵译，重庆出版社 1989 年版。

［德］尤尔根·哈贝马斯：《交往与社会进化》，张博树译，重庆出版社 1989 年版。

［法］P. A. 勃莱哈特：《评马尔库塞对工业社会的批判》，益良译，哲学译丛 1982 年版。

［荷兰］E. 舒尔曼：《科技文明与人类未来》，李小兵等译，东方出版社 1995 年版。

［加］威廉·莱斯：《自然的控制》，重庆出版社 1993 年版。

［美］安德鲁·芬伯格：《技术批判理论》，韩联庆、曹观法译，北京大学出版社 2005 年版。

［美］安德鲁·芬伯格：《可选择的现代性》，陆俊等译，中国社会科学
　　出版社 2003 年版。

［美］赫伯特·马尔库塞：《爱欲与文明》，上海译文出版社 1987 年版。

［美］赫伯特·马尔库塞：《工业社会和新左派》，任立译，商务印书馆
　　1982 年版。

［美］赫伯特·马尔库塞：《理性和革命——黑格尔和社会理论的兴
　　起》，程志民等译，重庆出版社 1993 年版。

［美］赫伯特·马尔库塞：《审美之维》，广西师范大学出版社 2001
　　年版。

［美］赫伯特·马尔库塞：《现代文明与人的困境——马尔库塞文集》，
　　李小兵等译，上海三联书店 1989 年版。

［匈］卢卡奇·格奥尔格：《历史与阶级意识》，重庆出版社 1989 年版。

M. 邦格、鲁旭东：《技术民主：资本主义和社会主义的替代物》，载
　　《哲学译丛》1993 年第 3 期，第 18—21 页。

《马克思恩格斯全集》（第 46 卷，上、下），人民出版社 1979 年版。

《马克思恩格斯选集》（1—4 卷），人民出版社 1994 年版。

陈昌曙：《技术哲学引论》，科学出版社 1999 年版。

陈凡：《技术社会化引论——一种对技术的社会学研究》，中国人民大
　　学出版社 1995 年版。

陈筱泉、殷登祥：《科技革命与当代社会》，人民出版社 2001 年版。

陈振明：《法兰克福学派与科学技术哲学》，中国人民大学出版社 1992
　　年版。

程巍：《否定性思维：马尔库塞思想研究》，北京大学出版社 2001
　　年版。

陆俊：《马尔库塞》，湖南教育出版社 1999 年版。

玛丽·泰尔斯、欧阳康、孟筱康：《技术哲学》，载《自然辩证法研究》
　　1997 年第 6 期，第 65—68 页。

王凤才：《批判与重建——法兰克福学派文明论》，社会科学文献出版
　　社 2004 年版。

王前：《技术现代化的文化制约》，东北大学出版社 2002 年版。

衣俊卿：《20 世纪的文化批判》，中央编译出版社 2003 年版。

俞吾金，陈学明：《国外马克思主义哲学流派新编》（西方马克思主义卷，上、下册），复旦大学出版社 2002 年版。

张志伟：《西方哲学史》（第 2 版），中国人民大学出版社 2002 年版。

周宪：《审美现代性批判》，商务印书馆 2005 年版。

邹成效：《技术生成的分析》，载《自然辩证法研究》2004 年第 3 期，第 82—85 页。

外文

Albert Borgmann, *Technology and the Character of Contemporary Life*, University of Chicago Press, 1984.

Andrew Light, *Technology, Democracy and Environmentalism*, Ends and Means, 2000, 4（2）. http：//www. abdn. ac. uk/philosophy/endsandmeans/vol4no2/index. shtml.

Arnold Pacey, *Meaning in Technology*, Boston：The MIT Press, 1999.

Arnold Pacey, *Meaning in Technology*, Cambridge, MA：MIT Press, 1999.

Basalla George, *The Evolution of Technology*, Cambridge University Press, 1988.

Carl Mitcham, *Thinking Through Technology – The Path Between Engineering And Technology*, the University of Chicago Press/Chicago and London, 1994.

Douglas Kellner eds. , *Art and Liberation：Collected Papers of Herbert Marcuse, Volume* 4, London & New York：Routledge, 2006.

Douglas Kellner eds. , *Technology, War, and Fascism：Collected papers of Herbert Marcuse*, Vol. 1, London；New York：Routledge, 1998.

Douglas Kellner eds. , *The New Left and the* 1960s：*Collected papers of Herbert Marcuse, Volume* 2, London & New York：Routledge, 2005.

Douglas Kellner eds. , *The New Left and the* 1960s：*Collected Papers of Herbert Marcuse, Volume* 3, Routledge Chapman & Hall, 2004.

Douglas Kellner, *Herbert Marcuse and the Crisis of Marxism*, London：Macmillan, 1984.

Herbert Marcuse, *An Essay on Liberation*, Boston: Beacon Press, 1969.

Herbert Marcuse, *An Essay on Liberation*, Boston: Beacon Press, 1969.

Herbert Marcuse, *Counter - Revolution and Revolt*, Boston: Beacon Press, 1972.

Herbert Marcuse, *Negations: Essays in Critical Theory*, Boston: Beacon Press, 1968.

Herbert Marcuse, *Some Social Implications of Modern Technology*, Philosophy and Social Sciences, 1941 (9).

Peter Lind, *Marcuse and Freedom (RLE Social Theory)*, Routledge, 1985.

William Leiss, *The Limits of Satisfaction: An Essay on the Problem of Needs and Commodities*, Kinston and Montreal: McGill - Queen's University Press, 1988.

后　记

　　国内对马尔库塞的研究，如果从知网上第一篇中文文献即徐崇温先生1978年发表在《国外社会科学》的《关于西方的"马克思主义研究"——流派和观点综述》算起，已经历了四十余年。就马尔库塞在我国的影响而言，他即使不是在我国产生最大影响的西方马克思主义思想家，也可能是最早产生影响而且一直在持续产生影响的西方马克思主义思想家。正如马尔库塞本人的思想经历了从存在主义的马克思主义到黑格尔主义的马克思主义再到弗洛伊德主义的马克思主义等诸多演变一样，国内对马尔库塞思想资源的汲取也随时代的需求而不断变迁，并在新的历史条件下把不同时期的研究问题加以融合形成新的研究话题。从1980年代的美学研究到90年代的文化研究、技术研究、人的生存境遇的研究，到2000以后的生态马克思主义、技术美学、审美教育再到近十年的劳动教育、政治经济学批判，期间持续不断地是对马尔库塞的资本主义批判的研究，加之近年来不断传入的马尔库塞的新文献，如道格拉斯·凯尔纳主编的《马尔库塞文集》六卷本在国内的出版，马尔库塞的思想就像一座不竭的宝库，始终吸引着研究者的视线。

　　本书作者同样也经历了这样的学习和研究过程，从对马尔库塞美学的关注，在新的时代结合技术哲学研究开始关注马尔库塞思想中技术因素和美学因素的结合，展开对马尔库塞的技术美学的研究，于是才有了摆在读者面前的这本书。

　　本书是2010年教育部人文社会科学研究基金项目"马尔库塞技术美学思想及其当代价值"的最终研究成果。课题早在2014年就已经结项，但此后由于事务性工作的缠绕，直到现在才终于交付出版，也算了却一个心事。在本课题的研究过程中，我把科学研究与学生培养结合起来，带领学生就课题的相关内容展开研究，写成了多篇学术论文和研究生学位论文，本书的大部分内容是在这些论文的基础上经过系统整理而成。全书包括绪论在内共六章内容，其中第二章"社会批判理论的困境及马尔库塞晚年向美学的回归"中包含了黄晓伟的硕士论文《马尔库塞技术的审美救赎思想探究》的内容，第三章"马尔库塞技术美学救赎的路径选择"中包含了张丽的硕士论文《马尔库塞审美救赎思想探析》的内容，第四章"马尔库塞技术美学救赎方案的路径展现"包含了黄晓伟的硕士论文《马尔库塞技术的审美救赎思想探究》、张芸的硕士论文《马尔库塞自然观的生态意蕴》的内容，第五章"马尔库塞技术美学思想的理论实质"包含了潘吉凤的硕士论文《马尔库塞艺术生产力思想》的内容。另外，博士生孙安洋参与了全书文字和注释的校对工作。可以说，本书是一个学术团队共同的研究成果，在此也感谢各位同学参与到课题的研究。

　　　本书的出版得到东北大学"陈昌曙技术哲学发展基金"和东北大学"双一流"建设学科经费资助，在此对学校有关部门和马克思主义学院的鼎力支持和帮助表示衷心的感谢。

　　　本书在出版过程中，责任编辑冯春凤女士付出了大量的辛勤的工作，同时也对书稿一直的拖延给予了最大程度的包容，在此谨表示衷心的感谢。

　　　本书在写作过程中，参考借鉴了国内外大量专家学者的论著，在此一并致谢。本书对引用之处都予以说明，如有疏漏之处敬请谅解。同时，由于作者水平有限，书中的不足之处也请读者原谅并指正。

朱春艳

2021 年 10 月于沈阳